人工智能赋能制造业

黄利秀　著

中国大百科全书出版社

图书在版编目（CIP）数据

人工智能赋能制造业 / 黄利秀著. -- 北京：中国大百科全书出版社，2024. 12. -- ISBN 978-7-5202 -1782-8

Ⅰ. F407.4-39

中国国家版本馆 CIP 数据核字第 20242AM784 号

出 版 人　刘祚臣
策 划 人　臧文文
责任编辑　臧文文
责任校对　常晓迪
封面设计　博越创想·夏翠燕
版式设计　博越创想
责任印制　李宝丰
出版发行　中国大百科全书出版社
地　　址　北京市西城区阜成门北大街 17 号
邮　　编　100037
电　　话　010-88390703
网　　址　http://www.ecph.com.cn
印　　刷　北京九天鸿程印刷有限责任公司
开　　本　710 毫米 ×1000 毫米　1/16
印　　张　15
字　　数　220 千字
版　　次　2024 年 12 月第 1 版
印　　次　2024 年 12 月第 1 次印刷
书　　号　ISBN 978-7-5202-1782-8
定　　价　66.00 元

目 录

第三章 人工智能对制造业就业的影响 ………………………85

第一章　导论

第一节　研究背景及意义

一、研究背景

当下，以新一代人工智能技术为主要代表的技术革命正在引领全球第四次工业革命的浪潮。人工智能已经成为各国竞争的新焦点和经济发展的新引擎、新动能，是各大国主导国家战略竞争力的重要支撑和推动科技革命的核心。各大国都把发展人工智能作为提升国家核心竞争力、维护国家安全的重大战略，并相继出台了发展人工智能的战略规划和相关政策，以在新一轮国际科技竞争中掌握主导权。我国也高度重视人工智能的发展。习近平总书记在不同场合多次提及人工智能的重要性，强调"以互联网为核心的新一轮科技和产业革命蓄势待发，人工智能、虚拟现实等技术日新月异，虚拟经济与实体经济的结合，将给人们的生产方式和生活方式带来革命性变化"，"把新一代人工智能作为推动科技跨越发展、产业优化升级、生产力整体跃升的驱动力量，努力实现高质量发展"。2017 年，国务院发布《新一代人工智能发展规划》，提出了人工智能发展的指导思想、战略目标等，并将人工智能发展战略上升为国家战略。

全球人工智能技术的发展正处于由弱人工智能向强人工智能过渡的阶段。在未来场景中，"人工智能 +X"将成为人类社会生活的基本场景。无论是当下的弱人工智能，还是未来的强人工智能，技术的应用将带来颠覆性、全局性影响，这种影响一方面表现为人工智能技术赋能各行各业，将大幅度提高全要素生产率，最终造福全人类；另一方面，人工智能技术的研发和应用也将给人类带来很多挑战、恐慌和焦虑。智能化时代的开启，引发了各领域学者从各自的视角展开对人工智能技术可能带来的影响及应对策略的研究。

从经济学角度看，到目前为止，国内外学者和政策制定者更多地把注意力集中在人工智能技术作为一种通用技术，对生产力、经济增长、社会公平、市场势力、创新、就业等方面可能带来的影响及如何应对的研究上。而人工智能对生产力和经济增长的影响，主要通过人工智能与实体经济的融合来实现，尤其是人工智能技术与制造业的融合发展，将极大地推动新质生产力的发展和经济增长。制造业对其他领域的智能化过程发挥着基础性作用，是国民经济的主体，是强国之基。作为引领未来发展的战略性技术，人工智能是制造业转型发展的新引擎。我国如何抓住新一轮产业革命和技术革命带来的机遇，以人工智能赋能制造业向全球价值链高端攀升，成为摆在理论和实践部门面前的重大课题。因此，本书将主要探讨人工智能对制造业的影响。《中国制造 2025》明确指出，我国制造业要"坚持走中国特色新型工业化道路，……以加快新一代信息技术与制造业深度融合为主线，以推进智能制造为主攻方向"。本书将从三个维度展开：人工智能对制造业转型升级的影响、人工智能对劳动力就业的影响、人工智能对制造业空间分布的影响。

二、研究意义

1. 理论意义

本书主要从经济学视角对人工智能对制造业转型升级、劳动力就业、制造业空间分布的影响展开研究。从理论层面探究其影响机理，进而为丰富产业融合理论、产业升级理论、就业分配理论、空间经济学理论做出有益的探索。产业融合是指不同产业部门之间相互包含、相互渗透、相辅相成、实现融合、共生发展的过程。产业融合能够推动产业结构优化，推进产业技术集约化发展，进而重塑产业竞争优势。当下，人工智能技术在各产业领域的落地应用，离不开物联网等新一代信息技术的支持，人工智能＋制造业既能促进制造业转型升级，还能影响需求侧，创造消费者新型需求。通过对制造业劳动力就业的影响分析，可以从理论层面探究人工智能技术的应用对劳动力就业的影响机理及可能的影响效应。通过人工智能技术对制造业经济活动空间分布的影响机理研究，可以为智能化时代经济活动空间分布可能的空间景观状况进行理论层面的探究，进而为智能化时代新空间经济学理论的丰富和拓展做出有意义的探索。

2. 实践意义

本书从经济学视角探索人工智能对制造业转型升级的影响，可以为我国制造业智转数改，推动制造业高质量发展提供借鉴。随着我国经济发展进入新常态，经济增速换挡、结构调整阵痛、增长动能转换等相互交织，长期以来主要依靠资源要素投入、规模扩张的粗放型发展模式难以为继。加快发展智能制造，对于推进我国制造业供给侧结构性改革，培育经济增长新动能，构建新型制造体系，促进制造业向中高端迈进，实现制造强国具有重要意义。随着人工智能在制造业中的渗透率越来越高，"机器换人"的恐慌一直扰动着劳动者的神经。通过研究，可以进一步厘清人工智能对就业的影响究竟如何，短期和长期各有什么效应，政策上应该如何应对和干预，这对我们更好地抓住机遇、应对人工智能带来的挑战具有重要的实践意义。探索人工智能对制造业活动空间分布的影响，对决策者优化智能制造业经济活动的空间分布、更好地推进智能制造具有不可替代的实践意义，同时为相关决策者制定差异化政策提供依据。

第二节　人工智能概念界定和历史演进

一、概念界定

人工智能（Artificial Intelligence，简称 AI）被定义为在机器上实现类似乃至超越人类的感知、认知、行动等智能。按照智能能力的强弱，人工智能可分为通用人工智能和专用人工智能，或称强人工智能和弱人工智能。通用人工智能有两种解释：一种是通用性的人工智能，指能够处理很多任务的智能；另一种是人工通用智能，指在人工智能所有方面都达到人类水平，能够自适应地应对外界环境挑战，完成人类能完成的所有任务。到 21 世纪 20 年代初期，人工智能系统都属于弱人工智能或专用人工智能范畴。2018 年以来，大规模预训练模型（简称大模型）通过在海量无标注数据上依托强大算力资源训练以适应一系列下游任务，实现了通用性的人工智能，拉开了通用人工智能的序幕，但当前依然没有达到真正的人工通用智能。[①]

二、演进历程

人工智能概念于 1956 年在美国达特茅斯学院召开的夏季研讨会上被正式提出。我们可以将人工智能近 70 年的演进历程分为三个阶段：第一阶段以符号主义逻辑推理证明为中心。该阶段主要研究在形式化表示方法的基础上，通过逻辑推理或启发式程序来模拟人类推理能力，解决代数应用题求解、几何定理证明、机器翻译等问题。第二阶段以人工规则的专家系统为核心。这一阶段的研究聚焦于将领域专家的知识归纳成人工规则，进而进行辅

---

① 高文. 人工智能前沿技术和高质量发展解析 [J]. 时事报告（党委中心组学习），2023（6）：
96–113.

助决策，专家系统技术在这一阶段得到迅速发展。第三阶段以大数据驱动的深度学习为核心。该阶段有效整合算法、算力和数据，推动人工智能的研究重心从如何"制造"智能转移到如何"习得"智能。2006 年，加拿大多伦多大学杰弗里·辛顿教授提出"深度学习算法"，为新一轮人工智能的发展奠定了理论和方法基础。2012 年，杰弗里·辛顿教授与学生提出的深度学习神经网络模型 AlexNet，在 ImageNet 图像识别挑战赛上以巨大的优势击败了其他非神经网络模型，成为深度学习兴起的标志。近 10 年来，基于大数据的深度学习模型和算法得到大规模应用，在机器翻译、智能问答、博弈对抗等领域取得了极大的成功，人工智能技术进入加速发展期。在以上三个阶段中，前两个阶段的主要思路是设计新的理论和算法，用机器模拟人的智能，尽管在理论方法上取得了进展，但由于目标过高，与实践应用结合不够，使得人工智能发展几经波折；第三阶段基于大数据的深度学习技术已成为当前人工智能的主流发展路径，在计算机视觉、自然语言处理、智能语音等技术领域得到了大规模应用[①]。

2018 年以来，大模型率先在自然语言处理领域获得突破，以 ChatGPT 为代表的现象级产品拉开了通用人工智能发展的序幕，引发了新一轮人工智能发展浪潮。当前人工智能发展已由小模型时代迈向大模型时代。大模型是"大数据 + 大算力 + 强算法"的产物，具有三大特点：一是规模大，神经网络参数规模达到百亿以上；二是涌现性，能产生预料之外的新能力，这是人工智能发展近 70 年来最具里程碑意义的特性；三是通用性，能够解决各类问题。美国 OpenAI 公司的 GPT 系列大模型是当前国际大模型领域的代表，其中 2022 年 11 月发布的人工智能对话大模型 ChatGPT 表现出了惊人的智能水平，能够长时间进行自然流畅的对话、高质量撰写几乎所有类型的书面材料，还可以完成很多需要创造性思考的任务，受到了全球用户的广泛关注。但是，大模型等通用人工智能技术在给全球发展带来极大机遇的同时，也带来了伦理道德、数据安全等方面难以预测的风险和挑战。尤其在面对人工通

---

① 高文. 人工智能前沿技术和高质量发展解析 [J]. 时事报告（党委中心组学习），2023（6）：96-113.

用智能的到来可能引发的人类生存性风险，更需要加强防范。

总之，人类探索通用智能发展的路径越来越清晰，全球正处于"准强人工智能"的前夜，处在一个不确定性的状态，未来需要对大模型基础原理、安全与价值观对齐、人工通用智能风险控制策略等方面开展深入研究，促使人工智能技术更好地造福人类。

第三节　文献综述

打造具有竞争力的先进制造业是我国实现高质量发展和建设制造强国的必由之路。作为新一代信息技术与先进制造业技术深度融合的产物，智能制造得到了各大国的广泛关注与重视，如德国"工业 4.0"计划、美国"再工业化"计划、日本"新机器人战略"计划、韩国"新增长动力规划及发展战略"计划、法国"新工业法国"计划等。在此背景下，中国政府紧跟全球产业变革趋势，于 2015 年正式发布《中国制造 2025》发展战略，明确将推进智能制造作为我国制造业的主攻方向，并于 2016 年制定了《智能制造发展规划（2016—2020）》。

智能制造作为制造业演进中的热点话题，吸引了国内外众多学者，他们从不同方面对其进行了研究探讨。但由于制造业话题本身的庞大性和复杂性，导致智能制造研究主题分布散乱，难以整合成一个类别。因此，本节试图综合梳理国内外智能制造研究的核心期刊文献，在运用文献计量和知识图谱分析方法的基础上，侧重于学科分类，揭示文献统计特征与知识图谱表象背后的研究热点，最终展望未来国内智能制造研究。

一、文献样本与研究方法

1. 文献样本

本书的文献来源包含两个方面。一是 Web of Science（WOS）核心合集的 SCI 数据库，作为国际智能制造研究进展的文献来源。以 "intelligent manufacturing" 为主题词，时间范围选择 1987—2019 年，以 "article" 为文献精简类型，最终得到 2601 篇文献样本。二是中国知网（CNKI），作为国内智能制造研究进展的文献来源。"来源类别" 选择学术影响力较优的 "核心期刊" 与 "CSSCI"，主题词设置为 "智能制造"，为方便进行国内外比较，时间范围也选择 1987—2019 年。同时对检索结果进行筛选，剔除通知、征文、书评等相关度较低的非学术文献及与主题相关度不大的学术文献，最终得到 499 篇文献样本。

2. 研究方法

本书的分析方法涉及文献计量分析和知识图谱分析，研究工具使用 HistCite、EXCEL 和 CiteSpace 软件。HistCite 是由 SCI 创始人尤金·加菲尔德博士于 2001 年开发的一款文献可视化分析软件，它可以从众多的科学文献资料中找出各个学科自身及其之间的研究历史轨迹、发展规律和未来趋势[1]。CiteSpace 是基于引文分析理论的科技文本挖掘和可视化分析软件，由费城德雷克塞尔大学的陈超美教授开发，可以通过绘制知识图谱来展现某一领域特定时期的信息全景、宏观结构及学科或知识领域的发展趋势[2]。本书首先运用 HistCite、EXCEL 软件对国内外智能制造文献基本信息、关键指标等进行文献计量分析，将文献数量特征以图表等形式展现出来。其次，在智能制造研究进展与热点方面，使用 CiteSpace 对智能制造研究的关键词进行共现、突变和聚类分析。为了弥补知识图谱分析在研究细节方面的不足，另从检索结果中选取典型文献进行内容分析，并补充对 2020 年文献的研读，以加深对智能制造研究领域的理解和把握，以及对最新研究内容的追踪。

---

[1] 李运景，侯汉清，裴新涌. 引文编年可视化软件 HistCite 介绍与评价 [J]. 图书情报工作，2006（12）：135-138.

[2] 肖明，陈嘉勇，李国俊. 基于 CiteSpace 研究科学知识图谱的可视化分析 [J]. 图书情报工作，2011（6）：91-95.

二、国内外智能制造研究现状分析

1. 国际智能制造研究现状

将 SCI 数据库中生成的纯文本格式数据导入 HistCite 文献计量软件，对 1987—2019 年智能制造研究领域文献年度发文量、国家（地区）分布、来源期刊等维度进行统计分析，结果如下：

（1）年度发文量

年度发文量在一定程度上是反映某研究领域受关注程度的重要指标。通过在 SCI 数据库中检索，得到智能制造各年份文献数量的分布情况（图 1.1）。从图中可以看出，国际上关于智能制造最早的研究文献出现于 1987 年；1989—1993 年出现了文献数量增长的小高潮；1994—2016 年研究文献的数量呈现波动增长的趋势；随着全球制造业转型升级发展，从 2017 年起，智能制造领域受到更多研究人员的关注，文献数量呈现逐年递增趋势，且增长幅度较大。研究文献数量的增长可以在一定程度上说明人们对智能制造研究领域的关注度越来越高。

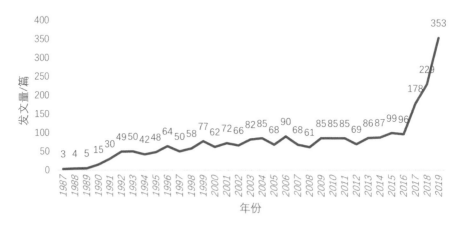

图 1.1　SCI 数据库中智能制造研究文献年度发文量统计图

（2）国家（地区）分布

对智能制造研究的国家（地区）进行分析，可以找到该领域研究的活跃国家（地区）。通过 WOS 自带的"分析检索结果（Analysis Results）"及 HistCite 软件，将所有文献按照作者所在的国家（地区）进行分类汇总，可以发现以智能制造为主题的 2601 篇研究文献分布在 87 个国家（地区），其中未署国家（地区）的文献有 90 篇，文献量排名前 9 的国家（地区）见表 1.1。表 1.1 中的 TLCS（Total Local Citation Scores）和 TGCS（Total Global Citation Score）分别表示文献在所在数据库（即下载的 2601 篇文献）中的被引次数和文献在 WOS 数据库中总被引次数[①]。TLCS/N 和 TGCS/N 分别表示国家（地区）在该领域发表的文献在本数据集的平均被引次数与在 WOS 数据库中的平均被引次数，两者的数值可以说明该国家（地区）在该研究领域的影响力，数值越高，影响力越大[②]。从表 1.1 可以看出，在国家（地区）文献数量方面，中国以 629 篇列于首位，其次是美国、英国。在文献被引次数方面，法国以 TLCS/N1.46、TGCS/N19.99 居于首位，在智能制造研究领域影响力最大，其次是加拿大、美国。由此可见，发达国家在智能制造领域研究水平较高。与此相比，中国在智能制造领域的研究数量虽然处于领先位置，但是在研究质量上还存在差距。

表 1.1　SCI 数据库中智能制造研究文献所属国家地区 TOP9 统计表

序号	国家/地区	N（篇）	百分比（%）	TLCS	TGCS	TLCS/N	TGCS/N
1	China（中国）	629	24.20%	403	8573	0.64	13.63
2	USA（美国）	526	20.20%	444	9331	0.84	17.74
3	UK（英国）	275	10.60%	234	4757	0.85	17.30
4	South Korea（韩国）	121	4.70%	121	1821	1.00	15.05
5	Germany（德国）	112	4.30%	67	1543	0.60	13.78
6	Canada（加拿大）	105	4.00%	144	1867	1.37	17.78
7	India（印度）	92	3.50%	50	1402	0.54	15.24

① 裴蕾丝，尚俊杰. 电子游戏与教育研究的脉络和热点分析——基于科学引文数据库（WOS）百年文献的计量结果 [J]. 远程教育杂志，2015（2）：104-112.

② 王辞晓，郭欣悦，吴峰. 企业数字化学习国际研究脉络与热点——基于 WOS 的文献计量分析 [J]. 中国远程教育. 2018（3）：52-61.

（续表）

序号	国家 / 地区	N（篇）	百分比（%）	TLCS	TGCS	TLCS/N	TGCS/N
8	Japan（日本）	78	3.00%	32	950	0.41	12.18
9	France（法国）	76	2.90%	111	1519	1.46	19.99

（3）来源期刊

1987—2019 年共有 656 种期刊发表过以智能制造为主题的文献，载文量 TOP10 的来源期刊见表 1.2。10 种期刊合计载文量为 853 篇，占总量的 32.7%。其中《国际先进制造技术杂志》与《智能制造杂志》载文量最高，均为 154 篇。《工业用计算机》的被引次数较高，其次是《国际生产研究杂志》。在排名前 10 的期刊里，大部分期刊的研究方向与工程技术、信息技术和制造技术有关。

表 1.2 　SCI 数据库中智能制造载文量 TOP10 的来源期刊分布统计表

序号	来源期刊	N（篇）	百分比（%）	TLCS	TGCS
1	Internation Journal of Advanced Manufacturing Technology（《国际先进制造技术杂志》）	154	5.90%	153	1943
2	Journal of Intelligent Manufacturing（《智能制造杂志》）	154	5.90%	172	2391
3	International Journal of Production Research（《国际生产研究杂志》）	123	4.70%	200	2862
4	Robotics and Computer-Integrated Manufacturing（《机器人与计算机集成制造》）	76	2.90%	171	2495
5	Computers in Industry（《工业用计算机》）	73	2.80%	231	2344
6	International Journal of Computer Integrated Manufacturing（《国际计算机集成制造杂志》）	73	2.80%	78	849
7	Expert Systems Wite Applications（《专家系统与应用》）	59	2.30%	28	1050
8	Computers & Industrial Engineering（《计算机与工业工程》）	50	1.90%	23	514
9	IEEE Access	49	1.90%	13	168
10	Journal of Manufacturing Systems（《制造系统杂志》）	42	1.60%	51	616

（4）研究方向

通过 WOS 分析检索结果可得到研究文献在不同研究方向的分布情况，设置阈值为 2，可以将 2601 篇文献划分为 47 个不同的研究方向。如表 1.3 所示，排名前 10 的研究方向分别为工程学、计算机科学、管理运筹学、自动控制系统、材料学、机器人学、仪器仪表、电信、科学技术其他主题和化学。通过对各个研究方向的最初年份进行统计可以发现，最早关注智能制造的研究方向是计算机科学（1987 年）领域，其次是机器人学（1988 年）、工程学（1988 年）、管理运筹学（1988 年）等，而自动控制系统（1992 年）、化学（1992 年）等则对智能制造关注稍晚些。从不同研究方向的文献数量占比中可以看出，工程学和计算机科学分别以 68.166% 和 42.599% 稳居智能制造研究的前两位，这说明目前国外智能制造研究仍以工程学和计算科学为主要研究领域。

表 1.3 SCI 数据库中智能制造研究方向 TOP10 统计表

序号	研究方向	文献数量（篇）	百分比（%）	发文起始点（年）
1	Engineering（工程学）	1773	68.166	1988
2	Computer Science（计算机科学）	1108	42.599	1987
3	Operations Research Management Science（管理运筹学）	407	15.648	1988
4	Automation Control Systems（自动控制系统）	374	14.379	1992
5	Materials Science（材料学）	281	10.804	1989
6	Robotics（机器人学）	163	6.267	1988
7	Instruments Instrumentation（仪器仪表）	127	4.883	1991
8	Telecommunications（电信）	116	4.46	1991
9	Science Technology Other Topics（科学技术其他主题）	90	3.46	1993
10	Chemistry（化学）	84	3.23	1992

（5）高影响力学者

本文通过采用 h 指数和 TLCS 双重评价指标来统计研究学者的影响力。h 指数是一个混合量化指标，2015 年由美国加利福尼亚大学圣地亚哥分校物理学家乔治·赫兹提出，用来评价研究学者的科研绩效。h 指数的定义是研究学者发表的 N 篇论文中有 h 篇论文至少被引用了 h 次，此时这位学者的 h 指数就是 h。h 指数评价指标在一定程度上具有客观性，能够有效避免自引、作者合著关系的影响。h 指数越高，说明学者学术影响力越大[①]。TLCS 是本数据集的总被引次数，在一定程度上比 TGCS 更能反映学者研究文献在某一领域的认可程度。根据以上两个指标，本文利用 HistCite 软件将 2601 条记录以作者为关键词按 TLCS 排序，再利用 WOS 中自带的"创建引文报告"查出每位学者的 h 指数，选择排名前 10 位的学者，结果如表 1.4 所示。从学术影响力来讲，表 1.4 中的学者为智能制造领域的高影响力学者，引领了这一领域的发展。

表 1.4 SCI 数据库中智能制造高影响力学者 TOP10 统计表

序 号	作 者	N 篇	TLCS	h 指数
1	Leitao P	12	122	10
2	Newman S T	14	95	11
3	Tao F	12	95	11
4	Zhang L	13	83	10
5	Xu X	13	77	11
6	Norrie D H	15	74	11
7	Li D	16	73	11
8	Wan J F	13	68	10
9	Xu L D	6	68	5
10	Suh S H	8	67	12

---

① 康国光，沈振锋，徐跃进，陈啸. 学生满意度研究：现状、演进路径及前沿——基于 Web of Science 数据库 [J]. 现代情报，2014（8）：29–36.

2. 国内智能制造研究现状

通过 EXCEL 软件对 499 篇 CNKI 中文文献进行文献计量分析，得到国内智能制造文献研究的年度发文量、来源期刊等指标的情况。

（1）年度发文量

通过对国内智能制造文献年份的分析，得到了 1992—2019 年智能制造研究文献年度发文量趋势图。如图 1.2 所示，我国的智能制造研究始于 1992 年，与国外相比起步较晚。2014 年之前，国内对智能制造的关注度较低，研究文献的数量也较少。但随着中国制造业的发展，以及《中国制造 2025》和《智能制造发展规划（2016—2020）》的提出，从 2015 年开始，智能制造研究文献数量出现了井喷式增长。因此可以看出，智能制造的研究与经济发展实践及国家政策密切相关。

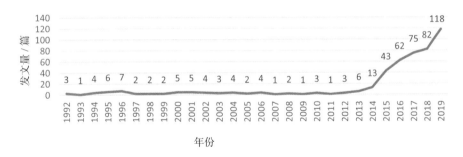

图 1.2　CNKI 国内智能制造研究文献年度发文量趋势图

（2）来源期刊

利用 EXCEL 软件对国内智能制造领域的 499 篇研究文献进行整理发现，共有 214 家期刊收录了智能制造相关文献，发文量 TOP15 的来源期刊如图 1.3 所示。国内智能制造文献主要分布在《计算机集成制造系统》《中国机械工程》《制造技术与机床》等理工科期刊上，但随着互联网技术的发展及国家政策的变化，越来越多不同学科领域的学者关注了智能制造，并从不同的角度展开研究，因此，《科技进步与对策》《经济纵横》《企业管理》《人民论坛·学术前沿》等人文社科类期刊也刊载了智能制造论文。以上结果说明智能制造领域已经得到了学者的广泛关注，但是也可以看出智能制造的研究文献杂乱无序等问题。

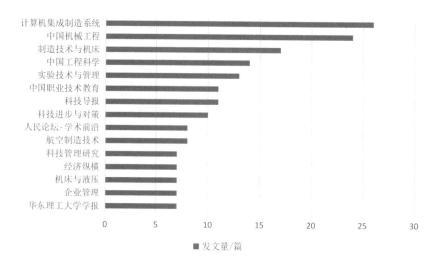

图 1.3　CNKI 国内智能制造研究文献的来源期刊 TOP15 统计图

（3）核心作者分布

核心作者是推动研究领域创新与发展的骨干力量，是认定期刊学术影响力和竞争力的重要因素之一。某一领域的核心作者一般是指在该领域发表文章数量及被引次数较多的第一作者。本研究采用由美国科学史学家普赖斯（Price）提出的普赖斯定律来测定某研究领域的核心作者。普赖斯定律用公式表示为 $N = 0.749 \sqrt{N_{max}}$。其中，N 表示核心作者发文篇数的下限，只有大于等于 N 才是核心作者；N_{max} 表示第一作者中发表论文数量最多的作者其论文数量总和[1]。如表 1.5 所示，国内智能制造研究以第一作者发表论文数量排在前 3 位的分别是姚锡凡、孟凡生和胡春华，他们分别发表了 7 篇、5 篇、4 篇文章，即 N_{max}=16。区分核心作者临界点 $N \approx 2.996$，取整后 N=3，即国内智能制造研究领域的核心作者为发表论文数量为 3 和 4 的第一作者。

---

① Derek de Solla Price. Little science，big science and beyond[M]. Columbia：Columbia University Press，1978：64–67.

他们的成果为国内智能制造领域研究打下了坚实的基础。

表 1.5　CNKI 国内智能制造核心作者发文情况统计表

序号	作者	N（篇）
1	姚锡凡	7
2	孟凡生	5
3	胡春华	4
4	韩江波	3
5	张祖国	3
6	张洁	3
7	张映锋	2

三、国际智能制造研究进展与热点分析

Burst 探测关键突变词是根据词频变化反映相关研究在某一时期文献中变化的状况，在一定程度上适合表征相关研究的研究热点。本书运用 CiteSpace 对国际智能制造研究进行关键词共现网络分析，并进一步设置 Burst 探测，按突发起始时间排列 Burst 探测关键突变词时序。通过关键词突变词时序可以看出，国际智能制造相关研究主要聚焦在工程科学和信息科学领域，不同时段具有不同的技术研究热点，具体可分为以下几点：

1. 智能调度与智能控制

智能制造系统相关研究表明，早期智能制造的发展主要以数字化为特征。该阶段主要探讨如何将神经网络、专家系统等人工智能技术应用到柔性制造系统和计算机集成制造中。在神经网络算法方面，有学者提出一个基于神经网络的控制系统，以动态地适应不同调度策略的柔性制造单元[1]；也有学

---

[1]　Shi H B，Xue J S. An intelligent scheduling system for flexible manufacturing cell[J]. Human aspect in computer integrated manufacturing，1992，3（1）：721–728.

者对神经网络在计算机集成中的应用进行了综述①。在专家系统方面，有学者提出了一种过程质量控制和判断的方法，利用专家系统将质量评估过程整合到生产过程中，使工厂实现自动化和计算机集成②。人工智能技术推动了智能制造的发展。

2. 智能制造系统设计与控制

在智能制造系统设计与控制方面，主要的热点应用技术为 Agent 技术和 Muti-agent 系统。Agent 技术具有驻留性、反应性、自治性、进化性、适应性等特点，众多学者将其应用到智能制造相关技术研究中。Muti-agent 系统是由一组分布在物理或逻辑位置上的 Agent 组成，Agent 通过网络共享资源，一起完成生产制造中的任务③。通过智能 Agent 的分布式制造调度控制方法，可以将制造资源看作智能 Agent④，并提出由各种资源 Agent 组成的智能制造系统体系结构，这些智能体能够基于自身的知识并通过网络通信做出决策⑤。Agent 技术克服了专家系统知识获取困难等缺点，各智能体之间通过网络相互通信，组成一个闭环的 Muti-agent 系统。因此，网络是 Agent 技术应用到智能制造上的基础设施条件，智能体技术的应用和使能离不开互联网信息技术的发展。至此阶段，智能制造已从数字化的阶段演化到了数字化、网络化的阶段，制造资源得以进一步整合与集成，智能制造技术得以演进和迭代。

3. "云制造"等新兴热点技术

随着新一代信息通信与人工智能技术的发展，智能制造研究出现了新的

① Zhang H C，Huang S H. Applications of neural networks in manufacturing：A state of the art survey[J]. International journal of production research，1995，33（3）：705–728.

② Cesarone J. QEX：An in-process quality control expert system[J]. Robotics and computer integrated manufacturing，1991，8（4）：257–264.

③ Kaddoum E，Gleizes M P，Picard G. Self-regulation in self-organising multi-agent systems for adaptive and intelligent manufacturing control[C]//International conference on self-adaptive and self-organizing systems. SASO 2008：Second IEEE international conference on self-adaptive and self-organizing systems. Los Alamitos，CA：IEEE computer society，2008.

④ Shen Weiming. Distributed manufacturing scheduling using intelligent agents[J]. IEEE intelligent systems，2002，17（1）：88–94.

⑤ Guo Q，Zhang M. A novel approach for multi-agent-based intelligent manufacturing system [J]. Information sciences，2009，179（18）：3079–3090.

制造模式与技术，相关学者也围绕这些方面展开了研究。云制造、大数据、信息物理系统、异构物联网、数字孪生[①] 等术语和技术成为研究热点。有学者从云计算的最终用户、以云为平台的企业及云计算提供商自身等方面简要论述了云计算的基本特征，并认为作为云制造的核心技术——云计算正在成为制造业的主要推动因素之一[②]。也有学者提出将 CPS 应用于预测生产系统，从而提高生产效率[③]。部分学者在工业 4.0 背景下，提出一种应用于多源异构工业大数据对机器设备进行预测性维护的解决方案[④]。这些新兴制造模式与技术的应用，可以将制造业中海量的数据信息自动转化为有用的信息，能提高制造业智能化的程度，为实现产品设计与制造过程、企业管理及服务的智能化提供极大帮助，并推动智能制造技术演进和迭代到新一代的真正的智能化制造阶段。

四、国内智能制造研究进展与热点分析

关键词聚类分析是指在共现网络分析的基础上对关键词加以聚类，从而能够在一定程度上把握某一领域的研究进展与热点。本书利用 CiteSpace 软件，对 1987—2019 年的 499 篇国内智能制造文献进行关键词共现聚类分析，同时结合表 1.6 中的国内智能制造研究高频次关键词进行分析。从聚类分析结果和表 1.6 可以看出，关涉到智能制造的研究大多数聚焦在信息科学和工程科学领域，但是随着智能制造实践的演进，社会科学领域的学者也开始关注智能制造与社会系统诸多方面之间的交互影响，尤其是经济与管理科学、科技哲学和伦理学领域学者的关注引人注目。

① Qiu Tie, Chen Ning, Li Keqiu. How can heterogeneous internet of things build our future：Asurvey[J]. Communications surveys and tutorials, 2018, 20（3）：2011-2027.

② Xun X. From cloud computing to cloud manufacturing[J]. Robotics & computer integrated manufacturing, 2012, 28（1）：75-86.

③ Lee J, Jin C, Behrad B. Cyber physical systems for predictive production systems[J]. Production engineering, 2017, 11（2）：155-165.

④ Yan J, Meng Y, Lu L, et al. Industrial big data in an industry 4.0 environment：Challenges, schemes and applications for predictive maintenance[J]. IEEE Access, 2017（10）：1547-1557.

表 1.6   CNKI 国内智能制造研究高频次关键词统计表

序 号	关键词	频次	中心度
1	智能制造	302	1.08
2	工业 4.0	32	0.03
3	制造业	32	0.06
4	人工智能	30	0.15
5	中国制造 2025	26	0.01
6	大数据	26	0.06
7	智能制造系统	21	0.17
8	物联网	20	0.03
9	信息物理系统	17	0.01
10	转型升级	15	0.02
11	工业互联网	13	0
12	智能工厂	13	0
13	智能化	12	0
14	人才培养	12	0
15	数字孪生	10	0
16	商业模式创新	10	0
17	区块链	10	0.01

基于学科分类的视角，本书按研究内容分块梳理国内智能制造研究进展与热点，具体如下：

1. 自然科学视角下的研究进展与热点

与国际智能制造研究进展与热点类似，国内自然科学视角下的信息科学、工程科学等方面的研究也呈现出智能制造技术层面演进和迭代的时序脉络，并且这一脉络中的热点与国际上的基本一致。之所以呈现这一特征，主要是国内智能制造相关技术的研发和应用基本上源于西方发达国家，中国自己的自主研发与关键核心技术还比较缺乏。但是，也有部分学者在理解西方智能制造的基础上，探讨了具有中国特色的智能制造基本原理、系统技术等方面的内容。

（1）智能制造基本原理。主要涉及智能制造的目标、内涵和外延、特征、构成要素、总体架构、标准规范、技术路线、演进范式等方面的内容。随着先进制造技术和互联网技术的发展，智能制造的概念也在不断丰富和趋于完善。杨叔子、丁洪根据智能制造系统的研究背景及发展现状，认为智能制造系统（IMS）与智能制造技术（IMT）是智能制造研究的主要领域，双I（Integration & Intelligence）是智能制造的重要特征[1]。钱锐、魏源迁与路林吉从机器智能化角度对智能制造进行研究，评析了智能制造的基本概念、结构、设计及组成单位[2]。姚锡凡等从系统科学的角度探究了智慧制造系统组成、子系统的相互作用及其特征等基础理论问题[3]。姚锡凡等从AI演化发展的角度，对第一代智能制造和第二代智能制造的系统类型、使能技术及特征进行对比分析，并与新兴的智能制造进行了对比[4]。刘强从制造技术的变迁及面临的新挑战出发，针对智能制造的内涵和特征的认知发展过程，提出智能制造理论体系总体架构，包括理论基础、技术基础、支撑技术、使能技术、核心主题、发展模式、实施途径和总体目标[5]。周济等提出智能制造演进的三个基本范式，依次为数字化制造、数字化网络化制造、数字化网络化智能化制造，这三个范式相互交织、迭代升级[6]。

（2）智能制造系统技术。主要介绍和探讨智能制造的相关技术，包括技

① 杨叔子，丁洪. 智能制造技术与智能制造系统的发展与研究 [J]. 中国机械工程，1992（2）：15–18.
② 钱锐，魏源迁，路林吉. 智能制造理论及其基本结构 [J]. 机械制造，1996（7）：4–7.
③ 姚锡凡，张剑铭，Lin Yingzi. 智慧制造系统的基础理论与技术体系 [J]. 系统工程理论与实践，2016（10）：2699–2711.
④ 姚锡凡，刘敏，张剑铭，等. 人工智能视角下的智能制造前世今生与未来 [J]. 计算机集成制造系统，2019（1）：19–34.
⑤ 刘强. 智能制造理论体系架构研究 [J]. 中国机械工程，2020（1）：24–36.
⑥ 周济. 以创新为第一动力 以智能制造为主攻方向 扎实推进制造强国战略 [J]. 中国工业和信息化，2018（5）：16–25.

术基础、支撑技术和使能技术。智能制造技术涉及智能设计、智能加工与装配、智能服务、智能管理等产品全生命周期的智能化的技术基础、使能技术和支撑技术[1]。智能制造关键技术是智能制造发展的关键因素，通过众多学者的研究，神经网络、Agent 系统、柔性制造系统、云制造、工业机器人等先进制造方法、系统、技术被应用到实际制造操作中。例如，李强和李闯通过 BP 人工神经网络算法，对图像类资源信息进行智能识别、分类，提高制造平台的运行效率[2]。吴昌生和姚锡凡运用多 Agent 智能控制技术，对生产制造系统进一步升级[3]。李伯虎等人从对"智能+"时代的解读出发，提出了新的智能制造系统——云制造系统 3.0[4]。刘强认为，智能制造技术基础包括数字化、网络化和信息安全基础设施，支撑技术包括传感器、工业互联网、大数据、云计算、虚拟现实、人工智能、数字孪生等，使能技术包括集成技术、动态感知、实施分析、自主决策、精准执行等，支撑技术和使能技术是关键技术[5]。正是这些技术的演进、迭代及与不同行业的融合，推动了各行各业的智能化发展。

2. 人文社会科学视角下的研究进展与热点

（1）经济与管理科学领域。近几年，随着智能制造从理论到实践，从话题到落地应用，智能制造吸引了很多经济与管理科学领域学者的关注与研究。智能制造作为工业革命进程中的颠覆性变革，不仅体现为自然科学领域的进展，也将体现为人类社会其他层面的变革。在经济与管理学科领域，学者首先关注的是智能制造对我国制造业转型升级带来的影响，认为智能制造是推动我国制造业转型升级的主要引擎。就制造业转型升级的研究，学者主要探讨了智能制造能够推动制造业转型升级的原因、内在机理及路径。近几

[1]　郭洪杰. 智能制造技术与应用 [J]. 金属加工（冷加工），2015（17）：20–21.

[2]　李强，李闯. 基于 BP 神经网络的云制造系统图像资源智能识别 [J]. 组合机床与自动化加工技术，2013（5）：30–33.

[3]　吴昌生，姚锡凡. 制造系统多 Agent 智能控制平台研究 [J]. 机械设计与制造，2010（2）：99–101.

[4]　李伯虎，柴旭东，侯宝存，等. 云制造系统 3.0——一种"智能 +"时代的新智能制造系统 [J]. 计算机集成制造系统，2019（12）：2997–3012.

[5]　刘强. 智能制造理论体系架构研究 [J]. 中国机械工程，2020（1）：24–36.

年国内关于智能制造与制造业转型升级关系的研究在不断增加。刘星星对智能制造为何会推动及如何推动装备制造业的升级发展，推动过程中存在的问题进行探讨①。俞佳根探究浙江制造业发展现状，并指出智能制造是浙江制造业转型升级的必然选择②。钟鸣长、付春红探究智能制造背景下福建制造业发展的现状、发展智能制造存在的制约，并提出制造业智能化转型升级的建议③。刘军等从机理和实证两个方面研究智能化对制造业结构优化的影响④。吴旺延等探讨智能制造促进产业转型升级的机理和路径⑤。孟凡生等⑥、万晓榆等⑦对制造业企业如何实现智能化转型进行研究，具体探讨智能化改造的评价标准、影响因素、改造路径等问题。吴文文以离散型制造企业发展智能制造能力为研究对象，采用层次分析法及 DEA 法对其智能制造能力进行评价⑧。邵坤通过灰色关联度法测度山东省 2012—2016 年智能制造综合能力水平发展趋势⑨。胡春华等基于分析制造业的发展趋势和企业面临的问题，提出企业集成的总目标与总原则⑩。易开刚和孙漪根据民营企业"低端锁定"困境，提出应该从企业内部技术与生产方式变革及外部政策等方面帮助民营企业实施智能制造⑪。龚炳铮从智能制造的评价意义出发，通过智能制造企

① 刘星星. 智能制造推动我国装备制造业升级发展研究 [D]. 福建：福建师范大学，2017.
② 俞佳根. 以"智能制造"引领和推进浙江制造业转型升级 [J]. 宁波经济（三江论坛），2016（1）：11–13+24.
③ 钟鸣长，付春红. 智能制造背景下福建省制造业转型升级的对策 [J]. 湖南商学院学报，2017（3）：67–73.
④ 刘军，常慧红，张三峰. 智能化对中国制造业结构优化的影响 [J]. 河海大学学报，2019（4）：35–41.
⑤ 吴旺延，刘珺宇. 智能制造促进中国产业转型升级的机理和路径研究 [J]. 西安财经大学学报，2020（3）：19–26.
⑥ 孟凡生，赵刚，徐野. 基于数字化的高端装备制造业企业智能化转型升级演化博弈研究 [J]. 科学管理研究，2019（5）：89–97.
⑦ 万晓榆，赵寒，张炎. 我国智能化发展评价指标体系构建与测度 [J]. 经济与管理研究，2020（5）：84–97.
⑧ 吴文文. 离散型制造企业智能制造评价研究 [D]. 浙江：杭州电子科技大学，2018.
⑨ 邵坤. 山东省智能制造综合能力评估研究 [D]. 山东：青岛大学，2018.
⑩ 胡春华，张智勇，程涛，等. 智能制造环境下的企业集成 [J]. 中国科学基金，2001（4）：219–222.
⑪ 易开刚，孙漪. 民营制造企业"低端锁定"突破机理与路径——基于智能制造视角 [J]. 科技进步与对策，2014（6）：73–78.

业生态环境、智能制造企业发展水平、智能制造企业效益三个方面构建智能制造企业发展评价指标[①]。孟凡生等探讨传统制造向智能制造转变的影响因素[②]。另有部分学者探讨了智能制造中人工智能技术的应用对劳动力就业的影响。

（2）科技哲学、伦理学等领域。通过相关文献内容的梳理可以发现，近些年从科技哲学、伦理学角度审视智能制造的研究成果在迅速增加。但是，这些研究成果并不是直接以智能制造为关键词，而是以人工智能为关键词。林剑从历史观的角度探讨人工智能与智能制造对社会变革、人的解放的意义和价值[③]。高新民等以科技哲学的视角，探讨由于人工智能的发展导致本体论发生的变化[④]。贾龙研究人工智能技术可能引发的道德判断困境和伦理重塑，从主体设计、制度管理、公众环境三个层面探讨伦理重塑策略[⑤]。也有学者从法学、教育学等角度探讨智能制造带来的影响。

五、研究述评

本书以智能制造为主题，以 Web of Science 核心合集 SCI 数据库中 1987—2019 年的研究文献、中国知网（CNKI）中"核心期刊"与"CSSCI"1987—2019 年的研究文献为研究对象，使用文献计量与知识图谱分析方法对研究文献进行分析，探究国内外智能制造的研究现状及热点。

国内外关于智能制造的发文数量整体上都是呈现上升趋势。特别是在2014 年之后，各国推出关于智能制造方面的战略部署，文献数量增长幅度较大，这说明在智能制造研究方面具有明显的政策导向性。国内在智能制造研究方面虽然研究文献数量处于领先位置，但是在影响力方面，美国、法国、

---

① 龚炳铮. 智能制造企业评价指标及评估方法的探讨 [J]. 电子技术应用，2015（11）：6-8.
② 孟凡生，赵刚. 传统制造向智能制造发展影响因素研究 [J]. 科技进步与对策，2018（1）：66-72.
③ 林剑. 论人工智能的发展对人的劳动解放与社会解放的意义 [J]. 人文杂志，2019（11）：19-24.
④ 高新民，胡嵩. 工程学本体论：本体论的形而下走向及其意义 [J]. 科学技术哲学研究，2020（3）：75-81.
⑤ 贾龙. 论智能化时代的伦理重塑 [J]. 自然辩证法研究，2020（6）：57-61.

加拿大等发达国家仍处于优势地位。在智能制造研究内容与研究方法上，国外智能制造研究内容已经较为成熟，研究角度多样化、动态化，研究方法从初期智能制造基本原理等定性方法逐渐转入计算机技术仿真、数据案例研究等实验定量方法。国内智能制造研究方法偏向于智能制造相关的定性论述，少量研究成果采用定量分析。从学科角度看，国内工程科学与信息科学领域学者的研究聚焦在与工业4.0相适应的理论体系、关键技术、实践应用等层面，成果比较丰富。但是，从结果看，目前在智能制造标准技术体系的搭建上还缺乏统一的标准，并且很多关键技术的研究缺乏集成和整合，甚至还停留在概念阶段，急需突破。人文社科类的研究相对比较单薄，且研究内容、研究方法还比较狭窄和单一。

国内外学者从不同角度和层面对智能制造进行研究，并取得了一些成果。随着智能制造领域研究的不断深入，其内容将更加丰富。本书在分析智能制造研究现状与热点的基础上，提出对未来国内智能制造研究的展望：第一，从自然科学角度看，国内研究需要继续对智能制造标准技术体系进行架构和搭建，并加大对智能制造关键技术的研发和集成，同时还需要加大对智能制造从理论到实践真正落地应用路径的研究。智能制造关键技术的缺乏是我国当前推进智能制造战略急需突破的瓶颈，这决定着我国在新一轮工业革命中能否实现弯道甚至换道超车。产学研跨界联合是深化和推进智能制造研究的重要途径。第二，从人文社会科学角度看，各学科需要进一步拓展研究视角和研究方法。经管类的研究虽然已经展开，但是重点局限在是什么和为什么层面的纯理论研究，研究方法上还缺乏严谨的数理和计量层面的推理和实证检验。这与智能制造模式在实践层面的应用处于起步阶段有一定关系，因为现实中智能制造发展所处的阶段，决定了经管类学者很难收集到有效数据来开展实证检验。与此同时，经管类学者的研究重点侧重于产业层面的转型升级和企业层面的智能化转型和评价标准，还缺乏关于智能制造革命对经济活动空间分布模式带来冲击的辨识和研究。第三，从学科融合和交叉角度看，自然科学领域与人文社会科学领域的学者需要增进对对方研究内容的了解。从目前研究看，不同学科领域的学者有各说各话的倾向，具体表现为：

自然科学领域的学者几乎漠视了人文社科类学者关心的问题；人文社科类学者在研究的过程中，虽然触及对智能制造基本原理和技术的描述及术语的使用，但往往是浅层次的描述和使用，甚至还存在误用的情况，从而影响了智能制造研究的深度和精准度。

第二章　人工智能对制造业转型升级的影响

第一节　引言

一、研究背景与意义

在经济新常态背景下，我国面临着高端制造业回流发达国家、低端制造业向东南亚地区低成本国家转移的"双重挤压"，我国现有制造业体系在全球价值链中还处于中低端和产能过剩的"双重困境"。因此，寻找经济发展新动能，推动制造业转型升级，实现高质量发展，成为我国经济社会发展的头等大事。当下，智能制造正在引发全球第四次工业革命的新浪潮，许多国家制定了发展智能制造的相关战略。在此背景下，人工智能技术加持下的智能制造也成为我国推进制造业转型升级的主要动力。2015 年，我国发布《中国制造 2025》，明确指出我国制造业发展要以加快新一代信息技术与制造业深度融合为主线，以推进智能制造为主攻方向。2016 年 12 月，《智能制造发展规划（2016—2020）》正式公布，智能制造作为促进和引领我国产业转型升级的主要引擎得到政府认同，各级政府相继出台智能制造行动计划，以此作为产业转型升级的主攻方向。

本书以江苏省智能制造为例，从理论和实证两方面探讨人工智能对制造业转型升级的影响，在此基础上探索江苏省发展智能制造的创新路径。

江苏省制造业历来是全国的排头兵，但是也面临着大而不强的困境，在全球价值链中仍然处于中低端，所以急需加快转型升级。在智能制造革命背景下，智能制造成为推动产业转型升级的主要动力。当前，江苏省正处于转型升级的关键时期，必须把加快智能制造作为突破发展瓶颈、加快转型升级、推动高质量发展、提升国际竞争力的战略选择。在此背景下，关于智能制造的相关问题我们必须要在理论上梳理清楚，只有在理论层面厘清，才有可能更好地指导江苏省智能制造的实践。而现有关于智能制造的诸多研究中，对智能制造引领制造业转型升级的内在机理并没有完全理清楚。因此，本章旨在梳理智能制造引领制造业转型升级的内在机理，并结合江苏省自身的情况及 13 市各企业智能制造发展能力，提出因地、因企制定具体行动计划和策略的方案。

二、概念界定

1. 智能制造

我国 2016 年发布的《智能制造发展规划（2016—2020 年）》明确指出："智能制造是基于新一代信息通信技术与先进制造技术深度融合，贯穿于设计、生产、管理、服务等制造活动的各个环节，具有自感知、自学习、自决策、自执行、自适应等功能的新型生产方式。"《江苏省"十三五"智能制造发展规划》中也用了此概念。国内不同领域使用的"智能制造"，虽然中文术语相同但内涵往往各异，基本概念理解不清楚和不统一会阻碍智能制造的研究和推广普及，甚至会造成相关技术体系的混乱，以致先进技术在企业无法落地。我们可以从以下两方面准确理解和把握智能制造的内涵。

一方面，从语义层面理解。我国在引进和实践智能制造相关思想时，一般将不同国家使用的不同术语都翻译成"智能制造"。而事实上，内涵近似的智能制造术语，不同国家有不同的理解和侧重点。随着德国"工业 4.0"、美国"先进制造业国家战略计划"、日本"机器人新战略"等智能制造的发展战略相继出台，各国关于智能制造内涵的理解也随之呈现。在德国工业 4.0 白皮书和相关资料中，德国人都以"smart factory"或"smart manufacturing"来表示"智能工厂"和"智能制造"，其中"smart"表示"智能"。而美国的工业互联网框架一直用"intelligent machine"表示"智能机器"和"智能制造"，这里的"intelligent"表示"智能"。事实上，这两个单词在语义上是有差异的："smart"更多的是指代"聪明的、巧妙的、敏捷的"；"intelligent"是指代"智能的、聪明的、聪慧的、有智力的"，常用于计算机专业，如"artificial intelligent（人工智能）"，近些年也表示物理系统的智能化。本书通过对各国提出相关战略的背景和框架进行分析，认为德国人的"smart"是基于赛博物理系统（CPS）"智巧级别"的智能；而美国在 1988 年的《制造智能》书中，第一次提出了"智能制造"的概念，表示智能的词汇就是"intelligent"；日本后来提出了"IMS（智能制造系统）"研究计划，该计划也用"intelligent"表示"智能"。总体而言，使用"intelligent machine"表示智能制造的国家和频率更高。

另一方面，从发展范式层面理解。在《以创新为第一动力 以智能制造为主攻方向 扎实推进制造强国战略》中，我国工程院周济院士提出了中国智能制造发展的三个基本范式：数字化制造—数字化网络化制造—数字化网络化智能化制造，这为我们理解智能制造内涵和形成统一的智能制造技术路线提供了框架。从上面的基本范式可知，智能制造的产生和演化是与信息技术的发展和深化紧密结合在一起的。目前，以新一代人工智能技术为主要特征的信息化开创了数字化网络化智能化制造的新阶段，新一代智能制造才是真正意义上的智能制造。依据基本范式的划分，德国工业 4.0 和美国工业互联网属于数字化网络化制造范式，但因为这两个战略提出相对较早，新一代人工智能还没有实现战略性突破，所以德国和美国的智能制造还不能算新一代智能制造范式，也不属于真正意义上的第四次工业革命。也正是这个原因，我国和发达国家掌握新一轮工业革命核心技术的机会应该是均等的，这也为我国制造业实现"换道超车"转型升级提供了重大的机会窗口期[①]。

最后，我们将两方面的分析结合起来，可以用下表（表 2.1）来总结不同语义层面智能制造的理解对应的不同发展范式[②]。

表 2.1　不同范式的智能制造中英文术语与内涵对照表

范式	英文术语	中文翻译	核心技术
第一范式	digital manufacturing	数字化制造	数字化技术
第二范式	smart manufacturing	智巧化制造	数字化网络化技术
第三范式	intelligent manufacturing	智能化制造	新一代人工智能技术

2. 制造业转型升级

国内外关于制造业转型升级的内涵界定研究成果很多，但是没有形成统一的概念。从国外研究看，格雷菲（Gereffi）从全球价值链视角来界定制造业转型升级，指出转型升级是企业提高盈利能力，并向资本和技术密集型经济转变的过程[③]。彼得罗贝利（Pietrobelli）等认为转型升级是指企业从低技术、低附加值状态向高技术、高附加值状态不断攀升的过程[④]。由此可以明确，转型升级是指企业通过技术和市场等能力方面的提升，向生产更高附加值产品转变的过程，是制造业从生产低附加价值产品向生产高附加价值产品的转变，从生产劳动密集型产品向生产资本和技术密集型产品的转变。

国内有部分学者将转型和升级分别界定，如徐晓红、李璐指出产业间转型是指三大产业间比重不断演化，产业内升级是指产业内部由于技术进步带

① 周济. 以创新为第一动力 以智能制造为主攻方向 扎实推进制造强国战略 [J]. 中国工业和信息化，2018（5）：16-25.

② 朱铎先，赵敏. 机·智：从数字化车间走向智能制造 [M]. 北京：机械工业出版社，2018.

③ Gereffi G. International trade and industrial upgrading in the apparel commodity chain[J]. Journal of international economics，1999，48（1）：37–70.

④ Pietrobelli C，Rabellotti R. Upgrading to compete：Global value chains，clusters，and SMEs in Latin America[J]. Revista de administração contemporânea，2009，13（3）：522–523.

来的劳动生产率提高[①]。也有部分学者认为转型和升级两者不可截然分开，应该融合在一起研究，如金碚等指出转型升级应该包括企业组织的系统性变革[②]，杨颖认为产业转型升级是产业发展模式、产业结构、产业层次不断转变、优化、提高的过程[③]。

简而言之，产业转型升级内涵应该包括两个层面：产业间和产业内的转型升级。产业内转型升级主要表现为技术水平的提升和生产效率的提高，在价值链上表现为产业向价值链的中高端攀升。制造业转型升级属于产业内的转型升级，因此我们将制造业转型升级内涵理解为：在特定的资源和环境约束下，按照产业演进的规律，制造业的层次和水平不断提升和演进的动态过程。在这个过程中，制造业及其结构呈现从低技术水平、低附加值状态向高技术水平、高附加值状态演变的趋势。

三、理论基础与文献述评

1.理论基础

解释产业转型升级的相关理论也是解释制造业转型升级的理论。同时，产业的转型升级与经济增长是相伴而生、相互推动的，因此解释经济增长的相关理论也可以作为研究制造业转型升级的理论支撑。

（1）产业结构演化理论

产业转型升级相关理论主要包括产业结构演变规律、工业结构高度化规律等理论。产业结构相关理论表明，工业对科学技术进步最敏感，也是一个国家和区域发展的主导产业。工业结构高度化规律为：工业发展会经历一个由重工业到高加工度化，再由高加工度化发展到技术集约化的过程。工业结构高加工度化是指轻工业和重工业都会经历从以原材料为重心向以加工、组

---

① 徐晓红，李璐. 合肥产业转型升级影响因素分析——基于"中四角"16 市的比较 [J]. 合肥学院学报（社会科学版），2015（2）：14–17.

② 金碚，吕铁，邓洲. 中国工业结构转型升级：进展、问题与趋势 [J]. 中国工业经济，2011（2）：5–15.

③ 杨颖. 新产业区理论与湖北产业转型升级研究 [J]. 湖北社会科学，2010（12）：56–58.

装为重心发展的过程。而从生产要素密集度来看，随着工业结构的转换，工业生产要素结构的重心也会经历从劳动力转向资金再到技术的过程。要顺利完成工业化，需要从第一产业中释放劳动力进入轻工业部门，需要足够的资金支持重工业化的发展，更需要加强研发和推广先进技术，以促进工业结构的高加工度化。高加工度化和技术密集型产业的内涵界定会随着发展阶段的变迁而发展，而当下和未来的技术密集型产业主要是指智能制造。

简而言之，产业结构和制造业结构高度化是指：产业结构的发展沿着一、二、三产业依次占优势地位递进方向演进，沿着劳动密集型—资本密集型—技术密集型产业依次占优势地位递进方向演化，沿着低附加值产业向高附加值产业方向发展，沿着低加工度产业向高加工度产业占优势方向发展。在影响产业结构演化和迭代的因素中，需求、供给、国际贸易、国际投资等是重要因素，创新尤其是技术创新发挥着核心作用。而制造业又是技术创新的主战场。从世界工业化实践看，从工业 1.0 到工业 4.0，每一次工业革命都是由以技术革新为主的创新驱动的。每一次工业革命都离不开技术革新的推动：第一次工业革命源于蒸汽机的改进，第二次工业革命源于电气化推进，第三次工业革命源于计算机技术的日新月异，以智能制造为关键特征的第四次工业革命将会是前所未有的多技术革新与融合。

（2）经济增长理论

哈罗德 - 多马模型从需求角度研究经济增长，强调资本积累对经济增长的推动作用。但是，由于该模型假设资本产出比不变、资本和劳动之间不可替代，所以排除了技术进步对经济增长的作用。索洛的新古典经济增长理论从供给角度研究经济增长的推动力量，并允许资本和劳动之间相互替代，明确揭示了技术进步对经济增长的主要推动作用。但索洛认为技术进步是外生的，同时强调技术进步是经济增长的驱动力，对于技术进步指的是什么、进步的原因是什么也没有说清楚。罗默、卢卡斯、格罗斯曼、赫尔普曼等经济学家则提出了新增长理论。新增长理论把外生技术进步内生化，认为经济增长主要依靠资本（包括物质资本、人力资本和知识资本）积累驱动。由于物质资本受到规模收益递减的影响，在新古典增长理论中，当经济增长达到稳态后，它只能通过外生变量如技术进步才能驱动。而在内生经济增长理论中，由于知识资本具有规模收益递增的特征，规模收益递减规律对经济增长的约束就不存在了。新增长理论强调，内生的技术进步是经济增长的决定因素，所以无论从理论还是经济发展实践考查，技术进步（创新）都是经济增长的决定因素和主要驱动力量，因此也是推动制造业转型升级的关键所在。

（3）创新理论

熊彼特创新理论认为"创新"就是建立一种新的生产函数，强调技术创新在经济发展过程中的关键作用。20 世纪 60 年代以来，新熊彼特学派重新关注创新理论，并衍生出了许多理论流派，如创新经济学、演化经济理论、多层次创新系统、创新网络理论、开放式创新理论等。在各种创新理论和形式中，技术创新一直是被关注和研究的主要内容。在现有研究中，关于技术创新的理论有：技术创新过程理论、技术创新动力理论、技术创新模式理论、技术创新战略理论、技术创新外围理论。

技术创新过程理论包括技术生命周期理论、S 曲线理论等。技术创新动力理论指出，推动技术创新的动力主要是技术推动、需求拉动及二者的共同作用。技术创新模式理论有：渐进性创新、突破性创新，原始创新、跟随创新和集成创新。在技术创新战略理论中，技术创新战略可分为领先者战略、紧随领先者战略、仿制战略、部分市场战略。技术创新外围理论中的技术跨越理论认为，技术创新中有很多技术发展的机会窗口，技术落后的国家可以选择在新一代技术发展早期进入并取得跨越式发展[①]。

（4）产业集群理论

创新和产业的演化都离不开特定的空间和区域，一些学者认为区域经济组织已经成为竞争优势和创新能力的重要源泉。可以说产业结构的转型升级离不开特定的区域，而特定区域和空间中产业集聚和集群是产业演进的空间组织形式。波特认为，产业集群是指在特定空间中，很多联系紧密的企业及相关支撑性组织在空间上集聚，并形成强大和持续的竞争优势的状态。产业

---

① Lee K，Lim C. Technological regimes，catching-up and leapfrogging：Findings from the Korean industries[J]. Research policy，2001，30（3）：459–483.

集群现象表明一些区域相关企业因为集结成群，进而获得竞争优势的规律。产业集群内企业之间既有竞争也有合作，相互间形成一种互动性关系，这种互动和关联形成的压力有利于促进集群内企业衍生出持续的创新动力，进而促进产业转型升级步伐加快。产业集群这种空间组织形式具有其他组织形式无法比拟的群体竞争优势和规模效益。

2. 文献述评

近年来，智能制造逐渐成为大家关注的焦点，国内外关于智能制造和制造业转型升级的研究文献迅速增加。

（1）关于智能制造的相关研究

国外关于智能制造的研究在对象上涉及诸多方面，如智能设计、智能生产、智能管理、智能制造及其他相关领域。现有研究表现为多学科、动态化的局面，具体表现在以下几方面：从信息科学的视角研究智能设计相关内容[1]，从制造科学的视角对智能生产相关内容进行研究[2]，从管理学科的视域研究智能管理相关内容[3]，从智能制造服务科学的视域研究智能制造服务方面的内容[4]，针对不同文化背景中的国家和区域智能制造组织管理模式进行研究[5]。国外现有研究已经从早期的概念阐述、理论论述等定性研究方法逐渐转向计算仿真、数据调查、案例研究等实验方法和定量研究方法。

从数量上看，2015 年之前国内关于智能制造的研究，数量很少，但是从2015 年开始数量激增。这种变化应该与我国制造业战略规划有直接的关系。

---

[1] Gillenwater E L, Conlon S, Hwang C. Distributed manufacturing support systems: The integration of distributed group support systems with manufacturing support systems[J]. Omega-international journal of management science, 1995, 23（6）: 653–665.

[2] Frankowiak M, Grosvenor G R, Prickettp P. A review of the evolution of microcontroller-based machine and process monitoring[J]. International journal of machine tools and manufacture, 2005, 45（4）: 573–582.

[3] Su Y C, Cheng F T, Huang M H, et al. Intelligent prognostics system design and implementation [J]. IEEE transactions on semiconductor manufacturing, 2006, 19（2）: 195–207.

[4] Hu Y, Zhou X, Li C. Internet-based intelligent service –oriented system architecture for collaborative product development[J]. International journal of computer integrated manufacturing, 2010, 23（2）: 113–125.

[5] Cristiano Cagnin, Totti Könnölä. Global foresight: Lessons from a scenario and roadmapping exercise on manufacturing systems[J]. Futures, 2014（59）: 27–38.

在《中国制造 2025》中，我国明确把智能制造作为向制造强国演进的主要抓手。国内相关研究主要集中在以下三方面：一是探究智能制造的内涵、智能制造模式、智能制造发展的意义、智能制造发展的影响因素及发展路径等问题。杨叔子和丁洪[1]、韩权利[2]、张曙[3]、傅建中[4]、杨新锐[5]、魏诚[6]等学者对智能制造的内涵、特征、模式、影响因素、发展路径等基本问题进行了探索，奠定了智能制造的研究基础。胡虎等从社会宏观视角，以各行各业智能系统演进的视野对智能理论进行深入研究和宏观阐释[7]。朱铎先和赵敏从企业微观的角度将三体智能模型中的基本逻辑用于智能制造的研究，探索了制造业企业智能化的趋势和路径[8]。二是智能制造具体技术的应用和开发研究。李萍和徐安林利用 BP 神经网络优化特征向量提取图像特征，从而提高智能制造系统的图像识别性能[9]；赵福民等人采用逻辑 Agent 和物理 Agent 技术，对制造系统进行升级[10]。不仅如此，这些技术与不同行业、不同产业融合，推动了对航空制造业、食品工业乃至服务业的研究热潮，使各行各业的研究开始聚焦智能制造技术的应用。三是对智能制造发展能力等测度研究。吴文文以离散型制造企业发展智能制造能力为研究对象，采用层次分析法及 DEA 法对智能制造能力进行评价[11]。邵坤通过灰色关联度法测度山东省 2012—2016 年智能制造综合能力水平发展趋势[12]。龚炳铮探究了智能制造企业评价模型、评价指

---

[1] 杨叔子，丁洪 . 智能制造技术与智能制造系统的发展与研究 [J]. 中国机械工程，1992（2）：15–18.

[2] 韩权利，赵万华，丁玉成 . 未来制造业模式——智能制造 [J]. 机械工程师，2002（1）：26–28.

[3] 张曙 . 智能制造与未来制造 [J]. 现代制造，2014（1）：24–25.

[4] 傅建中 . 智能制造装备的发展现状与趋势 [J]. 机电工程，2014（8）：959–962.

[5] 杨新锐，王宗军 . 基于智能制造的开放式创新模式——以沈阳机床厂为例 [J]. 技术经济，2016（10）：41–47.

[6] 魏诚 . 智能制造的内涵、技术路径与实现 [J]. 现代工业经济和信息化，2018（7）：40–41.

[7] 胡虎，赵敏，宁振波 . 三体智能革命 [M]. 北京：机械工业出版社，2016.

[8] 朱铎先，赵敏 . 机·智：从数字化车间走向智能制造 [M]. 北京：机械工业出版社，2018.

[9] 李萍、徐安林 . 基于 BP 神经网络的智能制造系统图像识别技术 [J]. 现代电子技术，2016（18）：107–109.

[10] 赵福民，王治森，高锷，张勇 . Agent 技术在智能制造系统中的应用研究 [J]. 机械工程学报，2002（7）：140–144.

[11] 吴文文 . 离散型制造企业智能制造评价研究 [D]. 浙江：杭州电子科技大学，2018.

[12] 邵坤 . 山东省智能制造综合能力评估研究 [D]. 山东：青岛大学，2018.

标及评估方法①。徐新新构造了一套智能制造能力评价指标体系，并以某个智能装备制造企业为例，运用 MATLAB 对其智能制造能力进行仿真分析②。

（2）关于智能制造与制造业转型升级相关研究

由于智能制造是我国制造业转型升级的主要抓手，因此近几年国内关于智能制造与制造业转型升级关系的研究在不断增加。刘星星通过"智能制造为何会推动及如何推动装备制造业的升级发展、推动过程中存在的问题是什么—原因是什么—如何解决"这一思路探究智能制造推动装备制造业转型升级的相关问题③。俞佳根探究浙江制造业发展现状，并指出智能制造是浙江制造业转型升级的必然选择④。封黎珺提出以智能制造引领机械工业转型升级⑤。钟鸣长、付春红探究智能制造背景下福建制造业发展的现状、发展智能制造存在的制约，并提出制造业智能化转型升级的建议⑥。冯雪娇、邹慧、李贞明、陈春林、邹学慧、杨水利、张仁丹等学者也从不同的省份角度，研究了智能制造引领制造业转型升级的相关问题。关于智能制造与江苏制造业转型升级的论文并不是很多。王志忠对智能制造发展战略进行研究，分析了江苏智能制造发展中存在的问题、发展的目标定位及实施路径和重点工程⑦。张梅燕则研究了苏州智能制造基本现状与发展对策⑧。

综上所述，国内外关于智能制造和制造业转型升级的研究成果比较丰富，为我们进行更加深入的研究奠定了基础。但是，现有关于智能制造引领制造业转型升级的现象和内在机理的研究，大都停留在笼统性描述和浅层次研究上，深层次理论探究还很欠缺，尤其对微观机制和内部动力等方面没

① 龚炳铮 . 智能制造企业评价指标及评估方法的探讨 [J]. 电子技术应用，2015（11）：6-8.
② 徐新新，孝成美 . 智能制造能力评价体系研究 [J]. 智慧工厂，2018（6）：59-62.
③ 刘星星 . 智能制造推动我国装备制造业升级发展研究 [D]. 福建：福建师范大学，2017.
④ 俞佳根 . 以"智能制造"引领和推进浙江制造业转型升级 [J]. 宁波经济（三江论坛），2016（1）：11-13.
⑤ 封黎珺 . 以智能制造为引领，推进制造业转型升级 [J]. 智慧中国，2018（9）：39-42.
⑥ 钟鸣长，付春红 . 智能制造背景下福建省制造业转型升级的对策 [J]. 湖南商学院学报，2017（3）：67-73.
⑦ 王志忠 . 江苏智能制造发展战略研究 [J]. 唯实，2018（7）：37-40.
⑧ 张梅燕 . 苏州智能制造基本现状与发展对策 [J]. 中国市场，2018（18）：60-63.

有进行深入探讨。在实证层面，缺乏直接的实证数据和实证经验的支持。而直接针对江苏省智能制造与制造业转型升级的理论和实证研究更是匮乏。因此，本书以经济学视角，从理论和实证层面，深入研究智能制造引领江苏省制造业转型升级的内在机理，并构建科学的测度指标对江苏省发展智能制造的能力进行评估，同时构建计量模型对制造业转型升级状况进行实证检验，最后提出相关政策建议。

第二节　智能制造发展现状分析——以江苏省为例

改革开放后经过 40 多年的发展，江苏省已经拥有完善的工业体系，也拥有比较充裕的资本、科学技术和管理经验。与其他省份相比，江苏省制造业转型升级具有较高的起点，在经济发展水平、产业基础、创新能力等方面都居全国前列，因此促进智能制造发展的基础和环境层面都有很好的条件。智能制造的发展离不开特定区域经济发展水平、创新能力、人力资本、顶层设计等相关条件的支撑，下面将对江苏省发展智能制造的支撑条件、制约瓶颈进行统计性和描述性分析。

一、支撑条件

1. 经济发展阶段高

2017 年，江苏人均 GDP 已经达到 107189 元，约为 15876 美元，与 2017 年世界银行发布的高收入标准 12056 美元相比，超过 3820 美元，约为全国人均 GDP 的 1.8 倍。2016 年，江苏第三产业占比第一次超过 50%，这表明江苏开始跨进服务经济主导的后工业化阶段。2017 年，江苏高新技术产业总产值已经占规模以上工业企业比重的 42.7%。[1]

---

[1]　江苏省统计局国民经济核算处.江苏经济高质量发展的形势、现状和重点任务，2018.

2. 创新能力强

产业演进离不开科技投入和创新能力提升。2017 年，江苏已经拥有 2.54 万个科技机构、122 万科技人员、占 GDP 总量 2.7% 的全社会研发经费支出。江苏企业研发活动频繁。2016 年，在所有规模以上工业企业中，有 1.9 万家开展研发活动，所占比例为 40.1%；企业专利申请数有 13.1 万件，其中发明专利申请数为 4.9 万件；企业拥有有效发明专利数为 11.8 万件。江苏省区域创新能力的综合排名连续多年居全国首位。[①]

3. 科教资源丰富

江苏省在高等教育发展规模上，1978—2017 年，普通高等学校由 35 所增加到 142 所；在招生人数上，1978—2017 年，本专科生、在校生、毕业生分别从 3.4 万人、6.1 万人、1.5 万人发展到 53.4 万人、176.8 万人、49.0 万人；1990—2017 年，研究生、在校研究生、毕业研究生分别从 0.2 万人、0.7 万人、0.3 万人发展到 6.5 万人、17.7 万人、4.6 万人。在人才资源方面，2017 年，江苏人力资本投资超过 1.1 万亿元，占 GDP 比重约为 15%，全省人才资源总量达 1100 万人，人才贡献率达 40%。[②]

4. 两化融合程度高

《中国智能化发展指数报告（2018 年）》指出，2017 年，我国智能制造空间分布呈现"四核带动"状态。其中，江苏、广东、浙江、山东四省的智能制造指数分别为 12.52、12.2、12.22、11.02，处于全国前四位，江苏排名第一；在工业互联网指数方面，广东、北京、上海、浙江、江苏分别为 3.11、3.06、2.94、2.87、2.84；浙江、江苏、广东智能工厂指数依次为 1.67、1.65、1.59，三者之和是全国指数总和的 54%。2017 年，我国两化融合进一步深化。在两化融合指数方面，江苏、广东、山东依次为 6.75、6.51、6.45，江苏居于首位；在智能制造重点示范项目指数方面，山东、浙江、江苏分别为 1.68、1.39、1.28，江苏也处于领先地位。2017 年，江苏参加评比两化融合的企业

---

① 江苏省统计局国民经济核算处．江苏经济高质量发展的形势、现状和重点任务，2018.

② 江苏省统计局社会和科技统计处．改革开放 40 年——文教卫体篇：社会事业繁荣发展 文教卫体成就卓著，2018.

数量处于全国首位，超过 2 万家。2017 年，全国各省两化融合的第一梯队包括江苏、广东、山东、上海、北京、重庆、浙江、天津、福建、四川等省市，空间上主要分布于东部沿海，江苏在第一梯队中处于首位，得分 57.7。在企业数字化水平上，江苏数字化水平是第一位，得分 58.6。2017 年，江苏集成互联水平也是第一，得分 48.6。但是，与数字化、集成互联水平相比，全国各省市智能协同水平普遍较低，而长三角、珠三角等地相对领先，2017 年江苏得分 44.2，居第一。

5. 智能制造示范点数量多

为推动和扶持我国智能制造产业的发展，工信部相继出台了许多政策法规，并评选和扶持了很多试点项目。从 2015 年开始，工信部每年公示一批智能制造试点示范项目，从各省示范项目的数量可以看出各省智能制造发展的状况（表 2.2）。江苏 2015 年获批 2 个，2016 年获批 2 个，2017 年获批 8 个，2018 年获批 7 个，智能制造示范项目总数量在全国位居第四。

表 2.2　2015—2018 年全国智能制造示范项目数量 TOP10 省份统计表

省区市	2015 年	2016 年	2017 年	2018 年	合计	排序
北京	4	3	3	4	14	7
上海	3	4	4		11	8
江苏	2	2	8	7	19	4
浙江	2	4	11	8	25	2
安徽	1	2	9	7	19	4
福建		5	6	4	15	6
山东	8	7	8	11	34	1
湖北	1	4	2	5	12	9
湖南	2	1	6	7	16	5
广东	5	5	8	5	23	3
陕西	2	4	4	4	14	7
新疆	2	4	1	4	11	10

6. 政策支持力度大

智能制造的发展离不开国家和地方政府的政策支持，江苏历来重视科技创新，出台了一系列政策，制定了诸多规划。其中，科技创新政策包括《江苏省"十三五"科技创新规划》《关于加快推进产业科技创新中心和创新型省份建设的若干政策措施》（创新"40 条"）、《关于知识产权强省建设的若干政策措施》（知识产权"18 条"）、《江苏省贯彻国家创新驱动发展战略纲要实施方案》《江苏省促进科技成果转移转化行动方案》等；发展智能制造规划包括《中国制造 2025 江苏行动纲要》《江苏省"十三五"智能制造发展规划（2015—2025）》《江苏省智能制造示范工厂建设三年行动计划（2018—2020）》等。江苏各级地方政府及园区也明确提出了智能制造发展方向，并制定相应的规划。

二、发展瓶颈

1. 创新投入不足

技术创新能力一般以创新投入与产出两个方面衡量。2018 年，在全球创新指数报告中，中国创新总指数排名 17，投入、产出和效益指数排名分别为 27、10、3。江苏的研发投入强度略高于中国平均水平，2017 年为 2.70%，研发强度与美国接近，但比日本和韩国低。从知识资本积累看，江苏远低于美国和其他发达国家。在研发经费支出结构方面，则全国都存在基础研究投入比重较低的问题。2016 年，美国、日本、韩国基础研发经费支出占总研发支出的比重依次为 16.9%、12.6%、16.0%，而中国仅为 5.2%。中国的研发经费主要用于试验发展，这表明中国的技术创新依然是以"跟随"为特征，前瞻性投入还不足。江苏在基础研究方面的投入占比比全国平均水平还低，而且江苏 70% 的专利集中在传统产业和外围技术上。江苏高新技术企业"两头在外"问题依然突出，核心技术对外依存度依然较高。[①]

---

① 江苏省统计局国民经济核算处 . 江苏经济高质量发展的形势、现状和重点任务，2018.

2. 大型引领型企业数量不足

2018 年《财富》发布的世界 500 强排行榜中，以 2017 年营业收入作为衡量标准，中国上榜公司为 120 家，与美国（126 家）非常接近。国际一流的大型引领型企业一般具有规模优势，基本都是实现区域自主创新、参与全球治理、实现换道超车的领导者。分省份看，广东的上榜公司数量最多，有 12 家，而且产业覆盖面最广；江苏只有 3 家上榜公司，行业分别为钢铁（沙钢）、纺织（恒力）和零售（苏宁），都属于传统产业。江苏虽然建设和打造了南京软件、苏州纳米、无锡物联网、常州碳材料、泰州生物医药等多个高新技术产业集群，但目前还欠缺国际一流的引领型高技术企业。[①]

3. 外部竞争趋于激烈

江苏人均 GDP 已超过世界银行高收入标准，并且已进入后工业化阶段。在全球价值链分工链条中，发展中国家经济总量已达到 40%，发达国家的总量优势受到威胁和挤压，且严守高端产业的市场份额。因此，高端产业的技术壁垒会进一步加厚，江苏面临的外部竞争将更趋激烈。

4. 区域内部发展不均衡

为了推动制造业向智能制造转型，从 2015 年开始，江苏建立并完善智能车间标准，加大示范力度，开展智能制造模式试点。"十三五"期间，江苏建成了 1000 余个智能车间，并推动大批智能工厂的建设。江苏先后评选出多批智能示范车间，并对其给予奖励和扶持。从各市拥有的智能示范车间数可以看出，江苏 13 市的智能制造发展程度也是不均衡的。如表 2.3 所列，智能制造示范车间主要分布在苏南等经济较为发达的地区，如苏州、无锡、常州等城市，而宿迁等城市不论是车间总数还是车间增长速度都远弱于其他城市。

表 2.3 2015—2018 年江苏 13 市智能示范车间分布统计表

城市	2015 年	2016 年	2017 年	2018 年	合计（个）	排序
南京	4、9	14、2	3、5	3、7	47	4

---

① 江苏省统计局国民经济核算处.江苏经济高质量发展的形势、现状和重点任务，2018.

（续表）

城市	2015 年	2016 年	2017 年	2018 年	合计（个）	排序
苏州	16、17	33、3	29、20	36、108	262	1
无锡	5、13	21、3	11、6	3、27	89	2
常州	12、12	13、2	4、6	5、18	72	3
泰州	7、6	7、1	2、4	0、8	35	6
镇江	3、3	12、2	2、4	3、6	35	6
扬州	5、3	8、1	2、5	6、3	33	7
南通	3、3	11、1	5、5	11、5	44	5
徐州	3、3	1、1	10、3	3、2	26	9
淮安	7、4	5、1	2、0	0、2	21	10
连云港	1、1	4、1	2、3	0、1	13	12
盐城	1、4	5、1	5、4	5、4	29	8
宿迁	3、1	5、1	2、2	0、1	15	11
合计					715	

注：江苏省每年评选 2 批智能示范车间。

　　综上所述，江苏省在发展智能制造方面，产业基础好、融合程度高、支撑能力强，智能制造产业发展已经步入快车道[①]，同时也存在诸多的制约和不足。

---

① 张巍巍，王有志，徐平平. 江苏智能制造产业发展步入快车道 [J]. 群众，2018（4）：41-42.

第三节　智能制造引领制造业转型升级的内在机理

一、智能制造的总体框架和技术机理

从智能制造的内涵解读中，我们知道智能制造有三种基本范式，其中第三种范式即数字化网络化智能化制造才是真正意义上的智能制造，也是新一轮产业革命的核心所在。本书通过对智能制造基本内涵的深入解读，来探寻智能制造引领制造业转型升级的机理。以中国工程院周济院士对新一代智能制造的研究为依据[①]，进一步深化对智能制造基本框架、技术机理和基本组成的认识。

智能制造贯穿了产品、制造、服务等产品全生命周期中所涉及的理论、方法、技术和应用，一般包括三个维度：价值维、技术维和组织维。在价值维层面，智能制造的价值实现主要渗透在产品、生产、服务三个方面及其系统集成；在技术维层面，智能制造体现为数字化、数字化网络化、数字化网络化智能化这三种范式的依次技术演变；在组织维层面，智能制造的组织系统一般包含智能单元、智能系统、系统之系统。智能制造的技术机理在于对 HCPS 的理解，HCPS 是指人—信息—物理系统，H 是人（Human），C 是信息系统（Cyber），P 是物理系统（Physics）。传统制造业一般包括人和物理系统两大部分（HPS），通过人对机器直接操作和控制去完成各种生产任务，而感知、分析决策、学习认知等与智能相关的活动都是人自己来完成。与传统制造系统相比，第一代和第二代智能制造系统最本质的突破是：在人和物理系统之间出现了信息系统（Cyber system），制造系统也就由 HPS 发展到 HCPS。由于信息系统的特有功能，在 HCPS 中，人的一部分感知、分析、决

---

① 周济 . 新一代智能制造成为新工业革命的核心驱动力 [J]. 科学中国人，2018（12）：22-25.

策等智能功能向信息系统迁移，人可以用信息系统来控制物理系统，以完成更多的体力劳动。而新一代智能制造系统与前面系统的本质区别在于其信息系统中增加了认知和学习的功能，所以信息系统既具有强大的感知、计算分析和控制能力，也具有学习提升、产生知识的智能能力。新一代人工智能技术将使 HCPS 系统发生质的飞跃，这一变化将使制造业的质量和效率提升到新的水平，人类可以从更多体力劳动和脑力劳动中解放出来，从事更有意义的创造性工作。新一代智能制造主要是由智能产品、智能生产和智能服务三大功能系统及智能制造云和工业智联网两大支撑系统集合而成。新一代智能制造技术作为一种核心共性使能技术，可广泛应用于产品创新、生产创新、服务创新等制造业价值链全过程。新一代智能制造技术是一场前所未有的技术变革，为人类提供认识复杂系统的新思维及改造世界的新技术，必将是推动产业转型升级和经济社会发展的巨大引擎。

二、智能制造引领制造业转型升级的内在机理

基于对智能制造深层次的理解，我们将智能制造引领制造业转型升级的机理总结如下：新一代人工智能技术渗透于制造业的产品全生命周期，并沿着两条主线演进。一条线在于应用新一代人工智能技术对传统制造业全生命周期涉及的各个节点进行升级改造，传统制造业的产业链条发生质的变革的同时，价值链条也将整体跃迁。由于制造向智造的转变，微笑曲线中附加值较低的制造环节的附加值将大大提升，即微笑曲线的弧度将变小。另一条线是由于产业的关联效应和扩散效应，新一代智能制造技术的研发和应用将促使一批新兴产业的出现。新兴产业的整体产业链和价值链本身就是高起点的。同时，由于产品需求收入弹性变动加快和劳动生产率不均加剧，需求弹性和劳动生产率高的智能制造产业将集聚更多的生产要素，该产业和部门在产业结构中将占据更大的比重，而低端落后产业和产能过剩产业被淘汰或被转移。在以上两条线的演进过程中，由于智能制造技术的全渗透，传统价值链将向新价值链演进，制造业得以转型升级。

第四节　智能制造发展能力指数测度

一、评价指标的选取和构建

在现有研究中，关于制造业转型升级能力测度的文献较多，而对于智能制造发展能力测度的研究并不多，而且多局限于定性研究。定量的研究和测度才开始起步，并且在评价模型和评价指标的设定方面还没有统一的标准。吴文文从管理学的角度设定智能交付速度控制能力、智能成本控制能力、智能质量控制能力、智能需求供应能力及智能柔性水平五大一级指标，采用层次分析法、粗糙集理论及 DEA 方法，以浙江某一企业为例对智能制造能力进行综合评价[①]。该研究侧重于从微观企业管理角度对生产过程的智能化进行评估。邵坤从工业工程学的角度构建综合评价指标体系，对山东智能制造综合能力进行评估。该研究主要采用离差最大化法来进行，设定的一级指标主要有智能制造支撑环境、智能制造集成应用、智能制造效益绩效，该指标强调智能制造从投入到生产应用再到绩效评估的整体过程[②]。龚炳铮从智能制造企业生态环境、智能制造企业发展水平、智能制造企业效益三大方面，构建智能制造企业评价模型和评价指标[③]。徐新新等采用模糊层次分析法对智能制造能力评价体系进行研究，侧重于从智能制造技术标准的角度构建评价指标[④]。

智能制造发展能力指标体系的构建及评估方法的选择，关系到研究成果的客观性、科学性和合理性。综合现有研究成果，基于智能制造发展能力的

① 吴文文 . 离散型制造企业智能制造评价研究 [D]. 浙江：杭州电子科技大学，2018.

② 邵坤 . 山东省智能制造综合能力评估研究 [D]. 山东：青岛大学，2018.

③ 龚炳铮 . 智能制造企业评价指标及评估方法的探讨 [J]. 电子技术应用，2015（11）：6-8.

④ 徐新新，孝成美 . 智能制造能力评价体系研究 [J]. 智慧工厂，2018（6）：59-62.

本质在于科技创新能力的高低，本书从发展经济学、产业经济学、区域经济学等理论出发，在评价指标体系的构建中，侧重于从科技创新投入、智造创新载体、科技创新产出、科技创新绩效这几个方面构建指标体系，综合评价江苏 13 市智能制造发展能力。已有研究表明，我国制造业总体处于"2.0 补课、3.0 普及、4.0 示范"的阶段。江苏虽然已经步入后工业化阶段，但是在智能制造方面也处于个别项目示范阶段以及智能车间的示范和建设阶段，还存在着 13 市的发展不平衡。因此，基于现有智造发展程度和相关数据可得性、可计算性，本书主要选择了 4 个一级指标、10 个二级指标、26 个三级指标组成指标体系，来综合测度 13 市智能制造发展能力，具体见表 2.4。

表 2.4　江苏 13 市智能制造发展能力综合评价指标体系表

一级指标	二级指标	三级指标（统计单位）
科技创新投入	科技研发投入	研发投入（亿元）
		研发强度（%）
		科技经费占地方财政支出比重（%）
	人力资源投入	研发人员数（人）
		每万从业人口中研发人员数（人 / 万人）
		每十万城市人口中在校研究生数量（人 /10 万人）
	创新基础投入	人均 GDP（元 / 人）
		地方财政支出（亿元）
		人均教育投入（元 / 人）
智能制造创新载体	研发载体	大学数量（个）
		科技机构（个）
		国家级企业技术中心（家）
		国家重点实验室（个）
		国家工程技术中心（个）

（续表）

一级指标	二级指标	三级指标（统计单位）
智能制造创新载体	众创空间载体	国家级科技企业孵化器（家）
		国家级众创空间（家）
	智能制造示范点	国家级智能示范项目（项）
		省级示范智能车间（个）
	高新产业载体	国家级高新技术产业开发区（家）
		国家级大学科技园区（个）
科技创新产出	科技研发成果	国家授权发明专利总量（件）
		人均国内授权发明专利（件/万人）
	科技成果转化及产业化	高新技术产业产值总量（亿元）
		人均高新技术产业产值（元/人）
科技创新绩效	投入产出绩效	每亿元研发投入产生的国内授权发明专利数（件/亿元）
		每亿元研发投入形成的高新技术产业产值（亿元）

二、数据来源与评价方法

1. 数据来源

本书的数据主要来源于《江苏统计年鉴2017》《江苏省2016年国民经济和社会发展统计公报》、江苏13市的统计年鉴、江苏科技统计网、江苏工业和信息化厅网站、国家工信部网站、国家科技部网站，均采用2016年数据。

2. 评价方法

本书主要用指标构建的方法综合评价智能制造发展能力。进行综合评价需要确定各子系统及其内部指标的权重，了解各子系统和各指标在智能制造发展能力评价体系中的重要性，从而对其进行权重分配。权重的确定方法主要有主观赋权法和客观赋权法。主观赋权法的主观随意性较大，没有考虑客观历史数据的重要性，如德尔菲法、层次分析法等。客观赋权法侧重强调客观数据，主要有离差最大化决策和熵权法。熵权法作为一种客观赋权法，优势在于可以避免赋权的主观性，符合数学逻辑并具有比较严格的数学意义。因此本书主要采用熵权法对江苏 13 市的智能制造发展能力进行综合评价。

熵权法的基本运算过程如下：

（1）原始数据矩阵标准化处理

假设系统中存在 n 个评价对象，m 个评价指标，X 为第 i 个评价对象中第 j 个评价指标的值。

$$X = \left(x_{ij}\right)_{n \times m} \left(i = 1,2 \cdots, n, j = 1,2 \cdots, m\right)$$

然后，对指标矩阵中的指标进行规范化处理，消除量纲的影响，确保其数值在 [0,1] 之间。其中，正向指标规范化计算过程如下：

$$r_{ij} = \frac{x_{ij} - x_{j\min}}{x_{j\max} - x_{j\min}}$$

负向指标的规范化计算过程如下：

$$r_{ij} = \frac{x_{j\max} - x_{ij}}{x_{j\max} - x_{j\min}}$$

$x_{j\min}$ 指全部评价对象第 j 个评价指标的最小值，$x_{j\min}$ 指全部评价对象第 j 个评价指标的最大值。由此构建规范化后的指标矩阵：

$$R_{ij} = \left(r_{ij}\right)_{n \times m} = \begin{bmatrix} r_{11} & r_{12} & \cdots & r_{1m} \\ r_{21} & r_{22} & \cdots & r_{2m} \\ \vdots & \vdots & \vdots & \vdots \\ r_{n1} & r_{n2} & \cdots & r_{nm} \end{bmatrix}, i = 1,2 \cdots, n, j = 1,2, \cdots, m$$

（2）指标熵值的确定

对 P_{ij} 值进行修正，则有

$$P_{ij} = \frac{r_{ij} + 10^{-4}}{\sum_{i=1}^{n} \left(r_{ij} + 10^{-4}\right)}, i = 1,2, \cdots, n, j = 1,2, \cdots, m$$

定义第 j 个指标的熵值为 H_j，则

$$H_j = -\frac{1}{\ln n}\left(\sum_{i=1}^{n} p_{ij} \ln p_{ij}\right)$$

（3）各指标权重的确定

$$w_j = \frac{1 - H_j + \frac{1}{10}\sum_{j=1}^{m}\left(1 - H_j\right)}{\sum_{j=1}^{m}\left(1 - H_j + \frac{1}{10}\sum_{j=1}^{m}\left(1 - H_j\right)\right)}, j = 1,2,\cdots,m$$

其中，w_j 为第 j 个评价指标的权重。

（4）综合指数的确定

$$Z_i = \sum_{j=1}^{m} r_{ij} w_j$$

其中 Z_i 为第 i 个评价对象的综合指数。

根据以上计算方法，得出各指标权重，见表 2.5。

表 2.5　智能制造发展能力评价指标权重表

一级指标	一级指标权重	二级指标	二级指标权重	三级指标（统计单位）	三级指标权重
科技创新投入	0.354889	科技研发投入	0.153572	研发投入（亿元）	0.061693
				研发强度（%）	0.058728
				科技经费占地方财政支出比重（%）	0.033152
		人力资源投入	0.130301	研发人员数（人）	0.027533
				每万从业人口中研发人员数（人／万人）	0.028689
				每十万城市人口中在校研究生数量（人/10万人）	0.074079
		创新基础投入	0.071016	人均 GDP（元／人）	0.017622
				地方财政支出（亿元）	0.032532
				人均教育投入（元／人）	0.020861

（续表）

一级指标	一级指标权重	二级指标	二级指标权重	三级指标（统计单位）	三级指标权重
智能制造创新载体	0.493265	研发载体	0.276418	大学数量（个）	0.046764
				科技机构（个）	0.020921
				国家级企业技术中心（家）	0.017425
				国家重点实验室（个）	0.12883
				国家工程技术中心（个）	0.062478
		众创空间载体	0.06635	国家级科技企业孵化器（家）	0.023233
				国家级众创空间（家）	0.043116
		智能制造示范点	0.093103	国家级智能示范项目（项）	0.049858
				省级示范智能车间（个）	0.043245
		高新产业载体	0.057394	国家级高新技术产业开发区（家）	0.015519
				国家级大学科技园区（个）	0.041875
科技创新产出	0.134858	科技研发成果	0.097995	国家授权发明专利总量（件）	0.026872
				人均国内授权发明专利（件/万人）	0.071123
		科技成果转化及产业化	0.036863	高新技术产业产值总量（亿元）	0.016667
				人均高新技术产业产值（元/人）	0.020196
科技创新绩效	0.016989	投入产出绩效	0.016989	每亿元研发投入产生的国内授权发明专利数（件/亿元）	0.01039
				每亿元研发投入形成的高新技术产业产值（亿元）	0.006598

三、计算结果

利用前文确定的评价指标和计算方法，使用江苏 13 市的相关数据计算出了各项指标得分。江苏 13 市智能制造发展能力综合评价结果见表 2.6。

表 2.6　江苏 13 市智能制造发展能力综合评价结果

城市	综合值	排序
苏州	1.212481	1
南京	0.686948	2
无锡	0.486339	3
常州	0.458858	4
扬州	0.272525	5
镇江	0.214117	6
南通	0.173659	7
泰州	0.153674	8
盐城	0.134507	9
徐州	0.129234	10
淮安	0.099291	11
连云港	0.076707	12
宿迁	0.026533	13

　　根据以上评价结果，绘制成图 2.1，便于我们更加直观地分析江苏 13 市智能制造发展能力状况。

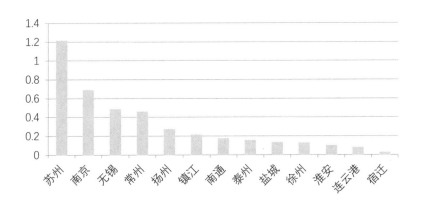

图 2.1　江苏 13 市智能制造发展能力评价结果

江苏 13 市中，可以将苏州划分在第 1 梯队，苏州以 1.212481 的得分遥遥领先，高出位居第 2 的南京近一半的分值。在智能制造发展能力上，苏州可以作为江苏的领军城市；南京、无锡、常州分别位居第 2、3、4 位，分值相差不大，基本属于第 2 梯队；扬州、镇江、南通、泰州属于第 3 梯队；盐城、徐州、淮安、连云港、宿迁属于第 4 梯队。这样的空间分异格局与江苏省内经济发展水平的分异基本一致，江苏 13 市在智能制造发展能力上很不平衡。

第五节　智能制造引领制造业转型升级实证研究

在影响制造业转型升级的众多因素中，创新尤其是技术创新发挥着核心作用，而制造业又是技术创新的主战场。技术进步（创新）是经济增长的决定因素和主要驱动力量，也是推动制造业转型升级的关键所在。智能制造引领制造业转型升级，也意味着科技创新对制造业转型升级的推动和引领。因此，制造业转型升级的关键表征在于代表技术进步的全要素生产率的提升。在现有研究中，对制造业转型升级的测量方法主要有公式测算方法、单一指标方法、综合评价方法。考虑到相关数据的获得性，尤其是智能制造相关数据的获得性，本书主要采用单一指标法来衡量制造业转型升级状况，选择全要素生产率的变动趋势来表征制造业转型升级的演变状况。

全要素生产率的测算方法主要有三种：增长核算方法、非参数方法、生产函数法。本文采用余泳泽[1]、江飞涛[2]等所用方法，即生产函数法，并且是超越对数生产函数形式。超越对数生产函数形式设定的模型放松了常替代弹性假设，并且可以对函数形式的有效性进行检验，进而保证较好的拟合效果。该方法基于样本数据，通过计量方法来估算生产函数中的参数和 TFP。

---

[1]　余泳泽 . 改革开放以来中国经济增长动力转换的时空 [J]. 数量经济技术经济研究，2015（2）：19-34.

[2]　江飞涛，武鹏，李晓萍 . 中国工业经济增长动力机制转换 [J]. 中国工业经济，2014（5）：5-17.

在样本的选取上，参照《中国高技术产业统计年鉴 2017》中所选取的高技术产业，选择江苏制造业中表征高技术产业的五大制造业，用其投入和产出数据来核算制造业的全要素生产率。五大制造业是指医药制造业，铁路、船舶、航空航天和其他运输设备制造业，计算机通信和其他电子设备制造业，仪表仪器制造业，通用设备和专用设备制造业。这几个行业的选择与《江苏省"十三五"智能制造发展规划》中重点发展和重点支持智能转型的行业基本一致。

一、生产函数的估计和 TFP 分解

本书对五大制造业的 TFP 核算采用随机前沿分析法（SFA），将生产函数设定为超越对数生产函数形式。具体形式如下：

$$\ln Y_{it} = \beta_0 + \beta_1 \ln L_{it} + \beta_2 \ln K_{it} + \beta_3 t + 1/2\,\beta_4 \left(\ln K_{it}\right)^2 + 1/2\,\beta_5 \left(\ln L_{it}\right)^2$$
$$+ 1/2\,\beta_6 t^2 + \beta_7 \ln K_{it} \ln L_{it} + \beta_8 t \ln L_{it} + \beta_9 t \ln K_{it} + v_{it} - u_{it} \quad (1)$$
$$u_{it} = \left\{ u_{it} \exp\left[\eta(t-T)\right]\right\} \sim iidN^+\left(\mu, \sigma_u^2\right)$$

在（1）式中，K 和 L 分别是指物质资本和劳动力；v_i 为随机干扰项，服从标准正态分布；u_i 是指技术无效率项，u_i 服从零点截断的半正态分布；η 是指技术效率水平的时变参数。SFA 模型设定中所有的假设都可以使用广义似然率统计量（LR）来检验。LR 的单边似然比检验说明，允许参数 μ 和 η 自由取值与对其施加 0 约束相比较更具适宜性，所以我们以下计量过程中允许 μ 和 η 自由取值。为了检验式（1）的适宜性，我们做出如下假设：（1）H_0：$\beta_4=\beta_5=\beta_6=\beta_7=\beta_8=\beta_9=0$，生产前沿函数是 C-D 生产函数形式；（2）$H_0$：$\beta_3=\beta_6=\beta_8=\beta_9=0$，即没有中性技术进步；（3）$H_0$，在初选模型中系数不显著项系数是 0。在 $\lambda=-2\ln[L(H_0)/L(H_1)]$ 中，$L(H_0)$ 是零假设 H_0，$L(H_1)$ 是被择假设 H_1 前沿模型的似然函数值。零假设如果成立，那么 λ 检验统计量服从混合卡方分布，自由度是受约束变量的数目。

由于宏观经济生产函数是耦合性质的，所以无法对其进行存量的线性分解，但是在存量变化水平并不高的情况下，流量是可以近似线性分解的。我

们假设 X_{it} 表示第 i 种要素在 t 时期的投入, $i=1,2,\cdots,n$, $f(X_{it})_t$ 则表示 t 时期以 X_{it} 作为投入的产出 $(t=1,2,\cdots)$。因此有如下微分式:

$$df(X_{it}) = \sum_{i=1}^{n} dfx_i(X_{it}) + df_{TFP}(X_{it}) \qquad (2)$$

将（2）式进一步扩展为从 t 到 $t+1$ 期的变动, 那么经济增长可近似分解为式（3）:

$$\frac{f(X_{i,t+1})_{t+1} - f(X_{it})_t}{f(X_{it})} \approx \sum_{i=1}^{n} \frac{f(X_{i,t+1})_t - f(X_{i,t})_t}{f(X_{i,t})_t} + \frac{TFP_{t+1} - TFP_t}{TFP_t} \qquad (3)$$

由式（3）能够导出各个要素、TFP 对经济增长分别做出的贡献, 以 $P_{Xi,t+1}$ 和 $P_{TFP,t+1}$ 分别表示要素 X_i 和 TFP 在 $t+1$ 期对经济增长的贡献比例, 那么式（4）和式（5）分别是它们的百分比形式, 如下所示:

$$P_{x_i,t+1} = \left(\frac{f(X_{i,t+1})_t - f(X_{i,t})_t}{f(X_{i,t})_t} \right) \bigg/ \left(\sum_{i=1}^{n} \frac{f(X_{i,t+1})_t - f(X_{i,t})_t}{f(X_{i,t})_t} + \frac{TFP_{t+1} - TFP_t}{TFP_t} \right) \times 100 \qquad (4)$$

$$P_{TFP,t+1} = \left(\frac{TFP_{t+1} - TFP_t}{TFP_t} \right) \bigg/ \left(\sum_{i=1}^{n} \frac{f(X_{i,t+1})_t - f(X_{i,t})_t}{f(X_{i,t})_t} + \frac{TFP_{t+1} - TFP_t}{TFP_t} \right) \times 100 \qquad (5)$$

最后, 我们将无法得到单独归类的余额部分所占比重计算如下:

$$\varepsilon_{t+1} = \left(\frac{f(X_{i,t+1})_{t+1} - f(X_{i,t})_t}{f(X_{it})} - \sum_{i=1}^{n} \frac{f(X_{i,t+1})_t - f(X_{i,t})_t}{f(X_{i,t})_t} - \frac{f(X_{i,t+1})_t - f(X_{i,t})_t}{f(X_{i,t})_t} - \frac{TFP_{t+1} - TFP_t}{TFP_t} \right)$$
$$\bigg/ \left(\frac{f(X_{i,t+1})_t - f(X_{i,t})_t}{f(X_{it})} \right) \times 100 \qquad (6)$$

二、指标选择与处理、数据来源

样本数据选取主要针对五大制造业: 医药制造业, 铁路、船舶、航空航天和其他运输设备制造业, 计算机通信和其他电子设备制造业, 仪表仪器制造业, 通用设备和专用设备制造业。选取其投入与产出的相关数据, 时间跨度是 2000—2016 年, 共 17 年。在资本存量方面, 由于江苏历年统计年鉴中都有固定资产净值, 无须以永续盘存法来计算资本存量, 直接以固定资产净值代表资本存量, 并且以 2000 年为基期, 用固定资产投资价格指数进行平减；在劳动投入方面，使用每一行业的从业人员年平均人数指标；在总产出方面，使用制造业总产值指标，并且以 2000 年为基期，以工业生产者出厂价格指数进行平减。所有数据都来源于 2001—2017 年江苏的统计年鉴。

三、实证结果与分析

根据估算结果，我们将五大制造业 TFP 的核算结果以图表的形式呈现出来，并进行分析。

（1）实证结果

按照前文的 TFP 核算方法，得到制造业生产函数（表 2.7）。

表 2.7　制造业生产函数模型的估计表

变量	系数	标准差	t
c	2.36E+00	7.15E-01	3.30E+00
$\ln k$	8.92E-01	5.40E-01	1.65E+00
$\ln l$	7.19E-01	5.61E-01	1.28E+00
t	−1.13E-01	7.26E-02	−1.56E+00
$0.5\ln k^2$	−5.68E-01	2.87E-01	−1.98E+00
$0.5\ln l^2$	−6.46E-01	3.02E-01	−2.14E+00
$0.5t^2$	−1.52E-02	5.94E-03	−2.55E+00
$\ln kl$	5.17E-01	2.87E-01	1.80E+00
$\ln kt$	1.05E-01	3.77E-02	2.80E+00
$\ln lt$	−9.40E-02	3.43E-02	−2.74E+00
sigma-squared	1.39E-02	6.64E-03	2.10E+00
gamma	4.56E-01	2.58E-01	1.77E+00
Eta	1.43E-01	2.52E-02	5.70E+00

log likelihood function=0.75584654E+02

LR test of the one-sided error=0.71155071E+02

从表2.7可以发现，产出的主要因素为资本、人力、时间和技术。其中，资本的系数为0.892、人力的系数为0.719、时间要素的系数为–0.113，而其 t 值的绝对值均小于2，说明其对产出影响不显著；技术要素的系数为0.143，其 t 值为5.70大于2，说明技术对产出起明显作用。进一步对资本、人力、资本的交互作用和平方项作用分析，只有资本要素的平方项对产出影响不显著，资本和人力的交互要素对产出影响不显著，这说明资本、人力、时间等对产出会产生影响，但是其交互作用和平方项作用远远大于其本身，而其中资本要素发挥的作用最小。

医药制造业TFP、资本、劳动力对制造业经济增长的贡献率和贡献值的核算结果如表2.8所示，趋势图如图2.2所示。

表2.8　2000—2016年医药制造业的经济增长核算结果

年份	TFP贡献值	资本贡献值	劳动力贡献值	TFP贡献率	资本贡献率	劳动力贡献率
2000	1.619788411	1.210764927	0.868958074	43.78384685	32.72769812	23.48845503
2001	1.570303401	1.46183707	1.01048954	38.84360916	36.16054564	24.9958452
2002	2.578981568	1.903202885	1.51219028	43.02336245	31.74981495	25.2268226
2003	1.391141468	2.073699687	2.054278837	25.20585655	37.57301328	37.22113018
2004	1.539191225	1.932695564	1.540010526	30.71074941	38.56215406	30.72709653
2005	1.701615289	1.244993124	0.812896341	45.26168738	33.11588109	21.62243152
2006	1.651721802	1.489768674	0.992190971	39.95764606	36.03975519	24.00259875
2007	2.596578197	2.002271838	1.542009363	42.28362886	32.60572679	25.11064435
2008	1.466321201	2.094093171	2.035957054	26.20128454	37.41876676	36.3799487
2009	1.620086058	1.950027901	1.540611193	31.69972968	38.15560108	30.14466924
2010	1.783088708	1.250635366	0.840889727	46.019779	32.27767799	21.70254301
2011	1.733576785	1.62883407	1.04289797	39.3519922	36.9743447	23.6736631
2012	2.612065793	2.059725534	1.629520007	41.45273348	32.68725229	25.86001422
2013	1.545131423	2.106468484	2.020931684	27.23883328	37.13453949	35.62662722
2014	1.701938644	1.974561741	1.561552307	32.49181984	37.69648487	29.81169529
2015	1.86301505	1.300912252	0.932735133	45.47641109	31.75541731	22.7681716
2016	1.814591784	1.621252376	1.037833412	40.5615236	36.23981276	23.19866364

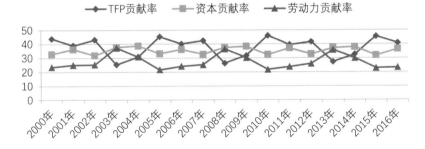

图 2.2　2000—2016 年医药制造业 TFP、各要素的贡献率演化趋势图

铁路、船舶、航空航天和其他运输设备制造业 TFP、资本、劳动力对制造业经济增长的贡献率和贡献值的核算结果如表 2.9 所示，趋势图如图 2.3 所示。

表 2.9　铁路、船舶、航空航天和其他运输设备制造业的经济增长核算结果

年份	TFP 贡献值	资本贡献值	劳动力贡献值	TFP 贡献率	资本贡献率	劳动力贡献率
2000	2.625669	2.217617	1.816543	39.42547	33.29841	27.27612
2001	1.626181	2.130719	2.032787	28.08754	36.80197	35.11048
2002	1.783429	2.033026	1.620788	32.80025	37.39075	29.809
2003	1.940368	1.394879	1.00386	44.71813	32.14668	23.13518
2004	1.893634	1.693996	1.047909	40.85035	36.54367	22.60598
2005	2.637597	2.366842	1.976257	37.78415	33.90553	28.31031
2006	1.708082	2.204105	2.084176	28.4853	36.75737	34.75733
2007	1.863365	2.062761	1.635146	33.50609	37.09154	29.40237
2008	2.014312	1.559964	1.062641	43.44076	33.64227	22.91697
2009	1.969751	1.779639	1.085212	40.74278	36.81045	22.44677
2010	2.648039	2.529994	2.127426	36.2474	34.63156	29.12104
2011	1.789522	2.318827	2.129501	28.68812	37.1735	34.13838
2012	1.940719	2.192233	1.679292	33.39018	37.7175	28.89232
2013	2.084211	1.648978	1.160569	42.58917	33.69553	23.7153
2014	2.042184	1.780689	1.131167	41.2226	35.94418	22.83322
2015	2.657168	2.577164	2.225933	35.61761	34.54521	29.83718
2016	1.869319	2.361245	2.16778	29.21567	36.904	33.88033

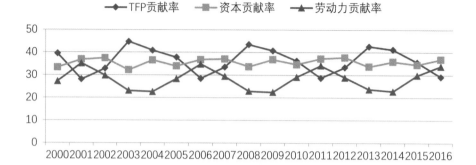

图 2.3　铁路、船舶、航空航天和其他运输设备制造业 TFP、各要素的贡献率演化趋势图

　　计算机通信和其他电子设备制造业 TFP、资本、劳动力对制造业经济增长的贡献率和贡献值的核算结果如表 2.10 所示，趋势图如图 2.4 所示。

表 2.10　计算机通信和其他电子设备制造业的经济增长核算结果

年份	TFP 贡献值	资本贡献值	劳动力贡献值	TFP 贡献率	资本贡献率	劳动力贡献率
2000	2.014657	2.201907	1.727281	33.89485	37.04516	29.05999
2001	2.149622	1.690442	1.222674	42.45968	33.38987	24.15045
2002	2.110374	1.803704	1.15305	41.64833	35.59617	22.7555
2003	2.665139	2.697226	2.330913	34.64243	35.05952	30.29805
2004	1.94646	2.430709	2.231956	29.4511	36.77807	33.77083
2005	2.084546	2.267362	1.784168	33.97197	36.95133	29.0767
2006	2.21028	2.001755	1.412162	39.29948	35.59183	25.10869
2007	2.173952	2.108967	1.275632	39.11005	37.94095	22.949
2008	2.672093	2.946694	2.471662	33.02774	36.42189	30.55037
2009	2.020126	2.720715	2.369744	28.41013	38.26288	33.32699
2010	2.149942	2.53665	1.971193	32.29215	38.10051	29.60734
2011	2.266075	2.130121	1.397329	39.11393	36.76727	24.1188
2012	2.232715	2.154954	1.283524	39.36941	37.99825	22.63235
2013	2.678153	3.01692	2.44479	32.9017	37.06352	30.03478
2014	2.089698	2.808199	2.330015	28.91151	38.85214	32.23635
2015	2.210582	2.700405	1.965826	32.14544	39.26827	28.58629
2016	2.317026	2.055856	1.483348	39.56515	35.10545	25.3294

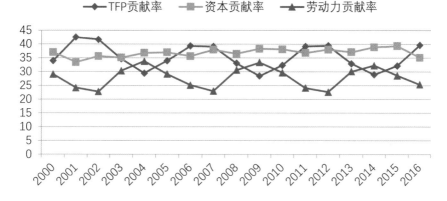

图 2.4 计算机通信和其他电子设备制造业 TFP、各要素的贡献率演化趋势图

仪器仪表制造业 TFP、资本、劳动力对制造业经济增长的贡献率和贡献值的核算结果如表 2.11 所示,趋势图如图 2.5 所示。

表 2.11 仪器仪表制造业的经济增长核算结果

年份	TFP 贡献值	资本贡献值	劳动力贡献值	TFP 贡献率	资本贡献率	劳动力贡献率
2000	2.286607	2.01185	1.351664	40.47006	35.6072	23.92274
2001	2.683431	2.82358	2.523876	33.41388	35.15901	31.42711
2002	2.154749	2.864849	2.396984	29.05313	38.62762	32.31925
2003	2.266357	2.596439	2.086769	32.61149	37.36118	30.02733
2004	2.363254	2.184452	1.527227	38.90173	35.95846	25.13981
2005	2.335691	2.155475	1.370223	39.84877	36.77414	23.3771
2006	2.688024	2.869233	2.524791	33.25919	35.50131	31.2395
2007	2.215027	2.73006	2.301467	30.56663	37.67391	31.75946
2008	2.317287	2.679482	2.093957	32.68053	37.78855	29.53092
2009	2.404957	2.292618	1.552075	38.48148	36.68394	24.83459
2010	2.380121	2.23191	1.386448	39.67874	37.20793	23.11332
2011	2.692019	2.931636	2.533572	33.00164	35.93913	31.05923
2012	2.270435	2.839348	2.34624	30.45102	38.08126	31.46771
2013	2.363493	2.737142	2.11018	32.77705	37.95884	29.2641
2014	2.442389	2.30312	1.558671	38.74238	36.53322	24.7244
2015	2.42012	2.270608	1.42274	39.58669	37.14108	23.27223
2016	2.695491	2.916809	2.521986	33.1374	35.8582	31.00439

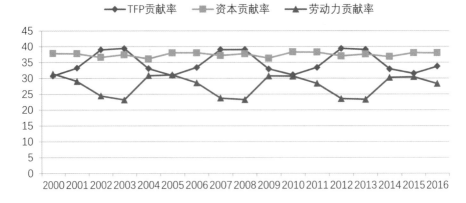

图 2.5 仪器仪表制造业 TFP、各要素的贡献率演化趋势图

通用设备和专用设备制造业 TFP、资本、劳动力对制造业经济增长的贡献率和贡献值的核算结果如表 2.12 所示,趋势图如图 2.6 所示。

表 2.12 通用设备和专用设备制造业的经济增长核算结果

年份	TFP 贡献值	资本贡献值	劳动力贡献值	TFP 贡献率	资本贡献率	劳动力贡献率
2000	2.3210021	2.853667563	2.370536094	30.76128301	37.82093765	31.41777934
2001	2.40517465	2.732436706	2.103544139	33.2153432	37.73481606	29.04984074
2002	2.47583762	2.3259952	1.553829727	38.95483122	36.5972105	24.44795828
2003	2.45595584	2.3305241	1.445667662	39.40785741	37.39520063	23.19694196
2004	2.69850917	2.945677722	2.515289009	33.07208944	36.10131042	30.82660014
2005	2.36685673	2.912214993	2.379160641	30.90604485	38.02724774	31.06670741
2006	2.4425857	2.780508695	2.089605481	33.40196834	38.02301124	28.57502041
2007	2.50560915	2.38507243	1.524132519	39.05973133	37.18069443	23.75957424
2008	2.48792689	2.402141501	1.484022788	39.03186856	37.68602351	23.28210793
2009	2.70113034	2.975485957	2.518106629	32.96182634	36.30978111	30.72839254
2010	2.40820361	2.967290944	2.376113298	31.06714964	38.27968339	30.65316697
2011	2.4760142	2.829756484	2.103418879	33.4181516	38.19252375	28.38932465
2012	2.53201685	2.379686554	1.515783156	39.39357675	37.02359439	23.58282886
2013	2.51634341	2.423244532	1.50578462	39.04108546	37.59665571	23.36225883
2014	2.70340635	3.021732515	2.48282206	32.93639403	36.81465521	30.24895076
2015	2.44529982	2.945757247	2.361755335	31.54080986	37.99598256	30.46320759
2016	2.50576714	2.818959314	2.10078794	33.74536773	37.96315199	28.29148028

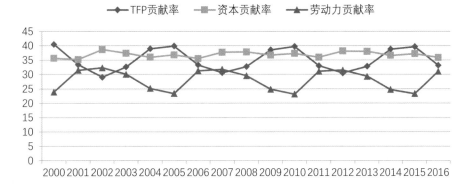

图2.6　通用设备和专用设备制造业 TFP、各要素的贡献率演化趋势图

（2）结果分析

从以上计量结果看，在江苏五大制造业的增长中，资本、劳动、全要素生产率都是重要的增长源泉。但是，在这几大增长动力中，劳动力投入对制造业增长的贡献值和贡献率都是最低的，资本积累的贡献和 TFP 贡献都已经很高。与经济增长理论相一致的是，在五大制造业中，资本要素的贡献一直比较平稳，可以说是制造业增长的主要推动力。从趋势图可以看出，五大制造业 TFP 的贡献率和贡献值都比较高，与资本积累的贡献值和贡献率不相上下，这说明江苏制造业转型升级的成效比较明显，江苏先进制造业的增长开始向创新驱动转变，这也与江苏处于后工业化发展阶段的特征是一致的，应该说资本积累和技术进步对江苏五大制造业的增长发挥了双重拉动作用。但是，我们也要看到，在五大制造业的趋势图中，资本积累变化比较平缓、稳定，而 TFP 则呈现出波浪式演变的态势，且在一定程度上表现出与资本积累、劳动力反向角力的态势。这可能是由于政府的经济干预政策及粗放式投资依然在发挥作用，对 TFP 作用的发挥起到了反向的降低效应。这也表明江苏制造业的转型升级任务依然艰巨，以往的要素驱动型增长路径依赖很明显。从细分行业的角度看，医药制造业的增长中，大多数年份 TFP 的贡献已经超出了资本积累；铁路、船舶、航空航天和其他运输设备制造业的 TFP 次之；计算机通信和其他电子设备制造业、仪器仪表制造业、通用设备和专用

设备制造业的增长中，虽然有的年份 TFP 的贡献超过资本积累，但是大多数年份要低于资本积累的贡献。

第六节　智能制造引领制造业转型升级路径创新

以上的理论和实证研究表明，江苏省发展智能制造具有较好的基础条件和发展环境，现有起点在全国居于前列，但江苏省 13 市发展智能制造的能力很不平衡。从现有江苏省制造业转型升级态势看，技术进步或者 TFP 对制造业增长的推动作用已经凸显，在有些行业的贡献已经超出资本积累，但是在绝大多数行业和绝大多数年份中资本积累的贡献还是占据主导地位。这说明技术进步引领制造业转型升级的作用已经很明显，但是由于长期要素驱动的路径依赖和惯性，创新驱动或者技术进步引领制造业转型升级的路径还没有完全形成，还很不稳定，新的转型升级路径还有待进一步培育和成长。以创新为特征的智能制造对制造业转型升级的带动效应还不是很明显，这与江苏省智能制造本身的发展不平衡、不充分直接相关。

前述研究已经梳理了智能制造引领制造业转型升级的内在微观机理，依据内在机理，我们发现智能制造引领制造业转型升级主要是沿着三条脉络和路径推进的。一是推动新兴智造产业的培育和成长。新兴智造产业指的是原有产业体系中没有，伴随着创新能力提升和智造技术的聚变和应用，出现的新产业、新业态。二是以智能技术赋能传统制造业，对传统制造业体系进行改造和重塑，构建智能+制造业新智造体系。三是对原有制造业生态群落中落后产能和过剩产能进行生产要素的重新配置，即淘汰落后产能、转移过剩产能，进而使释放出的要素配置到前面两大领域中，实现资源的优化配置。这三条脉络并行推进，推动江苏省制造转型升级，使"江苏制造"向"江苏智造"转变。

智能制造作为当下和未来技术创新和产业演化的主攻方向，随着智能化技术群落进一步聚变、渗透和普及，必将打破制造业转型升级的传统路径，引领江苏省制造业"换道超车"，实现转型升级道路的跨越式推进。为更好更快地推进江苏智造的发展，重塑江苏省制造转型升级新路径，本文提出以下建议。

一、以智能化技术群落突破为方向，提升科技创新能力

大数据、物联网、云计算、边缘计算、人工智能、数字孪生等智能技术的集成、融合和迭代，促成了智能技术群落的核聚变，进而推动了以"数据＋算力＋算法"为特征的智能制造技术体系的形成。因此，能否在发展智能制造相关技术上率先取得突破性进展，直接决定江苏制造业转型升级的成败，也决定着江苏能否在这一场智能经济的竞争中抢占制高点。要想在智能技术群落方面获得突破性进展，离不开创新能力的提升。如前所述，江苏科教资源丰富、总体创新能力比较强，但是在研发强度上与发达国家相比还存在差距。江苏在基础研究方面的投入比全国低，并且研发资金主要被用在试验发展上，技术创新依然是以"跟随"为特征，前瞻性投入不足。江苏70%专利集中在传统产业和外围技术，高新技术企业"两头在外"问题依然突出，核心技术对外依存度比较高。所以，我们要将提升创新能力作为关键切入点，加大对核心技术的研发力度，实现对智能化技术群落的整体突破。在创新能力的提升和核心技术的突破上，我们需要进一步促成产、学、研、政协同创新网络的形成和高效运转，促进以企业为主体、政府引导和扶持、多元化金融支撑的全方位区域创新体系的形成。

二、以人才培养为基础，加大智造人才培养力度

创新需要人才，发展智能制造需要加大与智能技术突破相关的研发人才的培养。江苏科教资源丰富，这为智造人才的培养提供了厚实基础。在智造人才培养方式和渠道上，可以通过多种方式和渠道构造全方位多层次的智造人才网络。一是通过优化高校学科设计，在有条件的高校开设智能制造相关

专业，培养智能制造高技能人才，如南京大学开设了人工智能本科专业；二是加强人才引进，面向海内外积极引进高层次领军型智造人才，并培育高层次创新团队；三是调整高职高专院校实操人才培养方向，扩大具有智能制造实际操作技能的人才培养规模，创新培养模式；四是加强企业内部工人的在职培训。

三、以多元金融支持为保障，强化融资服务模式创新

智能制造的研发、应用等环节都需要更加完善的金融服务和渠道来支撑。智能化升级对制造业企业来说，资金要求很高，且成本高、风险大。从目前情况看，在有智能化升级需求的企业中，大型国有企业的融资能力相对较高，融资渠道也较丰富；中小型企业融资能力较弱，且融资渠道也较少。金融服务和支持能否跟上，是影响制造业智能化升级的重要因素。现有企业智能化改造的资金来源主要有企业自有资金、银行贷款、资本市场融资、政府补贴。在这些融资方式中，大型国有企业更能获得银行贷款且贷款成本低，而大量中小型民营企业很难获得银行贷款且贷款成本高。因此，为了保障制造业智能化升级的快速发展，必须打造并落实多元金融支持体系，推进融资服务模式的创新。在融资问题上，发达国家的经验是采用财政投入、财政补贴、银行信贷、风投资金、资本市场融资等多元化渠道结合的方式。发达国家资本市场相当成熟，为智能化的高科技产业的发展提供了强大支撑。江苏在推进智能化升级的过程中，需要借鉴国外经验，结合本省特点，发展多元化金融支持体系，推进融资服务模式的创新。

四、因市制宜、因企制宜推进智能化改造

在推进智能化进程中，江苏13市不同制造业企业所处的发展阶段各不相同，不同行业、不同地区、不同企业在数字化、自动化程度和信息化能力方面存在巨大差异，发展水平参差不齐，因而在发展智造过程中会呈现不同

的需求。各市各企业在发展智能制造的过程中，要根据各自所处的发展阶段制定切实可行的规划，不能为了智能而智能。智能制造是主攻方向，但不是企业的根本目的，企业实施"智能+"的目的是在产品创新的基础上，通过降本、提质、增效，提升企业的竞争力，实现制造业高质量发展。因此，推动智能制造，要坚持根据各产业、各企业的实际，以企业为主体。各个企业要结合自身发展实际，实事求是地探索适合自己的智能化转型升级的技术路径。

五、优化智造空间分布结构，推进智造产业集群形成和发展

从产业的空间布局看，无论是传统产业还是高技术产业，一般都是以产业集群和技术园区的形式存在，集群化发展是产业发展和转型升级的必由之路，因此很多国家和地区把集群政策作为经济发展战略的重要部分。而创新系统是用一种更加系统、交互和发展的眼光看待技术进步的系统，区域创新能力的提升往往通过系统性的途径才能实现。地区创新系统的活力和绩效与各地区产业集群的集聚效应密切关联，产业集聚程度越高，地区创新系统越有活力。发展智能制造，推动制造业转型升级离不开创新驱动，而创新能力的提升除了要依靠微观企业主体的长期研发投入和积淀，还需要依赖区域内产业集群的建设和发展，伴随着产业集群演化的，将是区域创新体系的完善。因此，政府需要制定有效的政策，培育、建设产业集群和技术园区。

江苏 13 市发展智能制造的能力和基础很不平衡，因此各市在智能制造的发展规划上，不能忽视本地发展智能制造的能力和基础，不能盲目跟风，而应该根据各自的比较优势，充分发挥地方产业特色，差异化定位，错位发展。具体而言，各市可以依托江苏产业集群建设总体规划，依托本地所涉及的产业集群，精准发力，积极加入产业集群的建设和发展。

江苏产业集群的规划具体体现在两个方面。一是装备制造业的 12 个产业集群规划。在江苏"十三五"规划中，明确规划了重点培育的装备制造业方面 12 个产业集群（表 2.13）。这些产业集群既在产业门类和功能区方面进

行了区域划分，也从战略高度层面指明了各城市主导产业的选择方向。

表 2.13　江苏"十三五"装备制造业重点培育产业集群

序号	产业集群	重点区域
1	智能制造装备产业集群	南京、常州、扬州、南通、苏州、无锡
2	先进轨道交通装备产业集群	常州、南京
3	航空装备产业集群	镇江、南京、无锡、常州
4	电子信息装备产业集群	无锡、南京、苏州
5	新型电力装备产业集群	南京、苏州、常州、南通、镇江、连云港
6	节能型与新能源汽车产业集群	南京、苏州、常州、盐城、扬州
7	工程机械产业集群	徐州、常州、苏州
8	海洋工程装备与高科技船舶产业集群	南通、泰州、扬州
9	新型农机产业集群	常州、镇江、泰州、盐城、连云港、扬州
10	节能环保装备产业集群	无锡、盐城、苏州、南京、南通
11	石化装备产业集群	南京、苏州、盐城、淮安
12	纺织机械产业集群	常州、盐城、宿迁

通过对以上重点培育产业集群的整理和统计，得出各市重点培育和涉及的产业集群数量有：南京 8 个、常州 8 个、苏州 7 个、盐城 5 个、无锡 4 个、南通 4 个、扬州 4 个、镇江 3 个、泰州 2 个、连云港 2 个、徐州 1 个、宿迁 1 个、淮安 1 个。

二是 13 个先进制造业产业集群的培育。2018 年江苏省政府发布的《关于加快培育先进制造业集群的指导意见》中，提出要重点培育 13 个先进制造业集群，包括：新型电力（新能源）装备、工程机械、物联网、前沿新材料、生物医药和新型医疗器械、高端纺织、集成电路、海工装备和高技术船舶、高端装备、节能环保、核心信息技术、汽车及零部件、新型显示。从地区分布看，13 个集群涉及 11 个设区市（不含淮安、宿迁）。

随着装备制造业产业集群和先进制造业产业集群的培育和发展，地方创新系统得以建设和加强，产学研政协同创新网络也得以搭建，进而使各市制造业的创新环境得到改善和提升；同时，随着产业集群的培育，集群竞争优势得以形成，进而可以培育一批领军企业和名牌产品。各市在推进制造业转型升级的过程中，应以本地所在产业集群培育为依托，推动制造业智能化建设和改造，促进区域智能制造差异化、集群化发展。

第七节　智能制造引领制造业转型升级案例分析

一、公司概况

悦达起亚汽车有限公司是盐城市的龙头企业，也是苏北地区的明星企业。公司组建于 2002 年，是一家中韩合资的汽车制造企业。目前，该公司在盐城已建成三家工厂，并有一家商品车物流基地。其中最初的一厂改建成新能源电动汽车生产基地，二厂和三厂都位于盐城经济技术开发区内，且比邻而建。公司经营范围包括商用车、乘用车、汽车零部件等。

二、智能化概况

从国内汽车行业看，二厂、三厂的制造装备和技术都处于国内领先地位，均采用当今世界最先进的柔性生产方式，建成由冲压、焊装、涂装、总装及发动机几大车间组成的全自动生产线。尤其是三厂，采用了当前国际先进的汽车制造设备和技术，是具备高效、环保、节能等特点的现代化汽车制造工厂。公司的经营口号是智造经典、慧创未来，智能化、网联化、电动化、共享化是其追求的目标。公司一直致力于智能化改造和升级，其中一个重要的成果是三厂的焊装车间于 2015 年被评为江苏省第一批示范智能车间。我国当前智能制造部署的重点包括数字化工厂、设备和用户价值的深度挖掘、工业物联网、商业模式重构、人工智能，这些智能化升级的部署重点在该公司都有不同程度的体现。从车间工艺特点看，从冲压车间、焊装车间、涂装车间到总装车间，都不同程度实现了自动化、数字化、网络化及智能化的生产线和软硬件装备。

冲压车间自动化率为70.8%，从板材清洗到工件传送，全部由机械手完成，工件的质量和生产效率都得到了保证，板材的尺寸和外观实现了自动检测。车间内保持恒温并安装了防噪隔板，以降低气温对板材的影响，也为工人提供了舒适的环境。

焊装车间自动化率为100%，拥有343台工业机器人，是智能化程度最高的车间。工业机器人的使用不仅保证了焊接品质、提高了质量稳定性，而且提高了安全性。焊装车间使用组合式夹具和柔性化生产线，可同时进行多种车型的复合生产。对焊接好的部件，使用机械化输送系统送往下一生产工位。整个生产线采用先进的技术质量控制模式，还运用4台机器人检查系统，严格检查车身的焊接品质。

涂装车间自动化率为59%，也应用了大量机器人，以保证产品质量。特别在车身底部涂胶环节使用了工业机器人，这一技术在国内属于领先水平。

总装车间自动化率为8%，工人数最多。采用了可以多种车型共用生产的柔性生产线、保证最高品质最大化适用模块部品以及适用拧紧保证系统。在车间内物流上，大件模块部品通过通道桥直供，并使用ONE-KIT物流系统。车间内还安装了低噪音输送线、省力化设备及作业工具轨道。

总之，这几大车间在智能化程度上具有以下特点：自动化生产线、工业机器人及智能化生产、试验、检测等设备使用率比较高；一定程度上实现了系统、装备、零部件和人员之间的互联互通、有效集成；物料配送已采用二维码、条形码等自动识别技术；在关键工序采用了智能化检测设备，能够进行故障检测和预测预防及自适应调整等工作；车间环境实现了智能检测、调节、处理等功能；在资源能源消耗上，实现了一定程度的智能管控。

悦达起亚汽车在制造过程中，通过智能化和制造融合，降低生产成本，提高生产效率；保证并提高产品质量；减少生产过程中的环境污染，车间环境质量得到改善；能源和资源的使用效率也得到提升。

三、全新一代 K3 车型的智能化升级

近些年，随着国内汽车市场竞争愈加激烈，汽车市场进入了增长停滞期，起亚汽车销量也受到很大的影响。2013—2018 年，产量和销量都大幅度下降，见表 2.14。[①]

表 2.14　2013—2018 年悦达起亚产销量统计表

年份	2013	2014	2015	2016	2017	2018
人数	5670	6564	6675	6686	6255	5216
产量（台）	551006	644108	645100	65100	354600	362470
销量（台）	546766	646036	616097	650006	360006	370002

为了打破这种困境，2019 年 5 月 15 日，该公司推出了一款新车型：全新一代 K3。该车型着重于汽车的智能化升级，以求获得更好的安全性和用户体验，进而大幅度提升该车型的竞争优势。我们可以通过智能安全辅助系统、链条式传动智能无极变速器、百度智能互联系统等方面了解全新一代 K3 的智能化升级的着力点。智能安全辅助系统始终将乘客的安全放在第一位，该系统可有效规避事故发生，智能安全技术及结实的车身结构时刻保障乘客的安全；链条式传动智能无极变速器的变速模式具有自适应切换功能，可以使乘客从容驾驭；百度智能互联系统中强大的语音交互系统，超越想象的车辆控制技术，多媒介车辆控制系统相互呼应，轻松驾驭智能科技生活。全新一代 K3 车型的智能化升级极大地提升了产品的竞争力。

可见，悦达起亚汽车有限公司对智能化相关技术的使用，一方面体现在生产制造过程和管理流程中，以提高产品质量和生产效率；另一方面向产品本身延伸，体现在产品功能设计、用户体验上的升级。

---

① 资料来源：悦达起亚汽车有限公司。

四、已有成效和存在问题

从以上调研分析中可以得出，制造企业智能化升级确实能够实现智能技术在产品全生命周期中的渗透，能够推动企业产品价值链的跃升，引领企业转型升级。

但是，就本案例而言，企业在智能化升级过程中，还存在以下问题。一是智能化程度不是很高。目前我国汽车产业在制造业体系中应用智能化技术群落程度属于比较高的行业，但是总体而言，智能化设备和技术的使用主要集中在制造流程中，在产品生产全生命周期的其他环节，如研发设计、营销、产品本身，智能化程度还不是很高。几大车间的高管根据我们给出的评价指标，给悦达起亚智能制造发展程度进行打分，分值为 60—70 分，满分为 100。高管们指出，如果要进一步提升企业产品全生命周期的智能化程度，需要很大的投入，智能深化的成本太高，这是他们目前无法承担的。二是智能化核心装备和系统国产率很低，严重依赖国外进口。悦达起亚汽车有限公司在核心智能制造装备、数据互联互通系统、车间制造执行系统 MES、企业资源计划管理系统 ERP 等方面，都是从国外进口的。

第八节　智能装备产业集群发展现状及对策

智能制造是制造业转型发展的终极趋势，智能装备产业是全世界制造产业智能化升级的基础产业。一些发达国家开始实施再工业化战略规划，深入运用信息技术，推动生产方式和制造业变革，抢占高端智能制造市场，不断扩大竞争优势。美国率先发布先进的制造合作伙伴计划和制造创新网络计划，提出"工业互联网"的概念，并全力支持企业开发智能制造设备。德国公布实施工业 4.0 的战略建议，包括鼓励深入应用信息、通信技术及网络物理信息系统来促进智能设备的生产，建立德国自己的智能工厂以促进制造业转型升级。英国、法国相继发布了英国工业 2050 年战略和法国新产业计划，以促进智能装备产业的发展。日本在 2014 年的制造业白皮书中提出了全力调整制造业结构的建议，并将智能装备视为制造业未来发展的重要领域。

　　智能制造装备产业在我国的发展历史较短。20 世纪 80 年代中期，发达国家开始大量生产自动化设备时，我国也开始逐步加大对工业机器人的研究支持。1985 年，我国将工业机器人列入科技攻关发展计划，这成为智能制造装备产业在我国发展的重要里程碑。经过 30 多年的发展，我国智能制造装备行业初步形成了以新型传感器、智能控制系统、工业机器人、自动化成套生产线为代表的产业体系。在新型工业化加速发展的大背景下，我国高度重视智能制造装备产业的发展。对制造业企业而言，构建智能制造系统的核心价值主要体现在降低生产成本、提升生产效率、重塑管理方式等方面。

　　紧随世界趋势，发展智能装备产业是我国制造业转型升级的关键一步。以江苏为例，2016 年以来，江苏以建立制造业强省为主攻方向，围绕制造业积极创新，带动工业经济转型升级，实施了多个智能制造装备项目，以促进制造业的质量改善和效益提高，智能制造装备产业发展迅速。2014 年，江苏省科技厅颁布《关于建设江苏省智能装备产业技术创新中心的通知》；2018 年，以《中国制造 2025》为总纲，江苏全力推出《江苏行动纲要》；连续 4 年的政策响应，江苏作为长三角区域中比较核心的城市带，智能装备企业数量得到大幅增加，2017—2019 年，江苏位居长江三角洲智能装备企业数量第一名，智能装备企业数量增速也位居第一（表 2.15、图 2.7）。

表 2.15　2013—2019 年长三角地区智能装备企业增加数量（单位：家）

	2013 年	2014 年	2015 年	2016 年	2017 年	2018 年	2019 年
上海	856	1550	1806	2523	3002	4785	6343
江苏	166	233	255	193	3765	5103	6425
安徽	419	842	958	1386	1719	2611	3277
浙江	443	827	1238	1759	2639	3608	5161

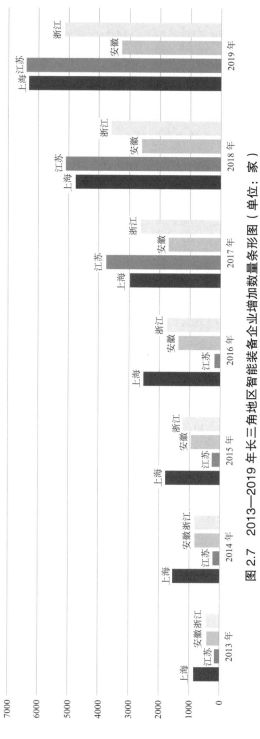

图 2.7 2013—2019 年长三角地区智能装备企业增加数量条形图（单位：家）

资料来源：上海市、江苏省、浙江省、安徽省工商局公开信息。

本书以百度地图坐标采集的 POI（Point of Interest）数据为基础，以江苏为研究对象，采用核密度估计法和空间集群分析法，对智能装备产业集群在江苏各城市的分布结构进行分析并找出分布特征，在此基础上对江苏智能装备产业发展与空间分布上存在的问题提出建议，以优化智能装备产业集群发展路径，推动智能装备产业更好更快发展。

一、相关研究综述

《中国制造 2025》指出，我国制造业发展重点是要推进智能制造，智能装备产业作为国家战略性新兴产业对全国各个地区的装备制造业水平都有极大的推动作用，而智能装备产业集群则可以看作先进制造业集群。江苏作为长三角区域一体化发展国家战略中的重要省份，一直大力发展本地先进制造业集群，以推动制造业水平实现跨越式发展为目标，加快实现制造业转型升级。智能装备等战略性新兴产业是新一轮科技革命和产业转型的方向，对经济社会发展具有重要引领作用。《江苏省"十三五"战略性新兴产业发展规划》中提到了智能制造领域十大产业，包括机器人、系统集成、高端数控机床、医疗器械等高端专用装备、智能装备、新一代轨道交通科学技术等，并且希望通过节能制造技术的发展来增强装备供应安全性和产业核心竞争力，实现从装备制造业大省到强省的转变①。2019 年底，江苏省发改委公示 2019 年度省级战略性新兴产业发展专项资金拟立项项目，其中 23 个项目都是智能装备产业重点项目，由此可见江苏对智能装备产业发展的重视。

1. 国内外关于产业集群研究现状

一般认为，产业集群是一定区域空间内相关行业的企业的聚集，集聚带来资金，技术和专业人才相对集中，使生产经营趋向专业化和集中化，并使市场和要素专业化发展渠道得到提升。产业集群能够缩短集群区各企业之间的信息距离，节省运输成本，提高经济产出质量；可以减少生产过程中中间

---

① 郭笑梅 . 黑龙江省高端装备制造业集群发展研究 [D]. 黑龙江：哈尔滨商业大学，2013.

投入的损失，降低中间生产环节中各企业的本金，提高同行业企业的分工协作水平。另外，同一行业或相似行业的集群有利于促进公共基础设施的集约化建设，降低单位使用成本，提高资源利用效率。与相对分散的外部环境相比，集群区内同行业的竞争效应将形成外部激励效应，带来规模经济和正外部性，使企业能够投入更多的资金来进行技术上的改革和产品上的升级，最终促进集群区域内的快速发展。

最早研究产业集群现象的经济学家是马歇尔，他从新古典经济学的角度研究产业集聚和规模经济问题，并指出规模经济可以分为内部规模经济和外部规模经济。产业集群的形成是企业追求规模经济的结果，随着知识的增长和信息技术的进步，这种集群现象越来越明显。克鲁格曼从马歇尔的三个外部性出发，指出马歇尔产业集群理论的三个关键机理是金钱外部性、技术外部性和劳动力池效应，并用空间基尼系数（G 指数）来反映地区间工业空间分布的不平衡问题，基尼系数越高，产业聚集的程度越高。聚集指数（EG 指数）用来衡量一个行业的空间集中度，一个行业空间集中度越高，则发展得越成熟[1]。

产业集群相关理论于 20 世纪 80 年代进入国内学者的研究视野。仇保兴运用生态学知识研究产业集群现象[2]。徐康宁认为产业集群是相同的产业高度集中在某一特定地区的一种产业成长现象[3]。王缉慈则进一步对影响产业集群现象的因素进行研究，主要包括组织、区位、社会文化等[4]。梁琦利用空间基尼系数计算了 1994—2000 年中国 24 个行业的聚集度，并计算了 2001 年生产的三位数水平的 171 个行业的聚集度和主要聚集度[5]。罗勇等使用 EG 指数突破性地测量了中国制造业中 20 个行业的集中度，经过分析显示了地

[1] Shuju Hu, Wei Song, Chenggu Li, et al. The Evolution of industrial agglomerations and specialization in the Yangtze River Delta from1990–2018: An analysis based on firm-level big data[J]. Sustainability, 2019, 11（20）: 1–21.
[2] 仇保兴. 小企业集群研究 [M]. 上海：复旦大学出版社，1999.
[3] 徐康宁. 开放经济中的产业集群与竞争力 [J]. 中国工业经济，2001（11）: 22–27.
[4] 王缉慈. 地方产业群战略 [J]. 中国工业经济，2002（3）: 47–54.
[5] 梁琦. 中国工业的区位基尼系数 [J]. 统计研究，2003（9）: 21–25.

理分布和增长的累积弹性[①]。王素君等通过对河北装备制造业产业集群竞争力的定量分析，得出河北装备制造业产业集群水平不断提升的结论，认为产业集群效应可以有效提升装备制造业的竞争力[②]。严帅等针对广州市智能装备产业集群的发展现状，提出对广州市智能装备产业集群的前景分析及发展建议[③]。

2. 国内外关于智能装备产业集群研究现状

智能装备通常是指具有感知功能并具有分析、推理、决策和控制感知事物的能力的制造设备，是先进制造技术、信息技术、智能技术的集成和深度融合。智能装备中智能信息集成部分如计算机模拟制造业中人类专家的智能活动后，通过在整个制造企业中各个子系统之间进行集成和应用，实现高度灵活和高度集中的运营，从而替代或扩展制造环境中人类专家的部分脑力劳动，增强智能工作，收集、存储、完成、共享、继承和开发人类专家的智能信息，降低人力成本。智能装备是基于国际标准化和互换性，综合运用智能制造技术、信息技术、制造技术、并行工程、人工智能技术、现代管理技术、系统工程的理论和方法而产生的制造系统。

有学者认为过去产业集群特征是由一定地理范围内人口和企业的集聚带来的各种效应，而现在增加了智能装备如工业机器人等自动化装备的应用，传统产业集群指数给出的市场集中程度就没有那么精确了[④]。近年来，中国许多学者基于产业集群的概念，对智能装备等战略性新兴产业进行研究，并提出在全国范围内发展新兴产业集群的措施和建议。南剑飞等分析了 ST 区新材料相关产业集群的发展现状，指出其存在的问题，并结合当今产业

① 罗勇，曹丽莉. 中国制造业集聚程度变动趋势实证研究 [J]. 经济研究，2005（8）：106–115.
② 王素君，马银戌. 河北省装备制造业集群竞争力评价研究 [J]. 河北经贸大学学报，2014（3）：95–101.
③ 严帅，张紫君，张青阳，等. 广州市智能装备产业集群发展现状及对策 [J]. 科技管理研究，2019（1）：137–148.
④ Amirhossein Balali，Ali Hakimelahi，Alireza Valipour. Identification and prioritization of passive energy consumption optimization measures in the building industry[J]. An Iranian case study[J]. Journal of building engineering，2020，30（6）：101–239.

集群发展环境，提出一些有效的解决方法①。结合《中国制造2025》，甘小文、陈平、宋慧琳对赣江新区智能制造产业集群进行现状分析，并对其发展提出建议②；王欢芳、何燕子主要研究了智能装备等战略性新兴产业集群的发展路径③。

众多学者从多个维度分别对智能装备产业空间集群的定义和重要影响因素做出探索，并提出相关的升级路径。但江苏作为近年来智能装备产业发展迅速的省份，缺少关于智能装备产业集群的专门研究。本书以江苏省智能装备产业的省级数据为基础，分析江苏省13个城市智能装备产业的分布特征，为优化江苏省智能装备产业布局、促进智能装备高速发展提供科学依据。

二、研究方法与数据来源

1. 研究方法

利用 ArcGIS 10.6 中的空间分析工具进行核密度估计，获得江苏省智能装备企业的核密度分布，从空间可视化及量化分析江苏省智能装备产业的空间分布特征。

（1）核密度估计法

核密度估计主要用于计算要素在其周围地域的密度，是地理空间数据挖掘的重要工具，可以利用核密度估计法来分析城市 POI 数据在空间上的聚集程度和分布模式。核密度估计法是一种非参数估计方法，主要原理是将落入搜索区域的要素赋予不同的权重，距离搜索区域中心越近，权重越大；然后计算搜索范围内每个样点的权重和，得到该区域的密度值。计算公式如下：

---

① 南剑飞，赵丽丽. 新常态下 ST 区新材料产业集群发展研究 [J]. 现代管理科学，2016（4）：57–59.

② 甘小文，陈平，宋慧琳. 赣江新区智能制造产业集群发展路径研究 [J]. 现代营销（信息版），2019（10）：75.

③ 王欢芳，何燕子. 国家级战略性新兴产业集聚区的布局与协同发展研究 [J]. 工业经济论坛，2016（3）：283–288.

$$\hat{f}_h(x) = \frac{1}{n}\sum_{i=1}^{n}K_h(x-x_i) = \frac{1}{nh}\sum_{i=1}^{n}K\left(\frac{x-x_i}{h}\right)$$

x_1、x_2……x_n 为独立同分布 F 中的 n 个样本点，f 是概率密度函数，$x-x_i$ 则是估计点到样本点的距离。$\hat{f}_h(x)$ 值越大，核密度越高。

（2）空间聚类分析法

通过百度地图 POI 接口，在 2019 年江苏省工商注册数据中选择每个智能设备企业的地址，用 xGeocoding 传感器坐标系分析大量基于地址信息，获取企业地理经纬度坐标，最后使用 Arcgis 转换成散点图图层覆盖在江苏省矢量地图上。根据江苏省地图边界，对江苏省各城市智能装备企业的空间分布进行测度，并对智能装备产业空间集聚状态进行呈现，以捕获智能装备产业集聚的空间布局规律。空间聚类分析方法是在了解江苏省智能装备产业集群现状和重点发展区域的基础上，以促进产业高质量发展为目的，对江苏省智能装备产业空间分布进行优化，以推动产业集群高质量发展。

2. 数据来源

（1）核密度估计法数据来源

首先通过百度地图获得 POI 数据，生成兴趣点分布源代码，通过 Python 软件运行网站源代码，获得所需 POI 数据的位置坐标信息，再将其录入对应的表格中。然后将江苏省行政区划图导入 ArcGIS 10.6 软件中进行矢量化，把江苏省内所有智能装备企业坐标信息的 Excel 表格导入江苏省的矢量化地图，生成离散点的江苏省智能装备企业分布图。

（2）空间聚类法数据来源

从 2019 年江苏省各市工商局注册的智能装备企业数据中一共选出 20753 家企业（表 2.16）。数据主要包括相关企业的名称、成立时间、地址、业务范围及其他属性信息。本文的研究范围是江苏省的各城市，包括南京、无锡、徐州、常州、苏州、南通、连云港、淮安、盐城、扬州、镇江、泰州和宿迁；选定的智能装备企业业务范围包括机器人、智能成套设备、增材制造（3D 打印）、数控机床、系统集成。

表 2.16　2019 年江苏省内智能装备企业所在城市与行业分布表

城市 \ 行业	数控机床	机器人	智能成套设备	增材制造	系统集成	总计
南京	1453	3181	1167	801	623	7225
无锡	394	481	231	213	469	1788
徐州	298	385	138	153	192	1166
常州	104	348	94	116	293	955
苏州	769	2964	371	206	177	4487
南通	324	562	76	82	97	1141
连云港	98	197	109	67	14	485
淮安	69	204	54	70	101	498
盐城	231	296	49	110	40	726
扬州	63	251	185	57	105	661
镇江	136	218	87	79	43	563
泰州	89	154	216	36	103	598
宿迁	136	59	93	158	14	460
总计	4164	9300	2870	2148	2271	20753

资料来源：江苏省各市工商局公开信息。

三、江苏省智能装备产业集群发展现状及空间布局特点

1. 江苏省智能装备产业集群发展现状

（1）以产业园区为枢纽，发展相对集中

江苏以智能制造为核心，实施《中国制造 2025》的战略安排，加快智能制造的步伐，并将其作为建设具有国际竞争力的先进制造集群的重要起点，有效聚集了大量的生产要素、先进技术和人才。在江苏省主要产业区块状发展趋向中，以智能装备制造为核心的园区有 79 个。其中，南京市以智能装备制造为主导产业的产业园区有 15 个，是江苏省拥有智能装备产业园

区最多的城市；其次是苏州，拥有 12 个智能装备类产业园区；第三是无锡，拥有 10 个智能装备类产业园区。除了高新技术产业占优势的苏南主要城市，江苏省其他城市也都有至少 1 个智能装备类产业园区。截至 2019 年底，江苏省在智能制造领域拥有 8 个国家级高新区，约占全省国家级高新区总数的 1/3，其中武进高新区和苏州工业园区是 2017 年中国十大智能制造园区。江苏省拥有 40 多个具有装备行业特色的工业园区，其中有 9 个工业园区被评为国家新型工业化示范基地，有 33 个被认定为省级装备制造业特色和示范工业基地①。扬州高新区数控设备产业园目前拥有 30 家数控成型机规模的工业企业，已获批成为国家火炬计划产业基地、新型工业化示范基地、江苏省高端装备制造示范基地、数控设备特色产业园。常州有 2 个国家级智能制造高新区，即常州国家高新区和武进国家高新区。2012 年，昆山机器人产业基地被国家科技部火炬中心"火炬计划"评为江苏机器人特色产业基地和江苏机器人科技产业园，吸引了新时达电气、永年激光、艾博、徕卡、穿山甲等国内外机器人领域的高端企业，在工业机器人和智能机器人领域都形成了比较完善的集群。在徐工集团四大智能制造基地中，自动化装备、机器人、系统集成等智能装备占 70% 以上②。

表 2.17 江苏省智能装备产业发展主要区块

区块 城市	重点产业区块	重点发展方向
南京	南京江北新区智能制造产业园	高端智能制造装备、医疗器械、金融机具
无锡	无锡奥特维智能装备产业园	智能装备
徐州	淮海文化科技产业园	智能装备、自动化设备
常州	中关村创智园	机器人、自动化设备、智能装备
苏州	天翔智能产业园	医疗器械、机器人、系统集成
南通	江海智汇园	智能装备

① 祝蕾. 基于产业集群理论的济南高新区智能电网装备产业发展研究 [D]. 山东：山东大学，2015.

② 张巍巍，王有志，徐平平. 江苏智能制造产业发展步入快车道 [J]. 群众，2018（4）：41–42.

（续表）

区块\城市	重点产业区块	重点发展方向
连云港	高新区智能制造产业园	智能装备、机器人
淮安	智能制造产业园	智能终端产品、高端装备制造
盐城	盐城数字智能产业园	可穿戴设备、无人机、机器人
扬州	迪信通智能制造产业园	工业及服务机器人、智能穿戴设备、智能家电
镇江	扬中市新坝科技园区	智能电气装备
泰州	泰州智能制造科创园	智能装备、机器人
宿迁	京东（宿迁）物联网智能制造产业园	智能硬件制造、物联网智慧家

资料来源：根据江苏省科技厅特色产业基地公开信息整理。

（2）江苏省各市逐渐形成特色产业集群，整体发展态势良好

江苏省积极推进全省范围内集聚资源要素的智能制造产业集群建设，全面构建产业链合作配套体系，为全省各城市提供区域智能制造服务，促进各市差异化发展。当下南京已经加快了先进技术和设备的发展，如高质量的数控机床和材料生产；常州则致力于开发牵引系统、1000伏高压变压器和专用于高速列车的高性能制动盘；苏州市重点发展精密重型数控机床生产、机器人系统设计与生产、附加材料生产等设备。南京和苏州的工业机器人、3D打印机，扬州的数控成型机，常州的智能制造设施等产业已经形成了良好的融合发展态势。

2.江苏省智能装备产业集群空间布局特点

（1）从发展时序来看产业集群布局

将江苏省智能装备产业集群的发展划分为 2005 年以前、2005—2010 年、2010—2015 年、2015 年至今 4 个时间区间。江苏省智能装备产业集群在不同时间区间的空间布局如下：2005 年以前，江苏省智能装备企业空间分布较为分散，较多企业集中在苏南地区的南京、苏州、无锡等城市；2005—2010年，以南京市和苏州市为重点开始聚集众多智能装备企业，同时苏北城市如盐城、徐州等也零星增加；2010—2015 年，形势更加明朗，以南京和苏州为核心的智能装备产业集群基本显现，同时呈辐射状向周边的无锡、镇江等城

市扩散，江苏省偏北城市由于地理位置的约束，智能装备企业数量并未随苏南城市产业的发展而增加，依然处于小幅度增加的状态；从 2015 年至今，由于政策支持，江苏省智能装备产业整体得到提升，不仅苏南形成了智能装备特色产业集群，苏北城市的企业数量也大幅上升。智能装备产业属于高新科技产业，以创新驱动为核心，一开始发展时就在江苏省省会、东部地区中心城市南京市和国家高新技术产业基地苏州市快速建立，并且在政府政策支持和引导下，在具有一定制造业基础的徐州、盐城、淮安等城市逐步发展。

（2）从空间集聚来看产业集群布局

从江苏省智能装备企业的数量来看，产业集群主要以南京市、苏州市和无锡市为核心发展区块。在江苏省智能装备的企业中，南京市企业数量最多，达 7225 家，其次是苏州市的 4487 家和无锡市的 1788 家，江苏省企业数量排名前 3 的地区聚集了全省 50% 以上的智能装备企业。从各市智能装备产业空间集聚的角度来看，南京市企业密度最高，为 1.1 家 / 平方千米；第二是苏州市，为 0.53 家 / 平方千米；第三是无锡市，为 0.39 家 / 平方千米；盐城市与徐州市由于地理面积相对过大，企业密集度仅为 0.04 家 / 平方千米和 0.1 家 / 平方千米（表 2.18）。

总体看来，江苏省智能装备产业集群空间分布并不均衡，13 个城市的企业数量较多，但目前能够形成产业集群优势的只有苏南部分城市，但并不能以点带面带动整省的智能装备产业发展。江苏省各个城市在智能装备产业上也没有特别明显的短板，虽然与省内头部城市相比，部分城市智能装备产业处于劣势，但发展空间较大。

表 2.18　2019 年江苏省智能装备企业密度排名表

城市	企业数量（家）	地区面积（平方千米）	企业密度（家 / 平方千米）	企业密度排名
南京	7225	6587	1.1	1
苏州	4487	8488	0.53	2
无锡	1788	4628	0.39	3

（续表）

城市	企业数量（家）	地区面积（平方千米）	企业密度 （家／平方千米）	企业密度排名
常州	955	4385	0.22	4
镇江	563	3843	0.15	5
南通	1141	8544	0.13	6
徐州	1166	11258	0.1	7
泰州	598	5787	0.1	8
扬州	661	6597	0.1	9
连云港	485	7614	0.06	10
宿迁	460	8555	0.05	11
淮安	498	10072	0.05	12
盐城	726	16972	0.04	13

资料来源：企业数量来自江苏省工商局公开信息，地区面积来自 2019 年国家统计局数据。

（3）从产业链分布来看产业集群布局

从参与江苏省各类企业生产活动的产业链环节可以看出，产业链可分为四个产业环节：研发、设备零部件生产、装备制造、系统集成与技术支持（表2.19）。江苏省参与智能装备研发活动的企业有 3386 家，占全省智能装备企业总数的 16.32%；零部件生产企业有 4028 家，占全省智能装备企业总数的 19.41%；专门从事智能装备制造的企业有 3990 家，占全省智能装备制造企业总数的 19.22%；从事系统集成与技术支持服务的企业有 4007 家，占全省智能装备企业总数的 19.30%。一般来说，江苏省的智能装备产业主要集中在南京和苏州，从事零部件制造的企业很多，从事智能装备研发的企业数量相对较少，南京仍然是拥有此类企业数量最多的城市。从地理位置看，江苏省智能装备产业的创新研发并未以制造企业为中心，且研发的智能程度不高，城市之间的产业链分割与合作效率低下，产业集群的协同效应较弱。

表 2.19 2019 年江苏省智能装备产业环节企业排名表

城市	研发（家）	排名	零部件生产（家）	排名	装备制造（家）	排名	系统集成与技术支持服务（家）	排名
南京	536	1	901	1	1167	1	723	1
无锡	318	3	413	3	331	3	569	2
苏州	495	2	606	2	471	2	477	3
徐州	254	5	253	6	238	6	383	4
常州	183	11	216	7	194	8	291	5
南通	263	4	282	4	176	11	256	6
扬州	219	6	157	13	205	5	205	7
盐城	213	8	210	9	149	13	204	8
淮安	206	9	170	11	154	12	201	9
连云港	213	7	167	12	209	7	188	10
宿迁	202	10	258	5	193	9	184	11
泰州	136	13	216	8	316	4	183	12

3. 江苏省智能装备产业集群发展中存在的问题

（1）头部城市带动作用不强，苏南苏北进度不平衡

江苏省各市智能装备企业虽然众多，但真正形成产业集群的只有南京、苏州等苏南部分城市，而智能装备产业的头部城市如南京、苏州、无锡等对周边城市的相关企业带动能力不强，聚集周边城市的动力不够。头部城市智能装备企业分布较为集中，一般能够构建从产业研发、零部件的生产、装备制造到系统集成、技术支撑的一条完整产业链，而苏北城市由于距离导致的高运输成本而使产业链参与难度很大；加之全省大量企业都集聚在单纯的系统集成与技术支持层面，导致该层面的竞争极其激烈，很容易引起全省范围内的价格竞争。相较于苏南的成熟企业，苏北新生智能装备企业大多数为小微企业，经营较为艰难，而且整个苏北地区的协同配套率很低，缺乏苏南头

部城市的带动和提升。

（2）各市产业链布局分散，分工协作程度低

目前，江苏省没有一个高水平的智能制造设备产业集群，即使南京产业链相对完整，部分企业之间也只是简单的地理空间集聚，产业间和产业链上游和下游企业之间实际上很少有相对较近的关系，企业整体协调能力没有得到足够的重视，企业间也没有形成良好的、有效的合作。从全省智能装备企业布局来看，各城市重点发展智能装备零部件。智能装备的研发水平参差不齐，很难形成空间产业链的组织和协调，不能充分发挥产业集群应有的竞争优势。

（3）缺少技术创新，专业人才较少

目前，江苏省制造智能装备产品零部件的企业很多，但产业链不完整，本应属于产业集群的技术创新优势尚未形成。在企业规模方面，除苏南部分地区外，其余地区的企业以中小企业为主，在技术和科研方面与省外其他地区相比没有优势。江苏省大多数智能装备企业仍处于仿制和开发阶段，主要仿制应用已有的智能制造技术，突出的创新产品较少，并且没有突出的核心产业，并未形成特色鲜明的自主品牌产品，主要零部件的生产技术也远落后于发达国家，核心部件仍需国外提供。所有问题的关键在于创新机制还不完善。目前，智能装备产业的发展重点应当是引进先进创新技术。智能装备制造业员工的技术水平要求较高，虽然江苏省有诸多高校，但高素质的专业技术人才仍然短缺。

四、优化江苏省智能装备产业集群发展的建议

1. 构建本省各城市智能装备产业分工体系

以城市智能装备创新园区建设为背景，加快构建信息、技术链、人力资源互联的创新网络，促进产业分工，加强错位演化。由于江苏省智能装备产业发展的非均衡性特征比较明显，可以将重点放在研发资本的"集群效应"上，同时在整个江苏省创新区域内，加强核心城市和边缘城市之间的互动，

如加强相关研发分工、开展相关专利合作、扩大邻近效应溢出。以区域创新平台为载体，在合作中促进技术提升和社会邻近效应。同时，对属于苏南城市范围的创新区域，由核心城市南京和苏州为主导，建立和加强各区域和行业协会创新合作交流机制，并加强智能装备行业技术辐射范围，发挥带动功能，增强创新园区在各节点城市之间发展的并行溢出，促进创新空间有机整合。此外，通过构建高速稳定的区域交通网络和信息网络，开展超越区域边界的联合创新活动，不断降低技术交易成本和智力密集型服务的创新成本，实现核心创新。进一步扩大辐射强度，为城市智能装备产业的发展及周边城市的智能装备产业提供研发服务，以点带面，让智能装备产业龙头城市带动周边城市的发展水平。

2. 完善老牌制造业与研发产业的关联机制

完善江苏省老牌制造业与智能装备的关联机制，以开发服务为引擎，创造集群式创新网络效应。即培育智能装备产业的支撑服务产业，发挥"润滑剂"作用，搭建创新中介桥梁，推动老品牌制造业向智能装备产业转型升级和溢出。一是发挥创新的时间空间作用，推动老牌制造企业、高校、科研院所之间有效知识的开发与对接，完成创新型科研积累。二是通过全面统筹金融、税收等工具，引导研发中介机构走向市场化、专业化，并孵化智能装备公司、成果交易、金融支持等研发需求，同时不断开发创新质量高、结果转化能力高的智能装备。

3. 创新平台和引进人才，注重产业创新能力

依靠一流研究机构或企业的研发能力、雄厚的技术辐射和高校较强的学术能力，建立创新实验室和科研机构，这是搭建智能装备产业重点领域的关键。江苏省可以通过发展竞争技术和共同合作技术来促进智能装备的研究和发展。通过资本运营募集资金来建立一个公共技术研发平台，鼓励突破智能装备核心技术的创新、核心零部件的研发，改进工艺和系统集成水平，加快产业转换的过程。改善创新服务水平，通过共同的创新平台参与创新活动，有效保证和促进创新绩效，加快构建公共技术服务平台、人力资源平台、金融平台、业务平台、创业孵化平台、知识产权体系等。根据产业发展趋势，加大对金融科技高端专业人员的财政支持，积极引进国外智能装备专业人员和研发团队，建立高水平的创新团队。同时，政府应组建一支面向高端技术人才的专业队伍，促进专业人才的技术实现和产业化。鼓励智能装备企业、高校和科研机构共同建设人才基地，鼓励本省直属智能装备企业建立创新实践基地。鼓励企业员工开展产业国际交流，并按照规定提供资金和补贴。加强职业教育和职业培训，研究生产培训的方向理论，并将结果应用于生产实践。

第三章　人工智能对制造业就业的影响

第一节　人工智能对就业影响的研究进展及趋势

与之前的技术发展和进步不一样的是，人工智能具有使能技术和通用技术这两大特点，对就业的重要性和影响更为深远，其重要作用之一是调整和改变人类劳动力的就业结构，填补人类社会中劳动者不能或不愿意从事的工作，创造新的技术和产业发展模式，为全社会创造新的劳动力就业机会。在工业智能化时代，人工智能技术和产品在整个世界工业领域不断取得新的突破，同时，对于就业的重要性和影响日益显著，并进一步引发国内外专家学者的高度关注。依据世界银行发布的《2019 年世界发展报告》，机器人技术引发的失业问题给当代人们的生存及生活带来了极大恐慌，尤其是在工业领域，在刚刚过去的 20 年里，一些高收入和发达经济体的主要工业部门就业率迅速下降是不可逆转的。

虽然目前人工智能已经成为国内外许多领域学者的重要研究方向，但有关人工智能对就业影响的文献还较为缺乏，现有研究中存在着理论与结果不一致，或者难以充分揭示人工智能如何影响人类就业基本机理和改变就业路径可能性的问题。

本章通过整理国内外学者的研究成果，厘清人工智能与就业关系的演变过程，运用文献计量分析法与可视化知识图谱分析法，梳理国内外关于人工智能对就业影响的研究进展，总结学术界对人工智能影响就业的研究的不足，指出未来人工智能对就业影响的研究趋势。

一、数据来源与研究方法

有关人工智能对就业影响的研究文献主要来源于两个方面。一是选用具有权威性的 WOS（Web of Science）核心合集的 SCI 数据库中的文献。在网站上设置主题词为 "artificial intelligence" "AI" "employment" "get a job" "gain work"，时间范围选择 2014—2020 年，共有 342 篇文献检索结果。二是选取 CNKI 数据库且来源于核心期刊和 CSSCI 的文献。将主题词设置为 "人工智能" 和 "就业"，时间范围选择 2014—2020 年，剔除一些与研究不符的文章，最后得到了符合条件的 100 篇文献。

本章主要应用陈超美等人研发的一款文献分析软件——CiteSpace，其主要用于对机构、作者、关键词之间的共现、突现、聚类等生成可视化的知识图谱来研究相关文献信息，该软件基于 JAVA 应用程序的设计语言来编写，被广泛应用于分析某一方面的研究进展、现状及趋势。本章还应用 HistCite 软件对国际人工智能影响就业的研究文献进行引证关联。因知识图谱分析在细节内容方面可能有不足之处，所以需要另外从检索的结果中深入阅读其他典型文献，以此深入了解人工智能对就业影响的研究进展。

二、技术进步与就业关系的历史演变

通用技术是能够不断地产生后续发明并影响产业发展的必要条件，人工智能技术革命之前的几次工业革命都是被不同的通用技术所主导。本文依据杜传忠等学者关于几次工业革命对就业结构影响的研究，将工业革命对就业的影响分为三个发展阶段：第一个阶段是工业革命利用生产方式对技术进行

变革，从而导致就业结构发生变化；第二个阶段是工业革命利用经济的发展
对产业结构进行变革，从而导致就业结构发生变化；第三个阶段是工业革命
利用经济形态的转型从而导致就业结构发生变化[1]。之前几次技术进步对就业
的影响方面存在相同的地方，但也具有一些阶段性特征。在第一次工业革命
中，新技术领域是由蒸汽机占主导地位的机械类制造技术所影响的，包含了
传统手工业和现代农业。工业革命后，从事这类工作岗位的劳动力群体被机
器大量代替，造成现有的产业结构向机械化工厂结构的方向转型，从而导致
就业结构的变化。在第二次工业革命中，一种以内燃机、电动机为代表的创
新型技术横空出世，新工业机器的出现使得这一领域内的工作岗位被大量替
代。与此同时出现了汽车等许多新型交通工具，新型交通工具的出现使该类
型企业增加了对这方面技术型人才的需求[2]。在第三次工业革命中，出现了一
种基于互联网技术的创新型技术，因此各行业各领域的发展加快了步伐，且
各行各业更加重视劳动力能力水平的高低，造成劳动力从低技能岗位向中高
技能岗位转移。而第四次工业革命是以人工智能为代表的一种通用技术，人
工智能是在以往三次技术进步的基础上不断突破创新而形成的，因而它与之
前的技术进步都有很大关联。相较于之前三次工业革命中作为代表的通用技
术，人工智能对就业所产生的影响有其独特性[3]。因为人工智能有很多基本特
征，如深度学习、重复逻辑等，所以随着人工智能的快速发展和应用，将会
慢慢替代一些数据分析要求高的、逻辑性强的工作岗位。

---

[1] 杜传忠，许冰 . 第四次工业革命对就业结构的影响及中国的对策 [J]. 社会科学战线，2018（2）：68-74.

[2] 吕荣杰，郝力晓 . 人工智能等技术对劳动力市场的影响效应研究 [J]. 工业技术经济，2018（12）：131-137.

[3] 王春超，丁琪芯 . 智能机器人与劳动力市场研究新进展 [J]. 经济社会体制比较，2019（2）：178-188.

表 3.1 四次工业革命通用技术比较表

工业革命 不同点	第一次	第二次	第三次	第四次
通用技术	蒸汽机	内燃机、电动机	计算机、互联网	人工智能
国家	英国	美国、德国	美国	美国、中国、德国等
特征	生产机械化	生产规模化、集中化	生产自动化、精细化	生产和服务智能化
就业影响	体力劳动者被机器大量替代	劳动力需求呈上升趋势	体力劳动者的替代效应更为显著	人类的工作内容朝着"人机协同"的方向趋近

三、国际人工智能对就业影响的研究进展

1. 基本情况统计

（1）发文量随年代分布

图 3.1 显示了人工智能对就业影响的研究性文献在 SCI 数据库中历年发文量情况，从中可以看出文献数量呈上升趋势。（2020 年的数据还没有统计完全，据不完全统计应该也是呈上升趋势）

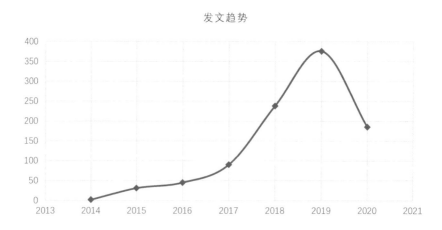

图 3.1 2014—2020 年 SCI 数据库中人工智能对就业影响的研究文献年度发文趋势图

（2）机构与国家分布状况

依据 SCI 数据库中 342 条文献，可以将各国和区域机构发表对应论文的相关研究成果通过 CiteSpace 软件以知识图谱的方法呈现出来。通过 CiteSpace 软件得到了有关人工智能对就业影响的研究机构与国家的知识图谱。从中可以发现，研究人工智能对就业影响的国家和机构呈分散分布，但是通过节点与节点之间的连线发现，不同国家、机构之间是存在合作关系的。美国在发表论文的数量上名列前茅，且美国、中国和英国这三个国家的中心性是名列前茅的，由此表明美国、中国、英国三个国家在人工智能对就业影响的研究方面与其他国家地区都有不同程度的学术合作交流，在该领域占据主导地位。

2. 关键词分析

（1）关键词共现分析

关键词的出现频次有助于发现该领域的研究热点。中心性表示该关键词在该研究领域中所承担的中介作用，一般情况下，中心性大于 0.1 即为较强。为了深入探索国际人工智能对就业影响的研究进展，本章利用 CiteSpace 软件对关键词进行共现分析。表 3.2 列举了排在前 10 名的高频关键词。

表 3.2　2014—2020 年人工智能对就业影响研究的高频关键词 TOP10

序号	频次	关键词	中心性
1	53	artificial intelligence（人工智能）	0.29
2	22	machine learning（机器学习）	0.09
3	18	deep learning（深度学习）	0.10
4	18	system（系统）	0.24
5	14	neural network（神经网络）	0.13
6	14	model（模型）	0.12
7	13	algorithm（算法）	0.11
8	12	classification（分类）	0.07
9	10	artifical neural network（人工神经网络）	0.10
10	9	big data（大数据）	0.04

还可以借助 CiteSpace 软件中突发性词频检测功能来探索该领域研究的突变点及发展历程。突发性词频检测可以显示某一时间段突然兴起的关键词和热点，还表明突发性关键词的起始时间和结束时间，由此得到按照时间排序的突发性关键词时序。通过观察高频关键词及阅读相关文章可以发现，国际上关于人工智能对就业影响的研究在 2014 年之前主要体现在中观和宏观两个方面，并且重点研究的是计算机为首的信息技术进步对劳动力就业的影响；2014 年之后，主要研究方向是以人工智能为首的技术进步对劳动力就业的影响。

（2）文献引证关系分析

将 SCI 数据库中 342 篇文献数据导入 HistCite 软件，通过调整本地引用次数（LCS）的参数为 50，即得到有关人工智能对就业影响的文献引证关系。LCS 的值越高表明该文献在本地被引用次数越高，在正常情况下，为该研究领域内的典型性代表文献，有时也可为该领域内的综述类代表文献。经过对国际文献引证关系和突发性关键词的分析发现，国际上有关该方面研究的文献较少，文献引证中连线较少，突发性关键词也较少。如何将已有的人工智能技术运用到对就业影响的研究中去、如何将人工智能与对就业影响的研究相结合，可能会成为未来相关研究技术发展的重要方向。

通过对这些文献的整理和总结，可以发现，目前学者关于人工智能对中低层就业与劳动力的直接影响进行了一系列研究。有学者通过结合在不同工作任务场景中的人工智能的任务清单，来分析各个任务岗位所需要具备的技能，结果表明发达国家中可能会有将近 12% 的工作岗位被计算机所替代[1]。另有学者研究了 ALM 模型，利用定量分析的方法，对美国职业技术协会信息中心网站上的职业信息中人工智能对美国部分地区就业和工作岗位之间的关系进行研究，结果表明，未来美国可能会有近一半的工作岗位被人工智能所

---

[1] Arntz M，Gregory T，Zierahn U. The risk of automation for jobs in OECD countries[J]. OECD social employment & migration working papers，2016，5（7）：11–19.

替代①。由此可以得到一个结论，以人工智能为代表的技术进步会对市场岗位的需求及就业岗位产生相当大的影响。

四、国内人工智能对就业影响的研究进展

1. 基本情况统计

（1）发文量随年代分布

通过中国知网的文献搜索功能，得到有关人工智能对就业影响的研究性文章随时间变化的情况。发文量总体呈上升趋势，人工智能对就业的影响逐渐引起研究者关注，但是总体上文献量比国外要少。

（2）机构及作者合作分析

在 CiteSpace 软件中将节点类型选择为"机构"，运行该软件，得到节点数 89 和连接数 35 及密度为 0.0089 的机构共现网络知识图谱。中国人民大学劳动人事学院、中国社会科学院工业经济研究所、武汉大学经济与管理学院这 3 个机构的数字较大，说明这 3 个机构在人工智能对就业影响的研究中所发表的论文数量排在前列，在国内相关领域处于领先位置。再者，机构之间的空隙较大，说明各机构之间的合作较少，联系不够密切。

在 CiteSpace 软件中将节点类型选择为"作者"，运行该软件得到节点数为 95 和连接数为 35 及密度为 0.0078 的作者共现网络知识图谱。文章最多的学者为吴清军、杨伟国，彭欢、程承坪、王君、张于喆等人位列其后。作者的合作普遍较少，单独的学者较多，体现学者在人工智能对就业的影响研究方面缺乏沟通协作，学者之间的学术交流与合作有待加强。

2. 研究文献关键词分析

关键词不仅是对文章的主题进行概括，而且从关键词的共现、聚类等可以看出该领域的研究进展及热点。本书主要从共现和聚类方面分析人工智能对就业影响的研究进展。

---

① Frey C B，Osnorne M A. The future of employment：How susceptible are jobs to computerisation？[J]. Technological forecasting & social change，2013，3（12）：114–118.

（1）关键词共现分析

运行 CiteSpace 软件，设置节点为"关键词"，得到节点数为 157、连接数为 235 和密度为 0.0192 的关键词共现图谱。在正常情况下，如果关键词的中心性大于 0.1，说明该关键词比较重要。中心性大于 0.1 的关键词被包含在关键词频次的前 20 里，如表 3.3 所示。由表 3.3 可以看出，中心性高于 0.1 的几个关键词分别为人工智能、就业、技术进步、就业结构、人工智能技术、失业、劳动力结构，这些关键词与人工智能对就业的影响之间联系紧密，是该领域研究进展的主要方面。同时，这些关键词都出现在该研究领域的早期，通过这些关键词所出现的频次及其中心性，可以判定这 7 个关键词是人工智能对就业影响的基本研究领域。

表 3.3　人工智能对就业影响的研究高频关键词及其中心性列表

序号	频次	关键词	中心性
1	71	人工智能	0.52
2	24	就业	0.41
3	10	技术进步	0.31
4	6	就业结构	0.13
5	4	人工智能技术	0.12
6	4	机器人	0.05
7	4	劳动力市场	0.06
8	4	劳动力	0.02
9	3	收入分配	0.05
10	3	失业	0.11
11	2	劳动过程	0.06
12	2	经济增长	0.02
13	2	劳动力结构	0.15
14	2	"机器换人"	0.03
15	2	职业教育	0.03
16	2	产业结构	0.04
17	2	新科技革命	0.10

（续表）

序号	频次	关键词	中心性
18	2	智能机器人	0.00
19	2	制造业	0.01
20	2	劳动就业	0.04

（2）关键词聚类分析

在关键词共现知识图谱的基础上选择算法 LLR 并加以聚类，得到的新知识图谱即为该关键词的聚类图谱。按照同质性标准对图谱中的 9 个聚类进行分类整理，最终得到表 3.4 中的结果。

表 3.4　人工智能对就业影响的研究热点词聚类统计表

聚类编号	聚类名称	Silhouette	子聚类名
#0	创造效应	0.9	高等教育、工资水平等
#1	就业	0.915	经济增长、技术霸权等
#2	技术进步	0.78	制造业、就业效应等
#3	马克思主义政治经济学	0.96	工业社会、农业社会等
#4	人工智能技术	0.98	状态空间模型、技能型劳动力等
#5	生产方式	0.972	技术创新、就业结构等
#6	数字技术	0.965	产业发展、劳动就业等
#7	人工智能应用	0.981	再技能化、技能需求等
#8	失业	0.965	替代效应、第四次工业革命等

通过对表 3.4 的内容进行分析可以发现，各聚类研究内容存在相互交叉现象。下面主要分析人工智能对就业影响的四种表现。

虽然技术进步能够在本质上直接提高资本主义制度下经济方面的效率，但自从第一次工业革命以来，失业问题一直都存在。但事实上，在人类工业化的历史中并没有太多工人失业，这主要是由于经济周期。技术进步从未直接导致全球经济大萧条和人类大规模的长期持续失业，被技术代替的劳动力总是可以快速找到新工作。和之前的技术进步一样，人工智能也会对就业岗位产生影响，但与之前的技术进步不一样，它不仅仅会替代工人的某些工作岗位，也会增加一些劳动岗位，为就业者创造更多的机会，更重要的是可能还会改变市场上的分工结构（表3.5）。

表3.5 人工智能对就业岗位的影响

影响	影响效果	主要受影响的就业岗位
替代效应	减少工作岗位	简单但需要重复的脑力方面的就业岗位 复杂但需要重复的脑力方面的就业岗位 脑力劳动与体力劳动相结合的就业岗位
填补效应	增加工作岗位	用脑强度大的就业岗位 超出人类极限的就业岗位 不适应人类工作环境的就业岗位
创造效应	增加工作岗位	智能研设的就业岗位 智能制造的就业岗位 智能应用的就业岗位
结构效应	改变分工结构	知识水平低和技能水平低的就业岗位

经济、人文和管理等领域的学者，以及相关机构和媒体都深入研究了产业和技术上的某些关键环节可以利用人工智能来代替。哲学家将人工智能分为两类：弱人工智能和强人工智能。这两类人工智能所替代的岗位也有所不同：第一个是简单但重复的脑力劳动岗位。这一类岗位弱人工智能和其他一般的技术都可以应对，人们也习惯了用工业机器人来从事这类工作。第二个是复杂但重复的脑力劳动岗位。在智能机器人深度学习的广泛应用和传感器的使用方面，人工智能能够发现并处理一些复杂的技术问题。虽然目前人工智能在一些技术领域还处于探索研究的初级阶段，但其发展速度非常快。相关专家分析，在未来的5—10年，技术和脑力相结合的模式将会有重大突破，甚至可能会慢慢取代一些专业技术的就业岗位。第三种是脑力劳动与体力劳动相结合的岗位。因为人工智能的应用，机器能够轻松胜任各种复杂的脑力与体力相结合的岗位。

虽然人工智能有时被认为是人类就业的障碍，但其实人工智能填补了很多脑力劳动密集型岗位的空缺，从而保证了整个劳动力要素市场的完整。人工智能在多个领域得到应用，促进企业飞速发展，市场需求也因此增加，从而为人类创造了更多的就业岗位。

在表 3.5 显示的人工智能对就业岗位的影响中，只有替代效应减少了工作岗位。到目前为止，虽然没有机构对人工智能减少了多少就业岗位进行统计，但已有相关的数据和研究报告显示，人们对人工智能对就业的影响持乐观态度。比如，高德纳的观点是，截至 2019 年人工智能会造成更多的工人失去工作，但之后将会发生转变，人工智能所创造的就业机会将会远远多于它所造成的失业机会。从就业机会的总量上看，人工智能没有直接减少人们的就业岗位，所以我们所要关注的是人工智能对就业结构方面的影响。与此同时，人工智能带来的机遇往往不会遍及全球，也不会涉及每一个劳动者，更不会促进所有新兴产业的发展和提升竞争力。

五、研究现状

目前，人工智能发展尤为迅速，特别是在制造业领域，大大提高了其生产效率。但是，服装业等其他领域尽管使用了人工智能，但与想象中的状态仍有较大差距，这是因为目前的人工智能技术还没有取得较大突破，仍是自动化的技术。因此，国内外各领域学者大多会继续使用古典经济学原理来分析人工智能对就业的影响，但此方法很难取得进展。因为人工智能没有取得较大的突破，所以需要一个多学科的研究团队来对此进行跨学科的研究分析。在之前几次技术进步对就业影响的研究中，许多国外学者通过构建经济模型来解释技术进步或自动化技术发展对就业的积极和消极影响，国内学者则是通过收集数据来进行理论和实证分析。因为研究者大多是经济学家，所以采用的基本上都是经济学和管理学方面的原理。而在未来的研究中，因人类不得不面对智能机器人所带来的一系列问题，如社会价值观、道德观及遵守法律法规和人机协调一致等，所以不仅需要管理学和经济学两门学科基础，还需要哲学、法学、心理学等其他学科的参与，以及相关人员之间的合作。

从目前的研究结果可以看出，国内外通过现有的研究方法已经取得了一些成果，可以为未来所需的研究理论和方法提供借鉴。但在跨学科的整合、发展研究，以及将宏观的劳动力市场与微观的企业整合在一个框架内进行分析研究，是有所欠缺的。

第一，人工智能与就业之间的关系有待明确。人工智能代表新一代的技术进步，正在快速发展。较早对技术进步与就业之间的关系进行研究的是西方学者，他们从经济学的角度研究两者之间的关系，并且已经形成成熟的理论模型。但是人工智能与就业之间的关系出现了新变化，不同行业、地区之间的就业结构已经呈现较大变动。而国内大部分学者都是依据国外的一些理论模型来分析以人工智能为代表的技术进步对就业的影响。尽管国外的理论模型对中国研究人工智能与就业的关系方面有很大的借鉴作用，但是该类理论模型不能与中国的市场规律保持一致，所以在当今经济发展的新常态背景下，中国需要构建相关的理论模型来研究人工智能与就业之间的关系。

第二，中国迫切需要构建相关理论模型来解释新出现的现象。

以人工智能为代表的技术进步与之前的几次技术进步存在本质上的区别：一是劳动力市场的结构已经发生变化，尤其是中国，不仅实现了经济上的高质量发展，而且促进了产业上的转型升级；二是劳动力的工作形式、方式和过程都发生了变化，在工作场所中存在各种各样的工作模式，如机器人工作模式、人机合作工作模式；三是劳动力的结构发生了不同程度的变化，许多体力劳动和脑力劳动的工作岗位逐步被人工智能所替代，目前在社会上智商高、创新能力强和有大量技能的劳动力的比例正在逐渐增加。因上述原因，所以之前的理论模型很难解释为什么会出现人工智能这一新技术的现象，也缺乏对人工智能出现后的影响的分析，所以需要构建新的理论模型来对人工智能冲击就业岗位这一新现象进行解释。

第三，要从微观层面建立有关人工智能对就业影响的机制框架。目前，国内外学者主要从宏观层面对人工智能对就业影响的机制框架进行了研究，尤其是在创造效应和替代效应两个方面。但是，关于人工智能对就业产生积极影响还是消极影响，存在不一致性。这说明从宏观层面上分析人工智能对就业的影响是没有可信度的，主要原因是缺乏关于以人工智能为代表的新技术对特定地区的就业情况的认知。相较于之前的技术进步，人工智能对就业的影响是复杂的，涉及的领域也比较广，换个角度看，人工智能的发展情况和应用情况在不同行业或地区都是不同的，所以对就业的影响也存在不同程度上的差异。为了使人工智能对就业影响的结论更具有说服力，需要从微观层面上建立有关人工智能对就业影响的机制框架。

六、研究趋势

虽然当今社会还处于人工智能的薄弱阶段，但技术的快速发展必然会促进经济的快速发展，同时也会带来一些消极影响，如就业两极化、收入不平等，国外学者都十分关注这些影响。国内学者在人工智能对就业影响的研究中，更注重人工智能对就业岗位数量及产业结构的影响，多关注以人工智能为代表的技术进步所带来的创造效应和替代效应，而且部分学者在就业岗位数量的增减程度上所得出的结果是不一致的。

结合国内外学者的相关研究，关于人工智能影响就业的研究趋势如下：

第一，人工智能对就业岗位数量的影响仍是国内外学者的研究方向。目前，学者分析人工智能对就业岗位增减所造成的影响主要集中于产业结构中的产业生产率，也有部分学者依据马克思主义理论对人工智能为代表的技术进步对就业的双重效应进行了分析。在这一方面，学者们得到的结论是一致的，即人工智能对就业产生的替代效应更容易在短时间之内体现出来，而对就业产生的创造效应则需要较长时间才能体现出来[1]。所以，为了更深入研究人工智能对就业的有关影响，就要对不同地区、行业、产业及职业进行划分。

第二，在就业两极化方面，越来越多的学者关注技能及工资结构两方面。在目前人工智能的大背景下，技能结构的变化主要体现在中等技能岗位逐渐被智能化机器人所替代，一部分人技术性失业，形成大多数该岗位

---

[1] 王君，杨威. 人工智能等技术对就业影响的历史分析和前沿进展 [J]. 经济研究参考，2017（7）：11–25.

的人向低技能岗位移动、少部分该岗位的人向高技能岗位移动，造成技能结构的两极化。因中等技能岗位逐渐被替代，从而中等收入群体减少、高收入群体和低收入群体增多，导致工资结构的两极分化①。

第三，对于人工智能对就业影响的规律，很多学者用多学科领域的理论模型进行了概括。人工智能与之前的几次技术进步一样，都对产业的生产效率和行业的经营效率有很大的推动作用，因而可以促进经济的快速增长，同时体现出人工智能与就业之间的发展规律。人工智能还可以用于其他的行业，如服务业。尽管现在人工智能在有些行业的应用还没有较大的优势，甚至还存在许多不足，但是相信在不久的将来，强人工智能时期的人工智能将会取得重大突破。

第四，目前学术界对人工智能的研究主要涉及商业、经济、信息技术等领域，而关于人工智能对就业影响的研究主要表现在跨学科领域。我国在人工智能的应用产业方面有很大潜力，在国际上产生的影响巨大。人工智能的应用产业主要包括制造业、金融、医疗、物流及信息产业等，这些产业中的大多数工作都会应用人工智能，不再需要人工的参与。学者们借助人工智能的不断发展与应用，分析其对当今社会的影响，明确了技术发展带来的机遇与挑战。这不仅有助于各国、各专业学者之间的交流与合作，而且为未来的共同探索创造了条件②。

国内关于人工智能对就业影响的研究起步晚，还没有形成一个比较稳定的研究体系。虽然我国人工智能的发展已经有了一定影响力，但在从弱人工智能向强人工智能过渡的这段时间内，国内学者仍需明确人工智能与就业的关系，以及人工智能对就业结构和市场结构所带来的影响。随着技能结构极化和工资结构极化，国内学者开始关注就业两极化所造成的影响，并根据国家的发展现状提供相对应的建议，使政府可以制定相应的政策来保护工人的合法权益。

---

① 潘文轩. 人工智能技术发展对就业的多重影响及应对措施 [J]. 湖湘论坛，2018（4）：145–153.
② 王君，张于喆，张义博，等. 人工智能等新技术进步影响就业的机理与对策 [J]. 宏观经济研究，2017（10）：169–181.

第二节　人工智能对就业影响的理论分析

一、理论基础

研究人工智能对就业影响的理论基础如表 3.6 所示。

表 3.6　研究人工智能对就业影响的相关经济理论

序号	理论类别	主要内容	具体理论	提出学者
1	经济增长理论	技术进步促进就业，主要源于生产力的提高带动劳动力的需求增加	外生增长模型 内生增长模型 内生化技术的增长模型	阿吉翁等，1998；罗默，1986、1990
2	创新和经济周期理论	技术创新会加速经济增长，新旧技术的交替会带来周期性失业危机	创新理论 经济周期理论	熊彼特，1912
3	技术创新经济学派理论	技术创新影响技术、制度和管理等的变革	技术 – 经济范式理论	克里斯托弗和卡洛塔，1970

二、人工智能影响就业的发展历程

德国学者把工业革命划分为四个主要阶段（表3.7）[1]，把前两次工业革命称为"第一次机器革命"，把以自动化、智能化为技术核心的后两次工业革命称为"第二次机器革命"[2]。随着德国自动化、智能化时代的到来，从弱人工智能发展到强人工智能，科技发展和经济增长速度会越来越快。《前线》杂

---

[1] 乌尔里希·森德勒 . 工业 4.0：即将来袭的第四次工业革命 [M]. 邓敏，译 . 北京：机械工业出版社，2016.

[2] Brynjolfsson E，Mcafee A. The second machine age：Work progress and prosperity in a time of brilliant technologies[J]. Nz Business，2014，14（11）：1895–1896.

志主编凯文·凯利被誉为未来的工业预言家和科学大师，他在预言中指出，未来人工智能将再次引领和推动工业革命。他在书中提出，人工智能在互联网时代的社会具有以大数据驱动的基本特点，社会组织结构呈现出扁平化、去中心化等基本特征①。未来人机协同工作将会发展成一种社会常态，机器人主要负责从事一些需要提高效率的工作，而人类更适合于从事艺术、哲学等具有创造性的工作。

表 3.7　工业革命主要阶段划分

产业革命	时代	时期特征	代表物	划分事件
工业革命前	手工时代	农业、手工业等劳动密集型产业	/	/
第一次工业革命	机械化	纺织、机械制造、冶金等资本密集型产业	火车、纺纱机等	卢德运动
第二次工业革命	电气化	电力、飞机等技术密集型产业	汽车、轮船、电话等	红旗法案
第三次工业革命	自动化	电子计算机、新能源等知识密集型产业	计算机、互联网等	90% 的美国农民丢掉工作
第四次工业革命	智能化	/	大数据、智能生产等	上万名澳洲银行员工失业

三、人工智能对劳动力就业的影响及内在机理

1. 人工智能对就业的可能影响

（1）消极影响

首先，人工智能将会取代部分工作岗位。

外国知名学者里昂惕夫认为，在将来一段时间里，许多劳动者可能面临失业，他们的岗位也许会被人工智能所代替②。人工智能不仅可以提高工作时间效能，还可以大大节约企业所花费的劳动力成本，所以人工智能必然是未

---

① 凯文·凯利. 失控：机器、社会系统与经济世界的新生物学 [M]. 东西文库，译. 北京：新星出版社，2010.
② 周程，和鸿鹏. 人工智能带来的伦理与社会挑战 [J]. 人民论坛，2018（2）：26-28.

来不可逆转的趋势。还有很多经济学者有此类看法，吴军提出，在未来人工智能普及的情况下，"真正能够工作的可能只占 2% 的人"。另有学者认为，更加令人恐慌的是，"很多人以为只有傻瓜操作等较低端的工作才会被人工智能取代，但并不是如此"①。

与从前的自动化制造、机器制造技术对体力劳动的直接替代不同，随着人工智能的逐渐强大和更加智能化，除体力劳动外，人工智能还可以做很多技术性工作。人工智能有其优异的智慧水平、视觉和信息采集处理能力、自动化功能，并且每天都在更新自己在各方面的学习能力，能轻松完成很多人力无法轻易完成的繁重任务，所以人工智能完全可以代替人类进入一些岗位，从事相关工作。

具体来说，如在临床医学方面，人工智能的发展可以使其拥有世界上几乎最完备的紧急救治医疗技能图式、临床医学知识及医疗问题解决案例。再比如银行工作，由于人工智能专长于工作的操作化、流程化、标准化，充分契合银行职员的岗位，而且人工智能比人工成本低，所以大多数银行职员被人工智能取代的可能性非常大，甚至可以说是一种必然。马尔科夫认为："不管从事什么类型的工作，流水线工人、办公室白领或是法官等，从体力劳动到技术性工作，都可能被机器或人工智能替代。"②再举一例，在未来，人们出行有望依靠自动驾驶，"无人汽车"的出现和普及只是一个时间的问题，它会推动我们未来出行生活方式进一步发展。随着"无人汽车"的普及应用，驾校技术教练、出租车司机、出租公司工作人员等这些与汽车产业紧密联系的人可能会面临巨大的失业威胁，甚至整个相关行业都会消失。强人工智能拥有强大的能力，能够代替许多领域和许多岗位上的职员，这也是人工智能对就业必然产生一定消极影响的内在机理。

其次，加大全球劳动者就业不平衡程度。

历次产业革命都是率先在当时的先进工业和新兴科技基础上产生的，以人工智能、大数据智能化、融合控制系统自动化等为技术标示的第四次新兴产业

---

① 樊润华 . 浅析人工智能的发展对社会就业形势的影响 [J]. 当代经济，2018（7）：18-19.
② 约翰·马尔科夫 . 人工智能简史 [M]. 郭雪，译 . 杭州：浙江人民出版社，2017.

革命，也是在经济和信息科技综合实力雄厚的发达国家开始的。在历次工业革命中，先进的技术不仅率先在当时的发达工业国家出现，而且必然会以当时的先进技术国家为竞争核心，形成中心和外围的格局。如今，大体上也是发达国家拥有高端的技术，由于国家对核心技术掌握程度的不同，国家之间的价值链产生高度分化。

以人工智能为标志的科技工业革命的发展，也可能给世界带来同样的高度分化结果，即掌握了核心技术的发达国家可能更富有，没有掌握核心技术的发展中国家，其经济发展越容易陷入困境。换言之，发达国家掌握高水平技术的劳动者，其薪酬会比较高，所处的岗位质量也会较高，而发展中国家的劳动者薪酬则较低。所以，这是全球劳动者就业水平不平衡的一个重要原因，而且这种不平衡会逐步加大。

（2）积极影响

首先，新职业的衍生。

人工智能可能带来的消极影响之一，是人们对于人工智能可能替代自己的工作岗位这一问题最根本的担忧。但其实不必过分忧虑，因为人工智能一定不会造成人类的整体性失业。我们可以从历史进程中发现，社会变革中出现问题，必定会产生相应的解决方案，甚至市场会自发解决这些问题。技术创新带来的变化绝不仅仅只是失业，而且会带来许多新的职业、新的岗位。每一种经济发展模式都有其自身调节和自组织的功能，人们有了需求，自然也就会有一个新市场来加以填补，而没有需求的方面，市场自然会激发出人们新的需求。人工智能的发展和普及，不仅会使企业实现对原有人工智能行业的创新替代，而且必然会极大地促使一些新人工智能行业的发展、勃兴，产生人工智能制造、维修等一系列相关新职业。因此，不必一味地担忧未来人类的工作会被机器人代替。相关产业一定能抓住经济社会的实际需要，并逐渐生成新的职位。

有的人工智能学者认为创造效应不可忽视，原因如下：首先，经济的高效和快速发展必然会带来大量新的就业岗位；其次，人工智能会为企业节约大量的产业时间和成本，并增加额外的需求，所以企业会在资金、时间、人力都更加充足的情况下，设置很多新的工作岗位；最后，人工智能还会逐渐带来新的市场就业模式，催生零售经济、共享经济等商业模式，产生的灵活性岗位数量远比以前增多。在历史上，有很多新职业形态都是随着新兴技术发展起来的，如近年来很多新兴自由职业者通过各种新网络媒体涌现出来，如抖音、快手各大平台的视频博主、电子书朗读者等。所以，人工智能究竟对未来就业会产生怎样的影响，需要我们辩证地看待。

其次，改善部分劳动者的就业质量。

人工智能对劳动者就业环境和质量的巨大影响主要体现在工作环境、就业者自身的能力、就业者所能获得的工资水平等方面。人工智能对工作环境可以起到很好的保护和改善作用。目前，一些劳动者处于不舒适甚至危险的工作环境里，人工智能可以在很大程度上改善这种状况，也可以丰富就业者的工作场景。随着人工智能的发展，对就业者的基本能力势必会提出更多的新要求。例如，在广泛使用人工智能的环境下，劳动者需要学习和掌握多种新的知识和技能，那些掌握了人工智能相关技术的劳动者可以获得较高的报酬，而那些没有掌握新技术的劳动者会出现替代排挤的效应。通过分析目前的市场情况可以发现，从事信息、人工智能的研发和工程设计的劳动者，其工资水平已经远远超过了社会平均工资水平。以往工作中的收入和劳动者保护的问题也可能会在行业中出现新的变化。一方面，使用了人工智能技术和设备的劳动者可以更好地完成辛苦、危险和复杂的工作，通过人工智能替代排挤效应，给劳动者和企业带来更好的收入和劳动保护。另一方面，使用人工智能也有利于社会对新的行业进行劳动保护，比如解决信息和设备的电磁辐射问题、消除人际互动和交流过程中的单调感，以及使用人工智能技术和设备所产生的高工作速度和高反应度对人的身体、智力、精神心理的危害等。

2. 人工智能影响就业的内在机理

在分析人工智给就业带来的消极影响和积极影响基础上，对以往科技革命的过程进行归纳，可以进一步总结出人工智能影响就业的机理。技术进步会对就业产生双重效应，即替代效应和创造效应。一方面，替代效应对就业造成消极影响，导致地区失业率增高；另一方面，创造效应对就业形成积极影响，提升劳动力素质并为其创造新的就业岗位。

（1）替代效应

技术进步对就业破坏性的替代效应主要是指从短期发展微观角度来看，先进技术的发展和运用会对原有的劳动方式和市场需求产生冲击，导致周期性失业或结构性失业局面的形成。人工智能技术对就业的替代效应主要通过下面两种机制实现：

第一，劳动方式替代机制。从微观层面看，先进技术的应用对就业的替代效应首先由劳动方式的变迁体现出来。智能机器的使用能够在减小工人劳动强度的同时提高劳动生产率，使资本有机构成不断提升，即购买人力所花费的可变资本减少，资本对劳动力的需求下降，形成对劳动力的替代。如企业生产规模不变，智能技术的运用必将缩减每单位产量所需的人力，造成失业人数增加；如企业生产规模扩大，智能技术所形成的自动化生产优势将更加突出，即智能技术在提升产量的同时提高了劳动效率，同时也表明自动化、智能化生产对劳动力需求在一定程度上的减少。

第二，就业市场需求替代机制。技术进步在就业市场的需求表现可分为技能偏好型和技能退化型。技能偏好型技术进步对高技能就业岗位产生需求，即提升对高技能人才的需求；技能退化型技术进步则对具有重复、机械等相关特性的低技能岗位产生需求，从而增强对低技能劳动力的吸纳。两种技术进步共同作用的结果是影响就业结构和对人力资本的投资。虽然人工智能技术既可以创造高技能就业岗位，也可以保留或创造相对复杂的低技能就业岗位，但以长远的技术发展角度判断，人工智能属于技术进步的技能偏好型方向，因而会减少对低技能劳动力的需求。若低技能劳动力进行转型，则需通过一段时间的相关培训，这期间的损耗形成了劳动力就业的滞后现象，最终导致低技能劳动力受到排挤和替代[1]。

---

[1] 程承坪，彭欢.人工智能影响就业的机理及中国对策 [J]. 中国软科学，2018（10）：62-70.

（2）创造效应

技术进步对就业的创造效应或补偿效应主要是指从长期发展宏观角度来看，先进技术的发展和应用能够形成新行业和新需求，促进就业岗位的增加。人工智能技术对就业的创造效应主要通过两种机制实现。

第一，技术进步与劳动市场的相互作用机制。一方面，技术进步对进岗或已在岗人员的能力要求越来越高，为满足技术进步所需的新知识和技能，劳动者必定要接受相关职业培训，这意味着相关教学人员需求会增加，进而带来新的就业岗位。与此同时，劳动者的受教育时间将被延长，劳动力市场的供给量减少导致人员之间竞争程度降低，有利于延缓就业、降低失业率。另一方面，掌握新技术、新方法将有利于完善劳动者的知识体系，提升劳动者个人技能；同时，劳动者素质的提升将对新技术的应用和推广起积极影响，形成对技术进步的反馈效应，使整体经济运行吸收新技术的能力加强，进而扩大技术进步促进就业的效应[1]。

第二，技术乘数效应机制。技术进步会延伸产业链，发挥增值效应，同时拓展市场范围，实现就业机会增加。人工智能技术的快速发展直接促进相关行业的转型和升级，并间接导致了传统产业及部门的消亡或衰退。当新的产业及部门发展壮大时，国民经济体系的产业类别随之丰富起来，产业结构进而向宽度和深度发展，这意味着劳动力市场分工的不断深化，促使生产规模扩大，从而促进就业。同时，技术深化会催生新的产品和服务，通过刺激新的消费需求以加速经济增长，新的就业机会随之不断被创造出来。

（3）对就业的总体效应分析

通过对上述两种效应影响就业的机制进行分析可知，从短期发展的微观角度来说，先进技术的应用可能产生对劳动力的替代或破坏效应；从长期发展的宏观角度看，技术进步将通过与劳动市场的相互作用和产业深化来创造大量的就业机会。两种效应的产生及程度大小对就业规模增长、产业结构变动等方面都有深刻影响。从长期来看，人工智能技术的应用对劳动力就业

---

① 王君，张于喆，张义博，洪群联．人工智能等新技术进步影响就业的机理与对策 [J]. 宏观经济研究，2017（10）：169-181.

总量的影响存在创造效应和替代效应，对劳动力就业技能结构也存在极化影响，大多数学者认为人工智能的就业创造效应可能会大于替代效应。从对劳动者技能结构性影响看，人工智能技术会不断提升对高技能劳动力的需求，逐渐减少对低技能劳动力的需求，而对中等技能劳动力需求的影响可能是双重的。下面以制造业为主，从全国层面、长三角层面和珠三角层面，实证分析人工智能对劳动力就业的影响。

第三节　人工智能影响制造业就业的实证研究
——基于全国层面

通过构建计量模型，本节依据 30 个省级行政区的面板数据展开分析，检验智能化对制造业就业总量和劳动力技能结构的影响及作用机理。

一、模型构建、变量选取与回归结果

1. 计量模型设定

借鉴曹雅茹等人的方法，本节构建了人工智能对制造就业影响的计量模型[①]。因为制造业智能化与劳动力就业之间可能存在复杂的非线性关系，本节参考周云波等学者的方法，将制造业智能化、数字化水平的平方项纳入方程[②]，构建的计量模型如式（1）所示：

$$\ln l_{it} = \beta_0 + \beta_1 \ln ai_{it} + \beta_2 (\ln ai_{it})^2 + X'_{it} + \eta_i + \nu_{it} + \varepsilon_{it} \qquad （1）$$

其中，$\ln l$ 是被解释变量，代表制造业就业人数总量；$\ln ai$ 为核心解释变量，表示制造业智能化水平；X'_{it} 代表控制变量，控制变量包括工资水平、资

---

① 曹雅茹，刘军，邵军. 替代还是创造：智能化如何影响中国制造业就业？[J]. 管理评论，2023（9）：37-49.

② 周云波，田柳，陈岑. 经济发展中的技术创新、技术溢出与行业收入差距演变——对 U 型假说的理论解释与实证检验 [J]. 管理世界，2017（11）：35-49.

本投入、人力资本水平、产业结构和对外开放程度；η_i 和 v_t 分别代表地区固定效应和时间固定效应；ε_{it} 为随机误差项。

2. 变量选取说明

对于被解释变量（$\ln l$），本节用各省的制造业从业人员年平均数来测度就业总量；对于核心解释变量（$\ln ai$），用各省制造业份额，即制造业销售产值占全国比重来计算各省工业机器人安装量的权重，再用此权重与国际机器人联合会数据库中的我国制造业行业机器人安装量数据相乘，得到各省制造业中工业机器人投入量。对控制变量的选取，解释如下：（1）资本投入（$\ln k$）。据相关理论，资本投入的增加可能替代对企业劳动力需求，使企业降低劳动力的投入。本节选取制造业固定资产净值，代表制造业的资本投入数量。（2）工资水平（$\ln wage$）。由于劳动力成本的上升给劳动密集型制造业企业带来了成本上升压力，降低了企业对劳动力的需求。本节选取制造业就业人员平均工资表征制造业劳动力工资水平。（3）产业结构（$\ln str$）。不同类型的制造业对劳动力的需求密度不同，智能化技术的应用会促进产业结构转型升级，进而推动经济规模扩张，并衍生出大量新的业态和商业模式，进而创造出更多的就业岗位。本节选取高技术制造业中企业数量占比来测度制造业产业结构。（4）人力资本（$\ln hcl$）。人力资本水平的高低是影响劳动力就业数量和质量高低的重要因素，而劳动力受教育水平能够很好地表征劳动力技能水平的高低。本节采用劳动力平均受教育年限表征人力资本水平的高低。（5）对外开放程度（$\ln open$）。对外开放程度反映了各地方的对外经济联系，对外经贸往来对经济增长的促进作用及对劳动力就业的促进作用是显而易见的。本节以各省对外直接投资存量测度对外开放程度。

3. 数据来源和处理

本节采用2011—2021年30个省级行政区的面板数据展开验证。数据主要来源于历年《中国统计年鉴》《中国人口和就业统计年鉴》《中国工业统计年鉴》《中国高技术产业统计年鉴》《中国科技统计年鉴》，以及中国研究数据服务平台和国际机器人联合会（IFR）。主要变量的统计性、描述性分析结果如表3.8所示。从表中可以看出，我国制造业中劳动力就业总量的均值为4.508，标准差

为 1.105，说明在对数据进行对数处理后，各省份之间制造业劳动力就业总量
的差距在变小。对高技能、中技能、低技能劳动力的均值进行比较，可以发
现我国制造业中低技能劳动力就业数占就业总量的比重，明显高于高技能和
中技能劳动力的就业数。制造业智能化水平的均值为 6.813，最大值为 9.849，
表明我国大部分省份的制造业智能化、数字化水平在当前阶段已到达一定的
水平。

表 3.8　2011—2021 年 30 个省份面板数据主要变量的描述性统计结果

变量类别	变量	样本量	均值	标准差	最小值	最大值
被解释变量	$\ln l$	330	4.508	1.105	1.983	7.081
	$\ln high$	330	0.081	0.064	0.017	0.396
	$\ln mid$	330	0.235	0.057	0.134	0.563
	$\ln low$	330	0.729	0.098	0.312	0851
解释变量	$\ln ai$	330	6.813	1.406	3.011	9.849
	$\ln ai^2$	330	49.152	19.15	9.167	97.056
控制变量	$\ln k$	330	9.064	1.027	5.964	11.834
	$\ln hcl$	330	2.315	0.082	2.218	2.618
	$\ln wage$	330	10.934	0.375	10.283	11.906
	$\ln str$	330	0.081	0.056	0.019	11.921
	$\ln open$	330	13.047	1.688	6.817	16.903
	$\ln hum$	330	0.173	0.031	0.106	0.231
	$\ln urban$	330	4.034	0.295	1.716	6.337
	$\ln fin$	330	0.142	0.041	0.060	0.292

4. 制造业智能化对劳动力就业总量影响的实证分析与结果

以各省制造业劳动力就业人数作为被解释变量，对解释变量进行回归分
析。回归结果如表 3.9 所示。表 3.9 分别给出了固定效应（Fe）和随机效应（Re）
估计的解释变量系数估计值。在（1）和（2）列的回归中，以智能化水平的
一次项作为解释变量进行估计，结果表明制造业智能化会显著增加制造业劳
动力就业数量，说明就业的创造效应大于替代效应。为了进一步探究当前
制造业智能化对我国制造业就业数量的影响是以替代效应为主导还是以创
造效应为主导，在（3）和（4）列的回归中加入了制造业智能化程度的平方
项。根据 Hausman 检验，p 值为 0，固定效应的结果优于随机效应，因此在

（3）列结果的基础上继续进行讨论。根据（3）列的系数估计值发现，制造业智能化水平的系数为负，平方项系数为正，全部通过了 1% 的显著性检验，说明制造业智能化程度与制造业劳动力就业之间存在明显的 U 型关系。根据回归方程中的二次项和一次项系数，可以计算得到，当制造业智能化水平为6.31 时，U 型曲线到达极小值。当智能化水平小于 6.31 时，制造业智能化对就业的替代效应大于创造效应，但随着制造业智能化程度不断提高，对就业的替代效应开始下降，就业总量的下降速度也逐渐放慢；当智能化水平等于6.31 时，即在 U 型曲线的最小值处，人工智能的替代效应等于创造效应，就业总量到达极小值；当智能化水平大于 6.31 时，制造业智能化对就业的创造效应大于替代效应，进而就业总量开始增加。

表 3.9　智能化对制造业就业总量影响的回归结果

变量	（1）Fe	（2）Re	（3）Fe	（4）Re
$\ln ai$	0.1482**	0.3914***	−0.3458***	−0.0972
	（2.51）	（6.74）	（−4.21）	（−1.47）
$\ln ai^2$			0.0371***	0.0286***
			（7.83）	（6.41）
控制变量	控制	控制	控制	控制
地区固定效应	控制	控制	控制	控制
时间固定效应	控制	控制	控制	控制
常数项	10.2577***	5.9453***	10.0683***	6.3186***
	（4.96）	（2.94）	（5.66）	（3.52）
N	330	330	330	330
F	25.6317		31.8951	
$Adj.R^2$	0.5318		0.6182	

注：括号中为 t 检验值；***、**、* 分别表示变量系数通过了 1%、5%、10% 的显著性检验。下同。

回归结果也表明，2021 年我国大部分发展水平较高的省份制造业智能化水平超过了 6.31，这说明我国部分省份制造业智能化对劳动力就业的影响已基本跨过了以消极的就业替代效应为主的阶段。所以，在后续中介效应检验和区域异质性检验中不再加入平方项，只从创造效应的角度分析。从企业角度看,"机器换人"只在短期内对劳动力就业产生相对较大的替代效应。在需要不断创新的环节中,企业对高技能人才产生越来越多的需求,所以对就业的替代效应相对较小,创造效应会更加突出。从行业角度来看,随着制造业智能化水平不断提高,新产品的研发不断加快和新生产部门大量出现,产业链也会进一步衍生和复杂化,行业会不断扩大对智能化相关的高技能专业人才的需求。对整个行业来说,在短期,制造业智能化会减少大量程式化工作,企业需要更多非专门化的、非程式化的、适应性更强的高技能劳动力;长期来看,制造业智能化对就业的影响主要表现为创造效应,并不断提高制造业劳动力的整体就业质量。这与我们理论分析的结论是一致的。

总之,智能化对制造业就业总量的影响存在稳健的U型关系,且部分发达区域已经表现出对就业的创造效应大于替代效应的特征,即智能化促进了就业增长。接下来,本节将进一步检验这种整体增长效应,以及主要是依靠哪种技能的劳动力数量增长来拉动的。

5.机制检验

前述研究已经表明制造业智能化对我国制造业就业的创造效应占主导地位,接下来对制造业智能化带来劳动力就业创造效应的机制进行检验。机制是制造业智能化有利于衍生更复杂的产业链进而扩大就业规模,也有利于促进技术创新进而提升对高技能劳动力的需求量。本节采用中介效应检验方法,构建中介效应模型,以检验衍生产业链和促进技术创新的中介效应。分别选取规上工业企业的新产品开发项目数($\ln pro$)和有效发明专利数($\ln pat$)作为代理变量,构建回归方程如下式(3)、(4):

$$\ln l_{it} = \alpha + \beta_1 \ln ai_{it} + X'_{it}\gamma + \eta_i + \nu_t + \omega_{it} \qquad (2)$$

$$\ln mediation_{it} = \rho + \phi \ln ai_{it} + X'_{it}\gamma + \eta_i + \nu_t + \varepsilon_{it} \qquad (3)$$

$$\ln l_{it} = \phi + \beta'_1 \ln ai_{it} + \psi \ln mediation_{it} + X'_{it}\gamma + \eta_i + \nu_t + \xi_{it} \qquad (4)$$

其中,$\ln mediation$ 为中介变量包括($\ln pro$ 和 $\ln pat$),X'_{it} 为其他控制变量。具体检验步骤如下:第一步,检验方程(2)的系数 β,如果显著证明存在中介效应,检验继续。第二步,依次检验方程(3)的系数 φ 和方程(4)

的系数 ψ，如果两者都显著则间接效应显著，进行第三步；如果至少有一个系数不显著，则用 Bootstrapt 法进行假设检验，$\varphi \times \psi = 0$，若显著则中介效应显著，进行第三步，否则停止分析。第三步，检验方程（4）的系数 β'，如果不显著证明只有中介效应，如果显著则证明直接效应也显著。第四步，比较 $\varphi \times \psi$ 和 β' 的符号，若同号，报告中介效应占总效应的比例 $\varphi \times \psi / \beta$；若异号，报告中介效应与直接效应比例的绝对值 $|\varphi \times \psi / \beta'|$。检验结果如表 3.10 所示。

表 3.10　智能化对制造业就量影响的机制检验结果

变量	（1） $\ln l$	（2） $\ln pro$	（3） $\ln l$	（4） $\ln l$	（5） $\ln pat$	（6） $\ln l$
$\ln ai$	0.1563** （2.48）	1.3749*** （5.45）	0.1367** （2.10）	0.1562** （2.47）	0.1961** （2.03）	0.1473* （2.31）
$\ln pro$			0.0275 （1.16）			
$\ln pat$						0.0849 （1.83）
控制变量	控制	控制	控制	控制	控制	控制
地区固定效应	控制	控制	控制	控制	控制	控制
时间固定效应	控制	控制	控制	控制	控制	控制
常数项	10.2483*** （4.98）	32.437*** （3.62）	9.9816*** （4.78）	10.2481*** （4.83）	11.9036*** （3.89）	9.3954*** （4.28）
Bootstrap test	Z=10.87，P=0.000			Z=7.08，P=0.000		
N	330	330	330	330	330	330
F	25.3571	35.4182	24.0481	25.6191	354.5326	24.7941
$Adj.R^2$	0.5334	0.6276	0.5374	0.5337	0.9504	0.5380

第一步检验结果表明，制造业智能化对制造业就业总量的影响存在中介效应。对于衍生产业链的中介效应，在第二步的依次检验中，制造业智能化对中介变量的系数显著，表明制造业智能化有利于新产品开发。新产品被市场认可与接受是扩大需求的表现，制造业智能化激发企业衍生产业链，研发新产品，进而扩大就业需求。但表 3.10 中第（3）列的中介变量系数不显著，

采用 Bootstrapt 检验间接效应是否显著，结果拒绝原假设，表明间接效应显著。第三步和第四步的检验表明 β' 系数显著，且 $\varphi \times \psi$ 与 β' 的符号一致，意味着存在部分中介效应。对于技术创新的中介效应，表 3.10 中（5）列结果表明，制造业智能化会显著促进制造业的技术创新；（6）列结果显示，有效发明专利数的系数在 10% 水平上显著为正，表明中介变量的间接效应显著。第三步和第四步的结果表明存在部分中介效应。综上，理论分析中制造业智能化对就业的创造效应的机制都得到验证。根据第五步的检验结果可得出，中介效应占总效应的比例分别为 16.21% 和 9.32%，新产品研发的中介效应更明显，说明制造业在推进智能化的过程中，主要通过衍生产业链的途径激发对劳动力的更多需求。

6. 制造业智能化对劳动力技能结构性影响的实证分析与结果

（1）构建计量模型，如式（5）、（6）、（7）所示。

$$\ln high_{it} = \beta_0 + \beta_1 \ln ai_{it} + X'_{it}\gamma + \eta_i + v_t + \varepsilon_{it} \tag{5}$$

$$\ln mid_{it} = \beta_0 + \beta_1 \ln ai_{it} + X'_{it}\gamma + \eta_i + v_t + \varepsilon_{it} \tag{6}$$

$$\ln low_{it} = \beta_0 + \beta_1 \ln ai_{it} + X'_{it}\gamma + \eta_i + v_t + \varepsilon_{it} \tag{7}$$

被解释变量分别为制造业高技能劳动力（$\ln high$）、中技能劳动力（$\ln mid$）、低技能劳动力（$\ln low$）人员总数；X'_{it} 是控制变量，具体包括人力资本投资、产业结构、城镇化水平、金融发展水平；其他项的含义与式（1）相同。

（2）变量选取说明。

模型中的被解释变量为制造业劳动力技能结构。本节以劳动力受教育年限作为技能劳动力高、中、低的划分标准。虽然大专及以上学历的人员被称为高技能劳动力，但本节是探讨制造业智能化对劳动力技能的结构性影响，大专学历的劳动力在知识和技能水平上可能还无法满足智能化对高技能人才的需求，且人工智能相关的技能人才缺口依然很严重，而近些年来我国的平均受教育年限不断上升，本科及以上学历就业人员的比重已经从 2010 年的 4.09% 增加至 2017 年的 8.8%。所以，本节将具有大学本科及以上学历的劳动力归为高技能劳动力。依据已有研究，三类技能劳动力的具体分类方法是：高技能劳动力为大学本科及以上受教育程度人员，中等技能劳动力为大专及高中受教育程度人员，低技能劳动力为初中、小学及以下受教育程度人员。

控制变量包括 4 个：①人力资本投资（ln *hum*），政府教育类财政性支出提供了资金支持和保障。本节采用各省财政性教育经费占地方财政一般预算支出的比重表征和测度人力资本投资。②产业结构（ln *str*），产业结构升级会使得制造业规模扩张并带来新兴产业的衍生，对劳动力产生结构性增加效应。本节采用各省高技术制造业的产值行业占比测度和表征产业结构。③城镇化水平（ln *urban*），城镇化水平的提高会不断吸引农业部门的劳动力转移到制造业，进而有利于吸纳更多劳动力就业。本节采用各省城镇化率表示城镇化发展水平。④金融发展水平（ln *fin*），强大的金融体系有利于为制造业智能化的研发投入提供资金支持，进而不断扩大对高技能人才的需求，促进智能制造业劳动力技能结构高级化。本节采用各省金融业增加值与第三产业增加值的比值测度金融发展水平。

由于制造业高、中、低三类技能劳动力的数据很难直接获得，本节采取以下方法进行处理：首先根据受教育程度计算出各省的三类技能人员占比，再以此占比分别与各省的制造业就业总量相乘，进而得到高、中、低三类技能人员总数。接下来，分别以各省制造业高技能劳动力、中等技能劳动力、低技能劳动力的人数及其占比作为被解释变量，采用固定效应模型进行估计。回归结果如表 3.11 所示。

表 3.11　智能化对制造业劳动力技能结构影响的回归结果

变量	（1）	（2）	（3）	（4）	（5）	（6）
	高技能	中等技能	低技能	高技能	中等技能	低技能
ln *ai*	0.2253***	0.0281	−0.0378	0.0279***	0.0037	−0.0217***
	（5.24）	（0.61）	（−0.94）	（6.12）	（0.53）	（−2.94）
控制变量	控制	控制	控制	控制	控制	控制
地区固定效应	控制	控制	控制	控制	控制	控制

（续表）

变量	（1）	（2）	（3）	（4）	（5）	（6）
	高技能	中等技能	低技能	高技能	中等技能	低技能
时间固定效应	控制	控制	控制	控制	控制	控制
常数项	0.6138	2.4793***	3.9676***	0.0412	0.1917***	0.7893***
	（1.43）	（6.92）	（12.08）	（1.34）	（2.83）	（12.02）
N	330	330	330	330	330	330
F	41.9241	11.5618	13.9724	37.4839	3.7942	12.3289
$Adj.R^2$	0.6481	0.2943	0.3286	0.6273	0.0384	0.3188

回归结果显示，制造业智能化对高技能劳动力的系数显著为正，对中等技能劳动力的系数不显著，对低技能劳动力的系数显著为负，说明制造业智能化对劳动力技能结构性影响呈现出向高级化转变的特征，即技能劳动力由低转中、由中转高的演变趋势。对中等技能劳动力来说，制造业智能化对其产生的替代效应相对较小，这可能是因为在劳动力技能水平要求不断提高的情况下，中等技能劳动力的技能基本可以满足当下制造业智能化发展的需要；同时，由于制造业企业意识到加强技能培训的重要性，使得部分中等技能劳动力不断向更高层次的工作岗位和技能提升、转变。而低技能劳动力因受教育水平较低，其拥有的技能和素养短期内与智能化岗位的需求很难直接匹配，只能面临机器换人的冲击。

7. 稳健性检验

采用各省的工业机器人存量衡量智能化水平，替换上述回归中所用的智能化指标进行稳健性检验，对模型（1）、（5）、（6）和（7）重新进行回归。回归结果如表 3.12 所示，被解释变量分别为劳动力就业总量及高、中、低三类技能劳动力占比。结果表明，制造业智能化对劳动力就业的影响仍是稳健的 U 型关系，制造业智能化影响劳动力技能结构性变化，并且推进劳动力技能结构高级化的结论也是稳健的。

表 3.12　替换核心解释变量后智能化对制造业就业总量影响的稳健性检验结果

变量	（1）就业总量	（2）高技能占比	（3）中等技能占比	（4）低技能占比
$\ln ai$	−0.2387**	0.0165***	0.0051	−0.0172***
	（−2.53）	（6.53）	（0.71）	（−3.51）
$\ln ai^2$	0.0231***			
	（6.93）			
控制变量	控制	控制	控制	控制
地区固定效应	控制	控制	控制	控制
时间固定效应	控制	控制	控制	控制
常数项	10.1624***	0.0416	0.1972***	0.7895***
	（4.81）	（1.49）	（2.93）	（12.06）
N	330	330	330	330
F	31.6278	38.9061	3.7829	13.5618
$Adj.R^2$	0.6187	0.6276	0.0352	0.3185

8. 内生性问题处理

虽然前述回归结果已经具有一定的稳健性，但由于可能存在观察不到的遗漏变量和内生因果相关性，模型可能存在内生性问题。从理论和实证分析结果看，制造业智能化会长期通过扩大对高技能劳动力的需求量，提高整体就业质量，而高技能劳动力的大量投入是促进制造业智能化的重要影响因素。所以，制造业智能化与高技能劳动力就业之间可能存在双向因果关系，导致估计偏差。

首先，选择工具变量并用两阶段最小二乘法进行回归，本节选用美国工业机器人安装量（$\ln arob$）、全球工业机器人安装总量减去中国的机器人安装量（$\ln wrob$）作为工具变量。其他国家工业机器人安装情况可以反映国际工业机器人的使用情况，我国工业机器人安装量也会受到这种趋势的影响。这种工具变量的选取满足"相关性"要求，但其与我国制造业就业问题不存在相关关系，所以满足工具变量的"外生性"要求。对于就业总量作为被解释变量的两阶段回归结果如表 3.13 中的（1）、（2）列所示。出于分析的方便，回归中没有加入制造业智能化的平方项，对于高技能劳动力作为被解释变量的两阶段回归结果如表 3.13 中的（3）、（4）列所示。工具变量的不可识别检验、弱工具变量检验和稳健弱识别检验的系数均拒绝原假设，表明选择的工具变量合理。在第二阶段的回归中，制造业智能化的估计系数均显著为正，说明考虑了内生性问题后，制造业智能化仍然显著促进了就业总量及高技能劳动力就业。

其次，为了避免样本自选择产生的估计偏误，本节构建双重差分模型，以检验我国制造业智能化政策对劳动力就业的冲击效果。我国工业和信息化部 2015 年开始启动并实施了"智能制造试点示范专项行动"计划，并公布各省智能制造试点示范项目情况。本节将具有智能制造试点项目的省份设为实验组 treat=1，其他省份为对照组 treat=0。试点项目的年份为 $year_x$，则 time=1；如果 time 大于等于 $year_x$，则 time=1；如果 time 小于 $year_x$，则 time=0。反映政策实施的变量为 did=treat×time，本节构建以 did 为核心解释变量的模型进行回归分析。如表 3.13 中的（5）和（6）列所示，在利用政策实施替代工业机器人安装量检验制造业智能化政策冲击效果后，制造业智能化对劳动力就业总量尤其是高技能劳动力具有创造效应的结论依然成立。

表 3.13 解决内生性问题后智能化对制造业就业总量影响的回归结果

变量	（1）	（2）	（3）	（4）	（5）	（6）
	1–step	2–step	1–step	2–step	DID（$\ln l$）	DID（$\ln high$）
$\ln ai$		1.6485**		0.2014***	0.0417	0.1288**
		(2.27)		(4.65)	(0.81)	(2.27)
IV($\ln arob$)	0.2671**					
	(2.45)					
IV($\ln wrob$)		1.7891***				
		(25.61)				

（续表）

变量	（1）	（2）	（3）	（4）	（5）	（6）
	1-step	2-step	1-step	2-step	DID（ln l）	DID（ln high）
Under identification test (Anderson canon. Corr.LM statistic)	6.04**		209.64***			
Weak identification test (Cragg-Donald Wald F statistic)	6.04**		905.18***			
Weak-instrument-robust inferece (Anderson–Rubin Wald test)	38.16***		19.27***			
控制变量	控制	控制	控制	控制	控制	控制
地区固定效应	控制	控制	控制	控制	控制	控制
时间固定效应	控制	控制	控制	控制	控制	控制
N	330	330	330	330	330	330
F	3.6427		23.6281		24.6182	37.9271
Adj.R^2	0.3019		0.2673		0.5267	0.6289

9. 区域异质性检验

为了探讨制造业智能化对就业影响的区域异质性，本节将 30 个省级行政区分为东、中、西三大区域作为研究对象。以中西部地区为参照，设 east 取值为 1，其他地区则为 0。在模型中加入区域虚拟变量与制造业智能化的交互项检验区域异质性。为了方便比较不同区域的结果，不加入平方项进行回归。回归结果如表 3.14 所示。

结果表明，制造业智能化对不同地区就业的影响呈现出较大差异。从制造业就业总量来看，中西部地区的制造业智能化系数显著为正，但东部地区的系数不显著。东部地区的制造业规模和水平处于全国领先地位，本身就储备了大量的人力资源，所以制造业智能化水平的提高对就业整体的创造效应不明显。而制造业智能化对中西部地区制造业就业总量具有明显的提升作用，这可能是由于中西部地区的制造业水平偏低，政策支持使得制造业智能化水平的提升对就业产生了较大影响。从就业结构的回归结果看，制造业智能化对中西部地区高技能劳动力的影响系数为 0.0281，东部地区的系数为 0.0409，这表明制造业智能化更有利于东部地区的就业结构高级化；而制造业智能化对中西部地区中等技能劳动力的影响系数大于东部地区，表明中西部地区可能会扩大中等技能劳动力的就业规模。制造业智能化对中西部地区低技能劳动力的影响显著为负，但对东部地区低技能劳动力的影响不显著。分析三类技能劳动力的影响系数可以发现，制造业智能化有利于东部地区制造业吸引更多的高技能劳动力，就业结构向高级化转变；而中西部地区也出现了从低技能劳动力向中等技能劳动力转变的趋势，制造业智能化将促进中西部地区制造业转型升级。

表 3.14　智能化对制造业就业结构的区域异质性检验回归结果

变量	（1）就业总量	（2）高技能	（3）中技能	（4）低技能
$\ln ai$	0.1583**	0.0281***	0.0127	−0.0229***
	（2.51）	（4.05）	（1.40）	（−2.94）
$east \times \ln ai$	0.0152	0.0128***	−0.0293**	0.0084
	（0.61）	（2.91）	（−2.16）	（1.07）
控制变量	控制	控制	控制	控制
地区固定效应	控制	控制	控制	控制
时间固定效应	控制	控制	控制	控制
常数项	10.4892***	0.0473	0.1890***	0.7967***
	（4.87）	（1.81）	（2.71）	（12.06）
N	330	330	330	330

（续表）

变量	（1）	（2）	（3）	（4）
	就业总量	高技能	中技能	低技能
F	24.6135	36.9271	3.8927	11.6653
$Adj.R^2$	0.5306	0.6388	0.0492	0.3187

二、我国应对人工智能对制造业就业挑战的对策建议

面对人工智能对制造业劳动力就业的挑战，可以从多个维度采取积极有效的措施来应对。

1. 加强教育与培训

提升技能水平：随着人工智能技术的普及，劳动者需要不断提升自身的技能水平，特别是与人工智能相关的技术技能和数据分析能力。政府和教育机构应加大对新兴技术领域的教育和培训投入，帮助劳动者适应新的就业市场需求。

推动跨学科教育：培养具备创新能力、批判性思维和解决问题能力的复合型人才，以适应人工智能时代对多元化技能的需求。

2. 促进职业转型与再就业

建立职业转型支持体系：为受人工智能技术影响的劳动者提供职业咨询、技能培训、岗位推荐等服务，帮助他们顺利过渡到新的职业领域。鼓励创业与自我雇佣，随着新技术的发展，创业和自我雇佣成为应对就业挑战的重要途径。政府可以通过政策扶持、资金支持等方式，鼓励劳动者自主创业，创造新的就业机会。

3. 加强政策引导与监管

制定和完善法律法规：明确个人隐私权的保护范围和侵权责任，加强对人工智能技术的监管，确保其在合法合规的范围内运行。推动伦理规范建设：建立人工智能技术的伦理规范体系，明确技术应用的道德边界和责任归

属，加强伦理审查和监督机制，确保人工智能技术的健康发展。

4. 促进技术创新与合作

鼓励技术创新：政府和企业应加大对创新的投入，鼓励开发新的人工智能技术和应用，推动经济增长和就业机会的创造。加强跨界合作：人工智能技术的发展需要多学科、多领域的合作。经济学家、社会学家、法学家等应共同参与到人工智能技术的研发和应用中来，确保人工智能技术的发展符合社会、经济、伦理等多方面的要求。

5. 提升个人竞争力

持续学习：在人工智能时代，持续学习是提升个人竞争力的关键。劳动者应不断学习和掌握新技能，以适应不断变化的就业市场。发展创造性思维：创造性思维是人工智能难以替代的。劳动者应注重工作中与创造性思维相关的工作细节，提升解决复杂问题的能力。增强数字技能：数字技能和计算机能力将成为未来竞争力的关键要素。劳动者应学习、掌握这些技能，以便更好地融入人工智能时代的工作环境。

6. 关注社会公平与包容

促进就业公平：在人工智能技术的应用过程中，应关注就业公平问题，确保不同背景和技能水平的劳动者都有平等的发展机会。加强社会保障：政府应加强社会保障体系建设，为失业人员提供必要的经济支持和再就业服务，减轻人工智能技术对就业市场的冲击。

综上所述，应对人工智能对劳动力就业的挑战需要政府、企业、教育机构和个人共同努力，从多个层面入手制定和实施有效的策略。只有这样，劳动者才能充分利用人工智能技术的优势，推动社会的持续进步和发展。

第四节　人工智能影响制造业就业的实证研究
——基于长三角地区层面

一、长三角地区人工智能技术发展和应用场景分析

中国发展人工智能的企业主要集中于北京、长三角、珠三角等地区，这些地区的人工智能企业已超过千家，占中国人工智能企业总数的 85%。2024年 6 月，长三角企业家联盟会议在浙江温州召开。长三角企业家联盟、长三角工业互联网产业链联盟、长三角人工智能产业链联盟在会上联合发布了长三角人工智能十大应用场景，包括智能制造、新能源、智慧医疗、智慧教育、数字健康、城市治理等。

1. 在制造业领域，人工智能助力数字化、智能化升级

在新能源应用方面，羚羊工业互联网打造的新能源售电智能体，既可以基于大模型的电力政策实现智能解读、电力市场交易知识问答、客户账单解读等，还能够提供各类多元化的电力服务，如电力咨询服务、技术支持服务、电力运维服务等，可以充分满足用户的需求；同时，还可以将发电企业、能源服务商、设备供应商等各方力量进行资源整合，通过信息共享、业务协同、合作交流等功能，推进资源的优化配置和高效利用。智慧出行、产业升级、数字健康等领域也被人工智能插上翅膀。比如，光伏组件外观缺陷 AI 质检系统能够在工业制造中快速识别缺陷所在，在节约人工成本的同时提高检测效率；基于车联网架构的大数据智能出行平台能够实现近 200 项整车 CAN 数据、图像及视频的采集，对司机驾驶行为、司乘肢体冲突进行识别，赋能自动安全驾驶；华藏生态大模型应用落地共创项目，赋能数字健康，已向全球发布 8 个共创成果，助力中国大模型商业化项目落地。

2. 在金融领域得到广泛使用和认可

第一，人工智能可以让操作流程变得更加简捷。人工智能作为一种基本技术已经广泛运用在语音识别、语言翻译、广告推销等方面，互联网金融逐渐向"互联网＋金融＋大数据＋人工智能"转变，实现更加智能的精确计算作用，为现有金融模式下的诸多问题提供新的解决方法[①]。

第二，人工智能可用于防范金融风险。人工智能有强大的计算能力，所以能够预见更多可能性，防范金融风险，保证金融系统健康平稳运行，未来甚至可以通过人工智能对风险进行分析，从而进行风险决策。例如，支付宝的金融平台最开始只能支持支付、转账等简单交易，现在有人工智能技术的加持，支付宝已成为一个巨大的金融交易平台。

不仅如此，在客户服务方面，现在人工智能专注于识别意图、猜测问题，并主动提供服务。以支付宝为例，如果单击客户服务，它将猜测你可能要问的问题，提供选项。如果你选择其中一个，支付宝会直接给出所需的答案。这种设置的好处有两方面：首先，使用人工智能来猜测用户提问可以改善用户的体验。用户花在交谈和等待上的时间越少，他们就会越快乐。其次，节约成本。支付宝每天的客户服务量是上百万甚至千万，如果大部分问题都可以通过智能客服自动解决，可以节省大量人工成本。

人工智能仍然有许多问题有待解决。面对整个金融市场，人工智能目前只能应对一些操作简单、数据较小、风险低的业务，而对难度较大、流程较复杂的业务难以应对。

3. 在教育领域开始引发教育观念的变革

随着信息技术和线上教育的发展，人们对教育的形式有了更深层次的理解。传统教育方式已经不能满足所有受教育者的需求，所以网络教育应运而生。如何将人工智能融入课堂与教学研究已经引起教育工作者的重视，并且取得了一定成果。例如，杭州市小知科技有限公司着力打造能够适应未来学习的教育平台，在中小学学科中使用人工智能技术，将人工智能与教育相结

---

① 程东亮.人工智能在金融领域应用现状及安全风险探析 [J]. 金融科技时代, 2016（9）: 47–49.

合，使现代教育走上系统化、个别化的道路。人工智能技术以其自身优势不断丰富教育的形式和内容，更好地响应"终身学习"的倡议。尽管人工智能目前已具有语音识别和数据处理等功能，但要实现人工智能与教育的完全融合还有很长的路要走，目前仍存在一系列问题待解决。

教育的变革与时代的技术发展水平密不可分，人们不能总是依赖某种形式的教育，教育的发展也不可能停滞，先进的科学技术是现代教育的前提[①]。虽然人工智能能够提供海量的内容和资讯，但是无法实现与受教育者情感上的沟通，这是目前比较明显的问题。相较于人工智能整体的发展，人工智能在教育领域的成就远远落后，所以突破瓶颈、发挥人工智能在教育中的潜力是当务之急。

4."人工智能 + 医疗"的出现

杭州认知网络技术有限公司是沃森在中国的第一家通过官方注册和授权的联合肿瘤学咨询运营商，2016 年在杭州的浙江省中医院正式成立了沃森联合肿瘤学咨询服务中心，这是沃森在中国正式注册成立的第一家为癌症患者提供咨询服务的中心，标志着中国的医疗行业进入了人工智能技术辅助诊断和治疗的新时代。在进行癌症的辅助诊断和治疗的过程中，人工智能有三个重要的用途：一是通过研究实证，选择最佳的治疗方案；二是减少医生的误诊；三是为医生提供新的治疗参考方案。由于不同学科的专家会从不同角度思考，因此对同一患者病情的判断可能会有所不同，并且给出的治疗方案也会有所不同。现在，医生可以参考沃森的建议。沃森具有独立学习的能力，知道世界上最新的治疗选择，因此当面对患者时，它能够提出一些医生甚至还没有掌握的新方法，并对现有方法进行调整。但是作为助理医生，沃森并不完美，如对患者的实际生活状况了解不多，只能根据客观病理指标推荐解决方案；肿瘤的治疗非常复杂，有时候对患者进行适当的说服和安慰也是十分必要的，但目前沃森难以做到这一点。尽管目前人工智能的发展取得了较大进步，但与人工智能本身的发展相比，人工智能在医学领域的应用仍然相

①　罗雅凌 . 浅谈人工智能在教育中的应用 [J]. 亚太教育，2015（29）：27.

对滞后，具有很大的发展和应用空间①。人工智能的应用离不开大数据的支持，医院有各种患者及其家属的信息及相关的医疗资料，如果数据泄露必然会引起病人对医生信任感的缺失，甚至一些珍贵的医疗信息、实验资料一旦被泄露，后果将不堪设想。这就要求研究者在不断探索中发现问题并解决问题，突破瓶颈，发挥"人工智能 + 医疗"的最大潜力。

综上所述，随着人工智能的逐步发展和广泛应用，人工智能的应用场景会进一步得到丰富和拓展，在此过程中人工智能对就业的影响会一一呈现。本节重点就人工智能对长三角地区制造业劳动力就业的影响进行实证检验。由于当下还处于弱人工智能时代，人工智能技术对制造业就业的影响还未完全呈现，还不能获得充分的、足够的数据进行验证，只能以现有数据进行研究。

二、实证分析

通过构建计量模型，本节依据长三角城市群 26 个城市的面板数据展开分析，以检验制造业智能化对制造业就业总量和劳动力技能结构的影响及作用机理。

1. 计量模型设定

借鉴曹雅茹等人的方法，本节构建了人工智能对制造业就业影响的计量模型。考虑到制造业智能化与劳动力就业之间可能存在一定的非线性关系，本节借鉴周云波等学者的方法，将制造业智能化、数字化水平的平方项纳入方程，构建的计量模型如式（1）所示：

$$\ln l_{it} = \beta_0 + \beta_1 \ln ai_{it} + \beta_2 (\ln ai_{it})^2 + X'_{it} + \eta_i + v_{it} + \varepsilon_{it} \tag{1}$$

其中，$\ln l$ 是被解释变量，代表制造业就业人数总量；$\ln ai$ 为核心解释变量，表示制造业智能化水平；X'_{it} 代表控制变量，控制变量包括工资水平、资本投入、人力资本水平、产业结构和对外开放程度；η_i 和 v_{it} 分别代表地区

---

① 蔡耀婷. 人工智能在医疗领域的应用现状及发展前景 [J]. 护理研究，2019（15）：2640–2643.

固定效应和时间固定效应；ε_{it} 为随机误差项。

2. 变量选取说明

对于被解释变量（ $\ln l$ ），本节用各城市的制造业从业人员年平均数来测度就业总量；对于核心解释变量（ $\ln ai$ ），本节用各城市制造业份额，即制造业销售产值占长三角城市群比重来计算各城市工业机器人安装量的权重，再用此权重与国际机器人联合会数据库中的中国长三角制造业行业机器人安装量数据相乘，得到各城市制造业中工业机器人投入量。对控制变量的选取，解释如下：①资本投入（ $\ln k$ ）。据相关理论，资本投入的增加可能替代企业对劳动力需求，使企业降低劳动力的投入。本节选取制造业固定资产净值衡量制造业的资本投入数量。②工资水平（ $\ln wage$ ）。劳动力工资的上升给劳动密集型制造业企业带来了成本上升压力，降低了企业对劳动力的需求。本节选取制造业就业人员平均工资表征制造业劳动力工资水平。③产业结构（ $\ln str$ ）。不同类型的制造业对劳动力的需求密度不同，智能化技术的应用会促进产业结构转型升级，进而推动经济规模扩张，并衍生出新兴产业和新的商业模式，进而创造更多的就业岗位。本节选取高技术制造业中企业数量占比来测度制造业产业结构。④人力资本（ $\ln hcr$ ）。人力资本水平的高低是影响劳动力就业数量和质量高低的重要因素，而劳动力受教育水平能够表征劳动力技能水平的高低。本节采用劳动力平均受教育年限表征人力资本水平的高低。⑤对外开放程度（ $\ln open$ ）。对外开放程度反映了各地方的对外经济联系，对外经贸往来对经济增长的促进作用及对劳动力就业的促进作用是显而易见的。本节以各城市对外直接投资存量测度对外开放程度。

3. 数据来源和处理

本节采用 2011—2021 年长三角城市群 26 个城市的面板数据展开验证。数据来源于历年《中国城市统计年鉴》《江苏统计年鉴》《浙江统计年鉴》《安徽统计年鉴》《上海统计年鉴》《中国人口和就业统计年鉴》《中国工业统计年鉴》《中国高技术产业统计年鉴》，以及中国研究数据服务平台和国际机器人联合会（IFR）。主要变量的统计性、描述性分析结果如表 3.15 所示。从表 3.15 可以看出，长三角制造业中劳动力就业总量的均值为 4.612，标准差为 1.116，说明在对数据进行对数处理后，各城市之间制造业劳动力就业总量的差距在变小；对高技能、中技能、低技能劳动力的均值进行比较，可以发现长三角制造业中低技能劳动力就业数占就业总量的比重明显高于高技能和中技能劳动力的就业数；制造业智能化水平的均值为 6.921，最大值为 9.952，表明长三角城市群的制造业智能化、数字化水平在当前阶段已到达到较高水平。

表 3.15　2011—2021 年长三角 26 城市面板数据主要变量的描述性统计结果

变量类别	变量	样本量	均值	标准差	最小值	最大值
被解释变量	ln l	286	4.612	1.116	1.993	7.194
	ln $high$	286	0.092	0.075	0.023	0.403
	ln mid	286	0.247	0.085	0.143	0.572
	ln low	286	0.731	0.108	0.384	0.872
解释变量	ln ai	286	6.921	1.437	3.049	9.952
	ln ai^2	286	49.218	20.06	9.185	98.148
控制变量	ln k	286	9.157	1.118	6.081	12.907
	ln hcl	286	2.428	0.103	2.346	2.829
	ln $wage$	286	11.383	0.522	10.296	12.821
	ln str	286	0.093	0.076	0.022	12.037
	ln $open$	286	13.156	1.783	6.927	17.063
	ln hum	286	0.188	0.043	0.121	0.362
	ln $urban$	286	4.056	0.309	1.788	6.497
	ln fin	286	0.151	0.061	0.088	0.301

4. 制造业智能化对劳动力就业总量影响的实证分析与结果

以各城市制造业劳动力就业人数作为被解释变量，对解释变量进行回归分析。回归结果如表 3.16 所示。表 3.16 分别给出了固定效应（Fe）和随机效应（Re）估计的解释变量系数估计值。在（1）和（2）列的回归中，以智能化水平的一次项作为解释变量进行估计，结果表明制造业智能化会显著增加劳动力就业数量，说明就业的创造效应大于替代效应。为了进一步探究当前制造业智能化对长三角就业数量的影响是以替代效应为主导还是以创造效应为主导，在（3）和（4）列的回归中加入了制造业智能化程度的平方项。根据 Hausman 检验，p 值为 0，固定效应的结果优于随机效应，因此在（3）列结果的基础上继续进行讨论。根据（3）列的系数估计值发现，制造业智能化水平的系数为负，平方项系数为正，全部通过了 1% 的显著性检验，说明制造业智能化程度与制造业劳动力就业之间存在明显的 U 型关系。根据回归方程中的二次项和一次项系数，可以计算得到，当制造业智能化水平为 6.51 时，U 型曲线到达极小值。当智能化水平小于 6.51 时，制造业智能化对制造业就业的替代效应大于创造效应，但随着制造业智能化程度不断提高，对就业的替代效应开始下降，就业总量的下降速度也逐渐放慢；当智能化水平等于 6.51 时，即在 U 型曲线的最小值处，人工智能的替代效应等于创造效应，就业总量到达极小值；当智能化水平大于 6.51 时，制造业智能化对就业的创造效应大于替代效应，进而就业总量开始增加。

表 3.16　长三角城市群制造业智能化对制造业就业总量影响的回归结果

变量	（1）	（2）	（3）	（4）
	Fe	Re	Fe	Re
ln ai	0.1554**	0.4012***	−0.3553***	−0.1096
	（2.49）	（7.81）	（−4.86）	（−1.51）
ln ai^2			0.0399***	0.0306***
			（7.91）	（6.81）
控制变量	控制	控制	控制	控制
地区固定效应	控制	控制	控制	控制
时间固定效应	控制	控制	控制	控制
常数项	10.2668***	6.0384***	10.2881***	6.9755***
	（5.23）	（3.17）	（6.03）	（3.98）
N	286	286	286	286
F	25.6317		31.8951	
$Adj.R^2$	0.5318		0.6182	

注：括号中为 t 检验值；***、**、* 分别表示变量系数通过了 1%、5%、10% 的显著性检验。下同。

回归结果表明，2021年长三角城市群的制造业智能化水平均超过了6.51，这说明长三角城市群制造业智能化对劳动力就业的影响已基本跨越了以消极的就业替代效应为主的阶段。所以，我们在后续中介效应检验和区域异质性检验中不再加入平方项，只从创造效应的角度分析。从企业角度看，"机器换人"只在短期内对劳动力就业产生相对较大的替代效应。在需要不断创新的环节中，企业会对高技能人才产生越来越多的需求，所以对就业的替代效应相对较小，创造效应会更加突出。从行业角度来看，随着制造业智能化水平不断提高，新产品的研发不断加快和新生产部门大量出现，产业链也会进一步衍生和复杂化，这会不断扩大行业对智能化相关的高技能专业人才需求。对整个行业来说，在短期，制造业智能化会减少大量程式化工作，企业会需要更多非专门化、非程式化的适应性更强的高技能劳动力；长期来看，制造业智能化对就业的影响主要表现为创造效应，并不断提高制造业劳动力的整体就业质量。这与我们理论分析的结论是一致的。

总之，智能化对制造业就业总量的影响存在稳健的U型关系，且多数区域已经表现出对就业的创造效应大于替代效应的特征，即智能化促进了就业增长。接下来，本节将进一步检验这种整体增长效应，以及主要是依靠哪种技能的劳动力数量增长来拉动的。

5. 机制检验

前述研究已经表明制造业智能化对长三角城市群制造业就业的创造效应占主导地位，接下来对制造业智能化带来劳动力就业创造效应的机制进行检验。机制是制造业智能化有利于衍生更复杂的产业链进而扩大就业规模，也有利于促进技术创新进而提升对高技能劳动力的需求量。本节采用中介效应检验方法，构建中介效应模型检验衍生产业链和促进技术创新的中介效应。我们分别选取规上工业企业的新产品开发项目数（ln pro）和有效发明专利数（ln pat）作为代理变量，构建回归方程如下：

$$\ln l_{it} = \alpha + \beta_1 \ln ai_{it} + X'_{it}\gamma + \eta_i + \nu_t + \omega_{it} \tag{2}$$

$$\ln mediation_{it} = \rho + \phi \ln ai_{it} + X'_{it}\gamma + \eta_i + \nu_t + \varepsilon_{it} \tag{3}$$

$$\ln l_{it} = \phi + \beta_1' \ln ai_{it} + \psi \ln mediation_{it} + X_{it}'\gamma + \eta_i + \nu_t + \xi_{it} \qquad （4）$$

其中，$\ln mediatiom$ 为中介变量包括（$\ln pro$ 和 $\ln pat$），X_{it}' 为其他控制变量。具体检验步骤如下：第一步，检验方程（2）的系数 β，如果显著证明存在中介效应，检验继续。第二步，依次检验方程（3）的系数 φ 和方程（4）的系数 ψ，如果两者都显著则间接效应显著，进行第三步；如果至少有一个系数不显著，则用 Bootstrapt 法进行假设检验，$\varphi \times \psi = 0$，若显著则中介效应显著，进行第三步，否则停止分析。第三步，检验方程（4）的系数 β'，如果不显著证明只有中介效应，如果显著则证明直接效应也显著。第四步，比较 $\varphi \times \psi$ 和 β' 的符号，若同号，报告中介效应占总效应的比例 $\varphi \times \psi/\beta$；若异号，报告中介效应与直接效应比例的绝对值 $|\varphi \times \psi/\beta'|$。检验结果如表 3.17 所示。

表 3.17　长三角城市群制造业智能化对制造业就业总量影响的机制检验

变量	（1）	（2）	（3）	（4）	（5）	（6）
	$\ln l$	$\ln pro$	$\ln l$	$\ln l$	$\ln paxt$	$\ln l$
$\ln ai$	0.1563**	1.3749***	0.1367**	0.1562**	0.1961**	0.1473*
	（2.48）	（5.45）	（2.10）	（2.47）	（2.03）	（2.31）
$\ln pro$			0.0275			
			（1.16）			
$\ln pat$						0.0849
						（1.83）
控制变量	控制	控制	控制	控制	控制	控制
地区固定效应	控制	控制	控制	控制	控制	控制
时间固定效应	控制	控制	控制	控制	控制	控制
常数项	10.2483***	32.437***	9.9816***	10.2481***	11.9036***	9.3954***
	（4.98）	（3.62）	（4.78）	（4.83）	（3.89）	（4.28）
Bootstrap test	Z=10.87，P=0.000			Z=7.08，P=0.000		
N	286	286	286	286	286	286
F	25.4985	35.5637	24.1897	25.7692	355.9451	25.6184
$Adj.R^2$	0.5546	0.6387	0.5475	0.5488	0.9617	0.5482

第一步检验结果表明，制造业智能化对制造业就业总量的影响存在中介效应。对于衍生产业链的中介效应，在第二步的依次检验中，制造业智能化对中介变量的系数显著，表明制造业智能化有利于新产品开发。新产品被市场认可与接受是扩大需求的表现，制造业智能化激发企业衍生产业链，研发新产品，进而扩大就业需求。但表 3.17 中第（3）列的中介变量系数不显著，采用 Bootstrapt 检验间接效应是否显著，结果拒绝原假设，表明间接效应显著。第三步和第四步的检验表明 β' 系数显著且 $\varphi \times \psi$ 与 β' 的符号一致，意味着存在部分中介效应。对于技术创新的中介效应，表 3.17 中第（5）列结果表明，制造业智能化会显著促进制造业的技术创新；第（6）列结果显示，有效发明专利数的系数在 10% 水平上显著为正，表明中介变量的间接效应显著。第三步和第四步的结果表明存在部分中介效应。综上，理论分析中制造业智能化对就业的创造效应的机制都得到验证。根据第五步的检验结果可得出，中介效应占总效应的比例分别为 16.21% 和 9.32%，新产品研发的中介效应更明显，说明制造业在推进智能化的过程中，主要通过衍生产业链的途径激发对劳动力的更多需求。

6. 制造业智能化对劳动力技能结构性影响的实证分析与结果

（1）构建计量模型，如式（5）、（6）、（7）所示。

$$\ln high_{it} = \beta_0 + \beta_1 \ln ai_{it} + X'_{it}\gamma + \eta_i + \nu_t + \varepsilon_{it} \qquad (5)$$

$$\ln mid_{it} = \beta_0 + \beta_1 \ln ai_{it} + X'_{it}\gamma + \eta_i + \nu_t + \varepsilon_{it} \qquad (6)$$

$$\ln low_{it} = \beta_0 + \beta_1 \ln ai_{it} + X'_{it}\gamma + \eta_i + \nu_t + \varepsilon_{it} \qquad (7)$$

被解释变量分别为制造业高技能劳动力（$\ln high$）、中技能劳动力（$\ln mid$）、低技能劳动力（$\ln low$）人员总数；X'_{it} 是控制变量，具体包括人力资本投资、产业结构、城镇化水平、金融发展水平；其他项的含义与式（1）相同。

（2）变量选取说明。

模型中的被解释变量为制造业劳动力技能结构。本节以劳动力受教育年限作为技能劳动力高、中、低的划分标准。虽然大专及以上学历的人员被称为高技能劳动力，但本节是探讨制造业智能化对劳动力技能的结构性影响，大专学历的劳动力在知识和技能水平上可能还无法满足智能化对高技能人才的需求，且人工智能相关的技能人才缺口依然很严重，而近些年来我国的平均受教育年限上升，本科及以上学历就业人员的比重已经从 2010 年的 4.09% 增加至 2017 年的 8.8%。所以，本节将具有大学本科及以上学历的劳动力归为高技能劳动力。依据已有研究，三类技能劳动力的具体分类方法是：高技能劳动力为大学本科及以上受教育程度人员，中等技能劳动力为大专及高中受教育程度人员，低技能劳动力为初中、小学及以下受教育程度人员。

控制变量包括 4 个：①人力资本投资（$\ln hum$），政府教育类财政性支出提供了资金支持和保障。本节采用各城市财政性教育经费占地方财政一般预算支出的比重表征和测度人力资本投资。②产业结构（$\ln str$），产业结构升级会使得制造业规模扩张并带来新兴产业的衍生，对劳动力产生结构性增加效应。本节采用各城市高技术制造业的产值行业占比测度和表征产业结构。③城镇化水平（$\ln urban$），城镇化水平的提高会不断吸引农业部门的劳动力转移到制造业，进而有利于吸纳更多劳动力就业。本节采用各市城镇化率表示城镇化发展水平。④金融发展水平（$\ln fin$），强大的金融体系有利于为制造业智能化的研发投入提供资金支持，进而不断扩大对高技能人才的需求，促进智能制造业劳动力技能结构高级化。本节采用各城市金融业增加值与第三产业增加值的比值测度金融发展水平。

由于制造业高、中、低三类技能劳动力的数据很难直接获得，本节就采取以下方法进行处理：首先根据受教育程度计算出各城市的三类技能人员占比，再以此占比分别与各城市的制造业就业总量相乘，进而得到高、中、低三类技能人员总数。接下来，分别以各城市制造业高技能劳动力、中等技能劳动力、低技能劳动力的人数及其占比作为被解释变量，采用固定效应模型进行估计。回归结果如表 3.18 所示。

表 3.18　长三角城市群制造业智能化对制造业劳动力技能结构影响的回归结果

变量	（1）	（2）	（3）	（4）	（5）	（6）
	高技能	中技能	低技能	高技能	中技能	低技能
ln *ai*	0.2316***	0.0381	−0.0406	0.0394***	0.0088	−0.0329***
	（5.81）	（0.91）	（−1.08）	（7.84）	（0.76）	（−3.17）
控制变量	控制	控制	控制	控制	控制	控制
地区固定效应	控制	控制	控制	控制	控制	控制
时间固定效应	控制	控制	控制	控制	控制	控制
常数项	0.6225	2.5027***	4.6682***	0.0587	0.2018***	0.7994***
	（1.51）	（7.31）	（13.27）	（1.45）	（3.05）	（13.71）
N	286	286	286	286	286	286
F	42.1876	11.7955	14.6559	37.9870	3.8763	12.4457
$Adj.R^2$	0.6507	0.3061	0.3383	0.6387	0.0488	0.3295

　　回归结果显示，制造业智能化对高技能劳动力的系数显著为正，对中等技能劳动力的系数不显著，对低技能劳动力的系数显著为负，说明制造业智能化对劳动力技能结构性影响呈现出向高级化转变的特征，即技能劳动力由低转中、由中转高的演变趋势。对中等技能劳动力来说，制造业智能化对其产生的替代效应相对较小，这可能是因为在劳动力技能水平要求不断提高的情况下，中等技能劳动力的技能基本可以满足当下制造业智能化发展的需要；同时，由于制造业企业意识到加强技能培训的重要性，使得部分中等技能劳动力不断向更高层次的工作岗位和技能提升、转变。而低技能劳动力因受教育水平较低，其拥有的技能和素养短期内与智能化岗位的需求很难直接匹配，只能面临机器换人的冲击。

　　7. 稳健性检验

　　采用各城市工业机器人存量衡量制造业智能化水平，替换上述回归中所用的智能化指标进行稳健性检验，对模型（1）、（5）、（6）和（7）重新进行回归。回归结果如表 3.19 所示，被解释变量分别为劳动力就业总量及高、中、低三类技能劳动力占比。结果表明，制造业智能化对劳动力就业的影响仍是稳健的 U 型关系，制造业智能化影响劳动力技能结构性变化，并且推进劳动力技能结构高级化的结论是稳健的。

表 3.19　替换核心解释变量后长三角城市群智能化对制造业就业总量影响的稳健性检验结果

变量	（1）	（2）	（3）	（4）
	就业总量	高技能占比	中技能占比	低技能占比
ln ai	−0.2483**	0.0179***	0.0091	−0.0188***
	（−2.55）	（6.68）	（1.08）	（−3.62）
ln ai^2	0.0289***			
	（7.88）			
控制变量	控制	控制	控制	控制
地区固定效应	控制	控制	控制	控制
时间固定效应	控制	控制	控制	控制
常数项	10.1854***	0.0488	0.2017***	0.7991***
	（4.92）	（1.51）	（3.92）	（13.05）
N	286	286	286	286
F	31.7784	39.1055	3.8897	13.6871
Adj.R^2	0.6218	0.6376	0.0458	0.3299

8. 内生性问题处理

虽然前述回归结果已经具有一定的稳健性，但由于可能存在观察不到的遗漏变量和内生因果相关性，模型可能存在内生性问题。从理论和实证分析结果看，制造业智能化会长期通过扩大对高技能劳动力的需求量，提高整体就业质量，而高技能劳动力的大量投入是促进制造业智能化的重要影响因素。所以，制造业智能化与高技能劳动力就业之间可能存在双向因果关系，导致估计偏差。

首先，选择工具变量并用两阶段最小二乘法进行回归，本节选用美国工业机器人安装量（ln arob）、全球工业机器人安装总量减去中国的机器人安装量（ln wrob）作为工具变量。其他国家工业机器人安装情况可以反映国际工业机器人的使用情况，长三角城市群工业机器人安装量也会受到这种趋势的影响。这种工具变量的选取满足"相关性"要求，但其与长三角制造业就业问题不存在相关关系，所以满足工具变量的"外生性"要求。对于就业总量作为被解释变量的两阶段回归结果如表3.20中的（1）和（2）列所示。出于分析的方便，回归中没有加入制造业智能化的平方项，对于高技能劳动力作为被解释变量的两阶段回归结果如表3.20中的（3）、（4）列所示。工具变量的不可识别检验、弱工具变量检验和稳健弱识别检验的系数均拒绝原假设，表明选择的工具变量合理。在第二阶段的回归中，制造业智能化的估计系数均显著为正，说明考虑了内生性问题后，制造业智能化仍然显著促进了就业总量及高技能劳动力就业。

其次，为了避免样本自选择产生的估计偏误，本节构建双重差分模型，以检验长三角城市群制造业智能化政策对劳动力就业的冲击效果。我国工业和信息化部2015年开始启动并实施了"智能制造试点示范专项行动"计划，并公布各省智能制造试点示范项目情况。本节将具有智能制造试点项目的城市设为实验组 $treat=1$，其他城市为对照组 $treat=0$。试点项目的年份为 $year_x$，则 $time=1$；如果 $time$ 大于等于 $year_x$，则 $time=1$；如果 $time$ 小于 $year_x$，则 $time=0$。反映政策实施的变量为 $did=treat \times time$，本节构建以 did 为核心解释变量的模型进行回归分析。如表3.20中的（5）和（6）列所示，在利用政策实施替代工业机器人安装量检验制造业智能化政策冲击效果后，制造业智能化对劳动力就业总量尤其是高技能劳动力具有创造效应的结论依然成立。

表 3.20　解决内生性问题后长三角城市群智能化对制造业就业总量影响的回归结果

变量	（1）	（2）	（3）	（4）	（5）	（6）
	1–step	2–step	1–step	2–step	DID (ln l)	DID (ln high)
ln ai		1.6558**		0.2175***	0.0502	0.1397**
		（2.37）		（4.86）	（0.95）	（2.38）
IV (ln arob)	0.2776**					
	（2.49）					

（续表）

变量	（1）1-step	（2）2-step	（3）1-step	（4）2-step	（5）DID (ln l)	（6）DID (ln high)
IV (ln worb)		1.8049***（25.88）				
Under identification test (Anderson canon.corr. LM.statistic)		6.76**		210.37***		
Weak identification test (Cragg-Donald Wald F statistic)		6.76**		906.63***		
Weak-instrument-robust inference (Anderson-Rubin Wald test)		38.91***		19.77***		
控制变量	控制	控制	控制	控制	控制	控制
地区固定效应	控制	控制	控制	控制	控制	控制
时间固定效应	控制	控制	控制	控制	控制	控制
N	286	286	286	286	286	286
F		3.6558		23.6336	24.6881	38.9243
Adj.R²		0.3114		0.2741	0.5386	0.6377

三、长三角地区应对人工智能对制造业就业挑战的对策建议

1. 制定关于发展人工智能的专项扶持计划

制定人工智能的专项扶持计划和行业标准，加大对人工智能技术的扶持力度和对产业的资金投入。国家要做好宏观调控，鼓励企业积极创新，树立申请专利的意识，努力提高国际竞争力。各级政府要保证国内研发与国际接轨，争取与国际企业联手，抓住机遇，开展更加广泛的国际合作，让更多优势资源聚集苏浙沪、落户长三角，为推动长三角智能制造提供坚实基础和技术支撑。企业要充分利用长三角的优势信息技术，利用大数据等实现"互联

网+"的创新发展。政府要对本土企业加以调整，人工智能的发展从来都不是"大鱼吃小鱼"，而是竞争中有合作。所以，应指导企业加强合作，让企业形成群级效应。

2. 建立社会保障体系，避免社会不稳定

人工智能技术是当今世界各国关注的焦点。中国不断加大对人工智能的研发投入，随着人工智能技术应用的深化，中国部分行业的就业岗位在短期内可能会遭受较大冲击，主要体现在服务业和制造业上面，所以布局一个完善的社会保障体系十分重要。如果人工智能被广泛应用，首当其冲被取代的是知识技能排他性较弱的低端服务岗位。为了应对可能的失业潮，政府应该进一步完善社会保障体系：首先，对失业者加强职业指导，设立专门的培训机构，加强培训，使失业人员能够获得新技能，顺利再就业。同时，完善失业预警制度，提高社会保障待遇水平，加快完善医疗、教育、失业等方面的保障，避免因失业而引发社会不稳定。第二，加大对人工智能技术应用范围的推广力度，使人工智能走进社区，让居民全面了解人工智能技术，降低防备心理，更好地推动人工智能的发展，营造支持人工智能发展的社会文化，降低人工智能浪潮对社会就业的冲击。

3. 加强职业技能培训

企业管理、财务分析等排他性强、具有较高准入门槛的领域，人工智能不容易替代，这些领域的劳动力经过了高等教育及长期的岗位培训，失业人员想通过学习实现再就业要面临高额教育成本。就目前的状况而言，许多学校对人工智能的发展认识不足，课程的内容不合理、质量不高。为解决产教融合的困局，需要全面引入创新型特色教育的全新模式，升级专业教学体系，打造智能化课程，借助互联网科技，推动长三角区域一体化人才教育模式的升级；不断健全职业教育体系，提高职业教育的地位，将企业需求放在职业教育的首要位置；同时，将高等教育与职业教育联系起来。新一代人工智能正在深刻改变社会经济发展方式，为抓住人工智能发展的重大战略机遇，高等教育必须不断优化学科设置，在人工智能和其他相关领域设置相关学科，培养高水平人才，并促进人工智能产业进一步发展。对高校，政府要

落实学科自主、管理自主的政策，加大对高等院校的研发资金投入。

第五节　人工智能影响制造业就业的实证研究
——基于珠三角地区层面

一、珠三角地区人工智能发展现状描述性分析

在 2013 年汉诺威工业博览会上，德国率先提出了"工业 4.0"计划并明确了"智能化生产""智能工厂"等相关主题内容，这标志着人工智能时代的开启。《广东省新一代人工智能发展规划》强调，珠三角地区应当顺应第四次工业革命发展趋势，紧跟全球人工智能科技产业潮流，在新形势下占领全球人工智能科技开发的制高点，努力发展成为全省新一代人工智能科技产业的领先地带[①]。

1. 从重点行业角度分析

珠三角地区人工智能对就业的影响直接体现在制造业"机器代人"现象的大量出现。与以往历次的工业革命相比，当今制造业中的"机器换人"直接转变成了劳动力，而非仅仅利用机器来提高劳动者的生产效率[②]。这种替代方式在人工智能快速发展特别是自动化智能化制造技术广泛应用的背景下显得尤为突出。概括来说，具有重复、机械和可编码特征的任务，有很高的被智能化技术取代的风险，因此，目前在珠三角地区从事这类行业的劳动者被淘汰或者失业的可能性很高。

---

① 深圳市罗湖区发展研究中心. 高水平打造"深圳红岗国际人工智能创客新城"研究 [J]. 广东经济，2019（4）：24–29.

② 邓智平. 技术话语与工人的自主性：人机对抗的合法性消解——基于珠三角地区"机器换人"的实证研究 [J]. 学术论坛，2019（5）：1–8.

表 3.21　易被机器替代的行业分类

行业任务	很容易被替代	比较容易被替代
制鞋	帮片、底片画样、料片冲断、冲压	胶合、缝合、定型
纺织服装	剪裁、缝纫、水洗、印染	针织品一体编制、成衣定型、服装整烫
电子	电子元器件生产（材料纯化、划片、焙烧、电镀、打磨）	组装、装配
光学	切割、打磨、胶合	组装、装配

从表 3.21 可以看出，能被机器替代的任务多属于重复机械性劳动，所以，被替代的目标群体主要是普通工人。广东省工业和信息化厅发布的《2018 年度珠三角制造业调查报告》显示，当地近 50% 的一线传统工人曾被要求"转型"，或因公司的自动化生产变动而换工作。相反，具有认知性较强、不可被编码特征的工作，如设计和开发，则不容易被人工智能所取代。

2. 从主要城市角度分析

（1）"广深港澳"科技创新走廊的建立

2017 年 12 月，广东省委、省政府发布《广深科技创新走廊计划》。2018 年 8 月，粤港澳大湾区建设领导小组会议正式提出，通过建设"广深港澳"科技创新走廊，打造大湾区国际科技创新中心。作为珠江三角洲人工智能技术发展的核心领域，自 2012 年开始，广州的人工智能初创企业数量便有所增加，2017 年呈爆发性增长趋势。到 2022 年，当地 IAB（Information Technology，新一代信息科技；Artificial Intelligence，人工智能；Biopharmaceutical，生物医药）产业规模年均增长可达15%以上[1]。深圳是粤港澳大湾区中在人工智能专利方面贡献最多的城市，2019 年已拥有 3 万多家科技企业和 130 万名科技工作者，在智能无人机、智能装备制造等战略性新兴产业凝聚了大量技能型人才。2018 年的《中国人工智能产业发展城市排行榜》数据显示，深圳在有关人工智能市场发展实力和前景的综合评估中表现出色，经五个层面的指标测评后，深圳名列全国第三位。此外，正在建设的深圳红岗国际人工智能创客新城将被作为"广深港澳"科技创新走廊未来发展的又一新平台。

---

[1]　资料来源：《广州市加快 IAB 产业发展五年行动计划（2018–2022 年）》。

（2）东莞"机器换人"项目的开展

依托于人工智能技术的机器人产品在珠三角地区应用广泛。珠三角地区目前正在规划或已经建成的机器人产业园共有 7 个，分布在广州、深圳、东莞、佛山、珠海、中山、惠州 7 市，其中东莞"机器换人"项目发展得最为突出，形成了机器人产业的集聚效应。2014 年，东莞设立"机器换人"专项资金，为中小企业"机器换人"项目的开展提供补贴。截至 2018 年 12 月，累计完成投资 669 亿元，带动全市技术改造投资总额 231.2 亿元，增长 856%。这些资金的投入成为企业引入智能化设备的动力，促进了企业在生产和制造上的技能升级，减少了企业的后顾之忧。在珠三角地区劳动力市场普遍出现工人流失和成本上升的情况下，"机器换人"的运用为许多企业减少了人工成本，保证了盈利。

（3）佛山制造业向"智造业"的升级

佛山是珠三角及华南地区制造业发展的领头羊，是全国首批制造业转型升级综合试点的城市之一。以当地制造业重点发展区域顺德为例，该区域大量的人工智能机器及装备被应用到各式各样的生产线上，形成"AI+ 智能制造"的生产格局，2019 年全区工业总产值达 7440 亿元[①]。同年 10 月 21—23 日，人工智能与智能制造国际合作发展大会在佛山举行。会议以"新智造·新未来"为主题，现场展示了多种"高精尖"人工智能科技产品，如智能眼镜、迎宾机器人等，并通过多种形式推动人工智能与佛山实体经济的结合，签约 11 个中外 AI 技术合作项目，推动佛山制造向"智造"转型升级[②]。

二、实证分析

英国经济学家希克斯依据技术进步对资本－劳动比率的影响，将技术进步划分为三种类型：中性型进步、资本节约型进步和劳动节约型进步。其

---

① 资料来源：2019 中国（佛山）人工智能与智能制造国际合作发展大会主题报告。

② 佛高宣 . 共论人工智能加速"智造"产业发展——2019 中国（佛山）人工智能与智能制造国际合作发展大会圆满落幕 [J]. 广东科技，2019（11）：51–52.

中，中性型进步可维持资本与劳动的比例保持不变，不会形成两者之间的替代现象；资本节约型进步是通过技术创新使劳动的边际产出大于资本的边际产出，使资本与劳动的比率降低，达到吸纳劳动力的目的，展现出较强的创造能力；劳动节约型进步在技术进步过程中导致资本替代劳动力，即资本的边际产出大于劳动的边际产出，资本与劳动的比率升高。

本节基于希克斯理论并运用内生增长模型，在模型中加入人工智能水平作为实证部分的重要变量，通过探究人工智能水平对资本－劳动比率的影响，从而得出人工智能技术发展对就业的实际效应。

1. 模型建立及数据选取

（1）模型建立

本节基于内生增长模型，选用柯布－道格拉斯生产函数，并引入研究所需变量，将生产函数表示为：

$$Y = CK^{\eta}L^{\lambda}H^{\chi}T^{\theta} \tag{1}$$

其中，Y 表示珠三角地区生产总值；C 为常数，代表其他生产要素对产出的影响；K 表示珠三角地区资本投入总额；η 为资本投入的产出弹性；L 表示珠三角地区年从业人数；λ 为劳动力投入产出弹性；H 代表珠三角地区人力资本投入；χ 表示人力资本投入的产出弹性；T 代表珠三角地区人工智能水平；θ 为人工智能技术的产出弹性。

将（1）式两边同时除以 L，并转换为资本－劳动比率的形式：

$$K/L(t) = D(Y/L)^{\alpha}(H/L)^{\beta}(T/L)^{\gamma} \tag{2}$$

（2）式中：D 为常数，表示其他因素对资本－劳动比率的影响；α、β、γ 分别表示资本－劳动比率的弹性系数；Y/L、H/L、T/L 分别表示珠三角地区的从业人员人均 GDP、人力资本人均投入、人工智能技术人均投入。

最后对（2）式两边取对数，得：

$$\ln(K/L) = \ln(D) + \alpha\ln(Y/L) + \beta\ln(H/L) + \gamma\ln(T/L) \tag{3}$$

（2）数据选取

珠三角地区人工智能技术在 2010 年后进入迅猛发展阶段，数据具有可得性与可比性。本节选取了 2011—2018 年珠三角地区的相关数据，且数据均来源于 2011—2018 年《广东统计年鉴》。

其中，根据人力资本概念并参考于晓龙[①]的做法，珠三角地区人力资本投入 H，本节选用当地教育总支出来表示。珠三角地区人工智能水平 T 是本节实证部分极为重要的变量，但目前学术界还未形成统一的衡量标准。孙早和侯玉琳在研究智能化对国内劳动力结构的重塑中，选取了智能化设备投入情况、软件普及、应用情况等指标，对智能化水平进行测度[②]。本节基于珠三角地区人工智能发展现状，参考其采用的方法并调整后，选用相当规模以上先进制造业和高技术制造业的主营业务收入作为珠三角地区人工智能水平的代理变量，所选的细分行业包括：装备制造业、电子及通信设备制造业、电子计算机及办公设备制造业。

2. 计量分析与结论

本文运用 Stata11，对变量人均资本（K/L）、从业人员人均 GDP（Y/L）、人力资本人均投入（H/L）和人工智能技术人均投入（T/L）的统计如表 3.22 所示。

表 3.22 珠三角地区人工智能水平对资本–劳动比率影响的描述性统计分析结果

变量	样本数	最小值	最大值	平均值	标准差
$\ln(K/L)$	72	10.997861	11.515320	11.279969	0.188789
$\ln(Y/L)$	72	11.698875	12.183099	11.955395	0.173594
$\ln(H/L)$	72	8.126331	8.815132	8.523363	0.234594
$\ln(T/L)$	72	6.605819	7.018147	6.861070	0.128062
有效个案数	72				

① 于晓龙. 我国信息技术进步的就业效应研究 [D]. 北京：中共中央党校，2015.
② 孙早，侯玉琳. 工业智能化如何重塑劳动力就业结构 [J]. 中国工业经济，2019（5）：61–79.

运用 OLS 方法回归后结果如表 3.23 所示。

表 3.23　OLS 后珠三角地区人工智能水平对资本 – 劳动比率影响的回归结果

变量	系数	标准误差	t	显著性
常数	-2.528445	1.883629	-1.342	0.025061
ln（Y/L）	1.262547	0.377937	3.341	0.028819
ln（H/L）	-0.115350	0.253799	-0.454	0.673045
ln（T/L）	-0.044114	0.091694	-0.481	0.655582

根据 p 值剔除变量，再进行 OLS 方法回归分析，结果如表 3.24 所示。

表 3.24　变量剔除、OLS 后珠三角地区人工智能水平对资本 – 劳动比率影响的回归结果

变量	系数	标准误差	t	显著性
常数	−1.689811	0.347192	−4.867	0.004605
ln（Y/L）	1.091934	0.040162	27.188	0.000001
ln（T/L）	−0.012348	0.054441	−0.227	0.829552

由以上回归结果可以看出，珠三角地区人工智能技术人均投入的资本 – 劳动比率的弹性系数（γ）为负数，这说明人工智能对资本 – 劳动比率为负效应，两者呈现反向变动关系，即人工智能技术人均投入每增长 1%，资本 – 劳动比率减少 0.012348%。依据希克斯理论对技术进步的分类可知，珠三角地区人工智能技术的发展属于资本节约型技术进步，即随着当地人工智能技术的发展，劳动力的边际产量与资本的边际产量比率升高，人均资本量降低，人工智能的进步使劳动力的吸纳量提高，形成劳动力对资本的替代。

从资本有机构成角度来看，劳动力和资本两种要素的投入在珠三角地区人工智能的发展中，单位劳动占用的资本数量依旧较少，劳动力使用的比重仍然较大。随着人力所花费的可变资本提高，珠三角地区人工智能发展的资本有机构成处于较低水平，这意味着当地人工智能发展实质上是劳动密集型的技术进步。随着时间推移，珠三角地区资本投资总额增加，人工智能技术

的应用和推广并不会给当地就业带来威胁性的替代或破坏，反而会促使资本对劳动力的吸纳量增加，为劳动力市场提供更多的就业机会，对就业产生正向的创造效应。

三、珠三角地区应对人工智能对制造业就业挑战的对策建议

1.发挥高校教育及技能培训作用，促进劳动力技能的提升

珠三角地区是青年人就业、发展所青睐的区域，当地人工智能的发展需要强大的人才力量做支撑，以人工智能技术为依托的领域急需专业人才。因此，高校教育应更大范围地开设智能科学和技术专业，促进人工智能涉及的学科与相关体系学科交叉融合，深入研究人工智能领域的学习内容，从而为人工智能产业提供更多的高素质、高技能人才。此外，对于被人工智能技术替代的岗位，相关的职业和技能培训应当覆盖这一部分岗位的就业人群，使他们通过培训提升自身的专业技能，增强在就业市场的竞争优势，促使这些劳动力能够随着技术的进步和变革来转换工作，从而降低失业率，缩短失业时间，维持珠三角地区劳动力市场的平稳发展。

2.加强政府政策推进，完善社会福利保障体系

"机器换人"项目在珠三角地区的运用推广预示着人工智能技术的发展对当地部分劳动力具有一定的替代作用，这表明传统的生产方式被自动化技术所取代，工厂对劳动力的需求大幅下降，工人的劳动时间逐渐缩短。因此，加强政府政策推进，完善社会福利保障体系刻不容缓。具体来说，政府应不断完善失业保险、基本收入保障制度，通过调节社会分配来缩小不同类型劳动力之间的收入差距，以保证社会公平。同时，政府要健全基本医疗保障、养老保险制度，使劳动者的权利和利益得到全面有效的维护。在此基础上，鼓励劳动者进行灵活多元的再就业，从而减少人工智能对就业的冲击，避免出现规模失业和社会不稳定现象。

3.企业利用粤港澳大湾区综合优势，拓宽就业空间

《粤港澳大湾区新一代人工智能发展蓝皮书（2020）》明确指出，粤港澳

大湾区正在努力占领新一代人工智能科技开发的制高点。2019 年,《粤港澳大湾区发展规划纲要》颁布,将珠三角地区 9 市与香港、澳门特别行政区联结在一起,使人工智能技术的发展有了更广阔的空间,有利于促进大湾区的人才流动。在大湾区经济深入发展的背景下,企业应通过物力及财力上的支持,促进劳动力主动向珠三角地区以外的以人工智能技术为依托的新兴产业转移,为大湾区营造充满活力的就业环境,拓宽劳动力的就业空间。

第四章 人工智能对制造业空间分布的影响

第一节 引言

当下，以新一代人工智能技术为主要特征的智能革命正在引领全球第四次工业革命的浪潮。智能化时代的开启引起了各领域学者的关注，他们从各自的视角研究人工智能技术可能带来的影响及应对策略。从经济学角度来看，目前国内外学者和政策制定者更多地把注意力集中在智能技术作为一种通用技术，对经济增长可能带来的革命性驱动层面上，而且这种驱动主要关涉时间序列中经济增长量和质的变革，而对智能化对经济活动空间分布的可能影响并未给予太多关注。空间问题一直都是经济活动演进的另一个呈现维度，历次技术革命都在推动生产力沿时间轴演进的同时，也推动着全球和地方的经济地理一次次重塑。与以往历次技术革命相比，智能技术革命是一次质的飞跃，对经济活动的空间分布必将产生全新的冲击。智能技术革命对经济地理的影响与以往相比有哪些新的特点？经济地理可能会有哪些新的变化？对这些问题展开理论和实证研究，对空间经济学理论和实践来说都是不可忽视的。对我国在新时代建设现代化经济体系而言，对智能经济地理演进规律的探索同样不可或缺。

第二节　经济地理相关理论综述

一、国外相关理论

对经济活动空间分布的研究主要集中在城市经济学、区域经济学、经济地理学、新经济地理学等学科，这些学科的研究具体又可以分为经济学学科视角和地理学学科视角。这些学科集中关注的一个议题是经济活动的空间集聚和扩散。经济学学科视角下关于经济集聚的理论主要源于马歇尔，他提出了经济集聚的三个决定性来源——专业化技能的厚实市场、后向和前向关联、知识和技术溢出，这三个来源并称为"马歇尔三位一体的外部经济"：劳动力池效应、金钱外部性、技术外部性，与这三个外部性相关的集聚机制是共享、匹配、学习。马歇尔之后的经济集聚理论基本上都是在这三点上的进一步深化和拓展。克鲁格曼开创的新经济地理学理论（NEG）构建了严谨的数理模型，集中解释了集聚外部性中的金钱外部性[1]，其后期研究也开始关注和演示技术外部性[2]。新经济地理学理论强调内生因素是导致空间集聚与扩散的决定性因素，同时承认历史和偶然因素是经济活动集聚的源头，至于历史因素包含哪些内容，并未给予更多的解释。新新经济地理学理论（NNEG）则以异质性假设对新经济地理学中同质企业假设进行了修正。

地理学方向的新经济地理学理论强调影响经济活动空间分布的非市场因素和非贸易联系。包括新产业区理论在内的新区域主义及经济地理研究的制度、文化和关系等转向的相关理论，突出了经济活动空间分异是根植于特定制度、文化和具有历史渊源的社会差异。这些理论在一定程度上是对历

---

[1]　Krugman P. Geography and trade[M]. Cambridge：MIT Press，1992.

[2]　Berliant M，Fujita M. Dynamics of knowledge creation and transfer：The two person case[J]. International journal of economic theory，2009，5（2）：155-179.

史、文化等非经济因素对集聚经济及集聚经济中技术外部性影响的重视。演化经济地理学则更多地借助演化生物学中的一些隐喻和机制来解释经济地理现象。

以上所述经济地理相关理论都是在智能产业革命之前产生的，对智能化时代之前经济集聚形成和演进的解释比较完善。但是，智能技术革命给人类生产和生活带来的冲击远远超过前面三次工业革命，新一代人工智能技术的全面应用将重塑人类生产和生活空间，因此，伍德沃德[①]、布林约尔弗森等[②]认为传统经济地理学理论在对智能化时代经济活动空间景观的解释力将面临挑战。在智能技术条件下，马歇尔关于产业集聚的三个来源都需要进行重新审视和梳理。

二、国内相关理论及研究

国内学者对经济地理学理论和实践的探索首先表现为对西方经典的译介、研究，如王缉慈[③]、安虎森[④]、梁琦[⑤]、贺灿飞[⑥]等，主要借鉴了西方经济地理相关理论，其理论核心依然是马歇尔提出的外部性。学者主要对中国制造业经济地理及制造业内部细分行业的经济地理展开了理论和实证研究，如吴福象[⑦]、魏守华[⑧]、颜银根[⑨]等。制造业内部细分行业主要包括高新技术产业、电子信息制造业、战略性新兴产业等。

---

① Woodward D. Agglomeration and automation in the twenty-first century：Prospects for regional research[J]. Regional research frontiers，2017（1）.
② Brynjolfsson E，McAfee A. The second machine age：Work，progress and prosperity in a time of brilliant technologies[M]. New York：W. W. Norton & Company，2014.
③ 王缉慈. 创新的空间：企业集群与区域发展 [M]. 北京：科学出版社，2010.
④ 安虎森. 新经济地理学原理 [M]. 北京：经济科学出版社，2009.
⑤ 梁琦. 产业集聚论 [M]. 北京：商务印书馆，2006.
⑥ 贺灿飞. 演化经济地理研究 [M]. 北京：经济科学出版社，2018.
⑦ 吴福象. 国际产能合作与重塑中国经济地理 [J]. 中国社会科学，2017（2）：44–64.
⑧ 魏守华，顾佳佳，姜悦. 多维视角下知识溢出机制与测度的研究述评 [J]. 研究与发展管理，2019（3）：121–133.
⑨ 颜银根，王光丽. 劳动力回流、产业承接与中西部地区城镇化 [J]. 财经研究，2020（2）：82–95.

目前，专门针对智能经济时代经济地理的研究还不多见，只有少数学者开始进行相关研究。杨开忠认为，不同发展方式下空间经济遵循不同的逻辑，需要不完全相同的理论解释；在新时代下，我国经济已经转向依靠创新驱动发展阶段，需要发展与创新驱动的知识经济、信息经济、智能经济相适应的新空间经济学；克鲁格曼开创的新经济地理学不适用于创新驱动的知识经济、信息经济、智能经济[①]。他和他的团队强调"地方品质"在创新驱动时代空间经济中的重要性。孙志燕指出新一代技术革命对不同经济要素的跨区域流动、空间组织和集聚形态的重要影响，并提出新技术革命对区域经济影响的两种路径——技术替代效应和空间压缩效应；认为新技术创造虚拟互联空间[②]。这些学者的研究为探索智能经济地理提供了很好的借鉴。但是，现有学者的研究要么以"创新"代替对智能经济特征的理解，要么只触及智能经济的具体形态，对智能技术变革对经济活动空间布局影响的内在机制并未梳理清楚。

当然，现有研究水平与我们还处在弱智能化时代相关。在弱智能化时代，智能化革命对经济地理的影响并未完全展开，现有研究也只能基于目前的智能技术革命理论架构和初步实践而展开。本书认为，要研究智能技术革命对经济地理的影响，需要从智能技术革命与以往技术革命的异同点出发，深入分析和预测智能革命对经济地理演进机理的可能冲击。可以以经济学视角的经济地理学理论为分析依据和起点，借鉴地理学视角的相关理论，探求智能技术革命对经济地理的可能影响及启示。

---

① 杨开忠. 以空间经济学支撑中国特色主流经济学. 2020 年中国空间经济学年会发言，（2020-12-12）.

② 孙志燕. 新技术革命对中国区域经济的影响及政策建议 [J]. 中国经济报告，2019（1）：38-42.

第三节　理论分析：技术进步与经济地理

一、技术进步、异质性劳动力与产业集聚

克鲁格曼开创的新经济地理学理论在规模收益递增和垄断竞争框架下较好地揭示了经济活动空间分异的内在微观机理，指出了规模经济、运输成本、要素流动等变量之间的相互作用及其导致的经济空间格局的演化。新经济地理学强调，循环累积因果机制是导致经济活动空间集聚的关键，贸易自由度即运输成本的变化对循环累积因果机制起决定性作用。由本地市场效应、价格指数效应导致的集聚力和市场拥挤效应导致的分散力之间的博弈，推动了经济空间的演进。可以说，诸多新经济地理学框架下的理论研究都强调运输成本或贸易成本的下降在经济活动空间分异中的作用，空间集聚的形成是经济活动主体在集聚经济与贸易成本之间权衡的结果。事实上，第一次工业革命以来，一次次技术创新推动着经济增长，经济增长的背后是劳动生产效率的提升和生产成本的降低。同时，技术创新和产业革命也推动着运输技术和产业的大发展，进而表现为运输成本的大幅度降低。劳动生产率提升和生产成本降低是历次技术革命和产业革命的主要表现。那么，从技术进步的角度来分析，能否得到与从运输成本下降的角度分析同样的结论呢？

有学者在新经济地理学框架中，通过对核心边缘模型的重新设定和拓展，从技术进步的角度揭示了技术进步、迁移成本与经济地理之间的关系[1]。在他们的研究中，假设有两地区、一个生产差异化产品的制造业部门、一种生产要素即劳动、一定数量的消费者，不存在农业部门，存在运输成本；在模型中，假设技术进步是外生给定的，并且技术进步的具体形式并不在理论

---

① Tabuchi T，Jacques-François T，Zhu Xiwei. Technological progress and economic geography[J]. CEPR discussion papers，2014.

研究的范围内。技术进步在模型中表现为劳动力的节省，劳动力的节省具体设定为单位产品生产所需劳动力的边际需求和固定需求的降低；劳动力在不同地区之间流动是存在迁移成本的，迁移成本不仅体现为金钱成本，还体现为因语言、文化、宗教等差异造成的非金钱成本。迁移成本是作为分散力存在的。劳动力是异质的，分为高技能劳动力和低技能劳动力。他们的研究表明，随着制造业的技术进步，劳动生产率稳定提高，两个地区制造业生产的劳动力边际需求和固定需求都会降低。如果某个地区由于某种原因市场规模较大，那么技术进步会通过提高工资水平和降低产品价格进一步增强该地区的吸引力。如果劳动生产率水平够高，且区际效用差异超过劳动力迁移成本时，劳动力将向市场规模较大的地区迁移。在此过程中，循环累积因果机制将发挥作用，技术进步最终导致经济活动的空间集聚。而且，由于劳动力是异质的，高技能劳动力比低技能劳动力更具有流动性，经济活动繁荣区和集聚区的形成伴随着高技能劳动力从生产效率低的地区向生产效率高的地区迁移。而迁移到繁荣区的劳动力又得益于集聚经济的外部性，通过种种机制进一步提升生产效率。经济繁荣区在吸引大量高技能劳动力的同时，也吸引部分低技能劳动力。所以，经济集聚区同时拥有高技能劳动力和低技能劳动力。总之，学者们通过严谨的数理模型分析，得出了技术进步也能导致经济集聚的结论。只是他们的研究对技术进步的具体形态并未予以区分，而一律以劳动力的节省为特征。

在此理论分析中，除了集聚经济继续存在外，有技术进步的核心边缘模型也展示出了空间类分（spatial sorting）和空间选择（spatial selection）机制的作用。空间类分和空间选择是新新经济地理学相关研究中基于个体异质性假设而揭示出的不同于集聚规模经济的引起空间分异的理论。空间类分是指高技能劳动力往往选择经济繁荣和设施完善的地区就业和生活，低技能劳动力则往往选择经济发展水平、收入水平都比较低的区域就业和生活，也就是异质性企业或劳动力有着异质性区位选择。这是因为，随着经济活动的集聚，集聚区的集聚成本不断提高，不同技能的劳动力对于经济繁荣区或者城市的高成本承受能力不一样，进而导致具有不同人力资本禀赋的劳动力在衡量迁移成本和集聚收益时会选择不同的区位。因此，经济集聚区因为集聚了更多的高技能劳动力，生产力水平会更高。空间选择是指在优胜劣汰的规律下，经济规模较大的集聚区通过激烈的市场竞争将人力资本禀赋较低的或者能力较差的个体淘汰掉，最终只留下人力资本禀赋最高的劳动力。也有学者将空间类分和空间选择统称为选择效应。张可云认为应该分为事前的空间类分和事后的空间选择机制[1]。其实，空间类分和空间选择是基于市场主体的异质性对经济活动集聚机制的进一步细分。新经济地理学中强调的循环累积因果过程中包含了异质性主体的类分和选择效应。事前的类分和事后的选择也构成因果循环，这种因果循环反过来又会加强集聚经济。当然，这里的异质主体也可以是企业。在智能经济时代，空间选择效应和空间类分效应会更加凸显。

二、智能制造技术与以往技术的异同

通过对 HCPS 进行解释，可以把握智能制造技术与以往技术的异同。HCPS 是指人—信息—物理系统，H 是人（Human），C 是信息系统（Cyber），P 是物理系统（Physics）。传统制造业一般包括人和物理系统两大部分（HPS），通过人对机器直接操作和控制去完成各种生产任务，感知、分析、决策、学习、认知等与智能相关的活动都是人自己完成的。与传统制造系统相比，第一代和第二代智能制造系统最本质的突破是：在人和物理系统之间出现了信息系统，制造系统也就由 HPS 发展到 HCPS。由于信息系统的特有功能，在 HCPS 中，人的部分感知、分析、决策等智能功能向信息系统迁移，人可以用信息系统来控制物理系统，完成更多的体力劳动。新一代智能制造系统与第一代、第二代智能制造系统的本质区别在于其信息系统中增加了认知和学习的功能，所以其信息系统既具有强大的感知、计算、分析和控制能力，也具有学习提升、产生知识的智能能力。新一代人工智能技术将替代大

---

① 张可云，何大梽. 空间类分与空间选择：集聚理论的新前沿 [J]. 经济学家，2020（4）：34–47.

量的脑力劳动，甚至包括部分创造性的脑力劳动。

　　当然，新一代智能制造系统不仅仅体现为人工智能技术的使用，还包括大量辅助和支撑技术，如云计算、物联网、大数据、移动互联等。《智能制造发展规划（2016—2020年）》中明确指出，智能制造是基于新一代信息通信技术与先进制造技术深度融合，贯穿于设计、生产、管理、服务等制造活动的各个环节，具有自感知、自学习、自决策、自执行、自适应等功能的新型生产方式。智能技术革命时代，是一个以人工智能技术使用为主要表征的新一轮技术和产业大发展时期。

　　总之，智能制造技术与以往技术的共同点在于，都推动全要素生产率的极大提升，深刻改变人类的生产和生活方式；不同点在于，智能制造技术在提高全要素生产率的同时，还创造出一种全新的生产要素，即人工智能。作为资本和劳动力两种实体要素的结合，人工智能既替代人的体力，也替代人的脑力，能够以更大规模和更快速度复制劳动行为，甚至执行某些超出人类能力的任务。智能制造技术革命对生产和生活的影响，无论在冲击范围、力度上，还是在持续性上，都要比以往历次技术革命更强烈、更广泛，也更持久。

　　正因为这些区别于历次技术革命的特征，"机器换人"成为智能经济时代的焦点。以往经济活动集聚区的一个重要特征和测度指标是就业人口的集聚程度，因此，虽然新经济地理学从技术进步的角度解释了经济活动的集聚和扩散，但该理论并未区别技术进步的不同形式，而是统一以劳动力的节省来标识技术进步和劳动生产率的提升。智能化革命虽然可以用劳动力的大量节省来表示，但是智能化革命技术上的惊人跳跃还在于智能技术时代大量脑力劳动也将被替代。因此，我们在承认经济活动集聚形式依然存在的同时，也有必要对智能技术在经济地理方面可能带来的新特征展开研究。

第四节 人工智能对制造业经济地理的可能影响

一、集聚经济来源

马歇尔关于集聚经济的三个来源，即专业化技能的厚实市场、后向和前向关联、知识和技术溢出，在智能化经济时代都需要重新审视。这三个来源对应着三个外部性：劳动力池效应、金钱外部性、技术外部性。

1. 劳动力池效应

劳动力池效应也称劳动力蓄水池效应，是指企业数量和劳动力数量的增加和集聚给企业和劳动力带来的收益。一方面表现为更好的工作匹配。随着经济活动集聚，当地市场上劳动力和企业数量足够多且异质性很强，企业和劳动力的数量越多，相互匹配的可能性越大，个体专业化程度进一步提升，生产要素的边际生产率不断提升，进而促进集聚区企业和劳动力共享个体专业化收益。另一方面，本地厚实的劳动力市场能够使当地企业获得稳定的劳动力供给，降低企业劳动力短缺的风险。同时，大量企业的集聚也降低了劳动力由于偶然性冲击导致的失业风险，降低了失业率。即使某种冲击使得企业突然增加对劳动力的需求，由于劳动力蓄水池的存在，企业也能够在工资增幅较小的情况下，及时雇佣到突然需要的劳动力。这也被称为风险共享机制。

当下，在智能技术革命可能对人类社会带来的冲击中，首先引起关注的是对就业的冲击。国内外很多学者对此展开了理论和实证研究。虽然以往历次技术革命都曾带来过恐慌和讨论，但是历史已经表明，技术革命在带来大量"创造性破坏"时，并未带来大量的失业；相反，技术革命造成大量失业的同时也创造了更多的就业机会。所以，技术革命的就业效应总体表现为创造效应大于替代效应。那么，对于智能技术革命的就业效应问题，为何引起了这么大的恐慌？如前所述，智能技术革命与以往技术革命既有共同点，也有独特性，人工智能既替代人的体力也替代人的脑力，能够以更大规模和更快速度复制劳动行为，甚至执行某些超出人类能力的任务。因此，"机器换人"的恐慌再度出现。有研究指出，到 2033 年，美国 47% 的工作岗位将被机器人、机器学习等智能技术所替代[1]。也有研究指出，美国现有工作中的45% 可以被现有的机器来完成，如果人工智能水平达到人类中等程度，这一比例将上升到 58%。而且这样的情况并不局限于发达国家，包括中国和印度在内的发展中国家的 85% 工作岗位可能会被智能化机器所替代[2]。当然也有一些经济学家认为，人工智能技术的冲击并没有那么严重，尽管人工智能技术会使很多工作岗位消失，但同时也会有更多的工作岗位被创造出来。总之，现有关于此类问题的讨论倾向于：随着人工智能技术由弱到强的演进，人工智能在短期内会造成大量的失业；但从长期来看，人工智能对工作岗位的创造效应会大于替代效应。

未来可能被替代的工作及不可替代的工作岗位有哪些特性呢？根据现有研究，可以将劳动分为简单重复类体力劳动和脑力劳动、复杂体力劳动和脑力劳动；也可以分为程式化体力劳动和脑力劳动、非程式化体力劳动和脑力劳动。总体而言，简单重复类体力劳动和脑力劳动更容易被智能化机器替代，复杂体力劳动也会被逐渐替代，而复杂脑力劳动中的经验型脑力劳动也有可能会部分被替代，复杂脑力劳动中的决策型脑力劳动则很难被替代。某种工作岗位是否会被替代要从三个方面来看：岗位所需要的社交智慧、岗位所需要的创造力、岗位所需要的感知和操作能力，以上三个层面因素被需要得越多，岗位越难以被替代。因此，在智能技术革命时代，就业岗位将会出现极化现象：一方面，大量的一线生产工人被替代，具备智能化时代所需的高技能、高素质劳动力将会广受欢迎；另一方面，在人工成本有比较优势的行业，即一部分超低端的、非集中化的、灵活体力劳动的领域，并不一定会

[1] Frey C B, Osborne M A. The future of employment：How susceptible are jobs to computerisation？[J]. Technological forecasting and social change，2013（114）：254-280.
[2] Chui M，Manyika J，Miremadi M. Four fundamentals of workplace automation[J]. McKinsey quarterly，2015，29（3）：1-9.

被人工智能替代，一部分低技能劳动力也将会向着这一些岗位沉淀。

因此，在智能技术革命时代，劳动力池效应受到的冲击首先表现为：因为劳动力和企业的异质性集聚而带来的企业与劳动力之间的匹配机制可能会逐渐衰减。随着大量程式化的工作被替代，企业需要更多非专门化的、非程式化的、适应性更强的技能劳动力，而并不需要非常精确的企业和劳动力之间的匹配。在机器和人类比较优势的转换中，非程式化的、创造性能力强的、适应性强的劳动者具有更大的比较优势，更受欢迎。智能技术革命将提高这一类技能劳动力的比较优势，而不是有严格工作技能分类的劳动力。

其次表现为：因为本地厚实的劳动力市场的存在，无论企业受到正面还是负面的冲击，企业都能够较好地对抗冲击，因此企业在拥有大量必要劳动力技能的地方集聚是有益的，可靠的外部劳动力蓄水池可以将企业固定在集聚区内。以往的研究也表明，企业面临的就业波动大部分来源于程式化的体力劳动任务需求的波动。所以，在以往技术革命时代，厚实劳动力市场确实很重要。但是，在智能技术革命时代，因为替代效应，智能化机器可以满足企业对这一类的劳动力波动的需求。

在一定程度上，制造业集聚中的劳动力池效应会被削弱。而智能技术革命的替代效应可能使得以往研究经济活动集聚区的测度方法受到挑战。以往测度制造业集聚程度的主要方法之一是测度就业的集聚程度，这种方法在智能经济演进的过程中应该得到修正。

2. 技术外部性

技术外部性也称知识溢出效应，这里的知识也可以替换为技术、信息。知识或技术的溢出也是一种外部性，即知识和技术的生产者不能全部享有自己研发活动的收益，它具有非竞争性和部分排他性两个特征。格罗斯曼等人的解释是：企业可以不通过市场交易的付费方式获得知识、技术和信息，知识、技术和信息的创造者也无法阻止别的企业获得和使用相关知识、技术和信息。知识、技术等方面的溢出既具有全球性，也具有地方性[1]。知识和技术

---

[1] Grossman G M，Helpman E. Innovation and growth in the global economy[M]. Cambridge：MIT Press，1991.

可以分为不可编码知识和可编码知识。不可编码知识也被称为缄默知识，这一部分知识的溢出更适合发生在人与人面对面交流的场合。在现代通信技术和网络技术的加持下，可编码知识和技术传播的范围可以是全球的，速度可以是瞬时的。但是，即使具有全球性和瞬时性特征，知识和技术传播的过程中也会存在扭曲和失真的现象。同时，这种知识、技术的溢出和传播过程还要取决于国际间的开放程度。当然，不可编码知识的溢出更具有空间局限性，或者称为距离局限性：市场主体距离知识和技术溢出源空间距离越近，越能够更快、更多地获得这种溢出。正是这种知识和技术溢出在时间上的滞后性、空间上的地方性，技术外部性成为经济活动集聚形成的重要源泉。可以说，知识溢出效应的地方性导致集聚，集聚又反过来吸引更多的市场主体迁移到经济活动集聚地，这个过程也是一种循环累积过程。现有研究也表明，知识和技术的产生、扩散、积累都离不开特定的空间集聚，无论是多样化的城市还是专业化的产业区，都是新思想、新知识、新技术产生最频繁的高地。

不可编码知识的产生往往具有高度的语境限制和不确定性，是创新的重要源泉。创新倾向于集聚。奥德兹等认为新知识、新技术投入越重要的行业，集聚的优势越突出[1]。智能技术革命时代，新知识、技术的创新和应用更加频繁，经济活动集聚区的产业结构也将更加高级化。即使"机器换人"成为智能经济时代的一大特色，但是对非程式化的、更具有灵活性的、适应性更强的劳动力需求会进一步普遍化，这样的劳动力的获得离不开特定创新环境的"孕育和养成"。因此，无论是从知识和技术的产生、传播来看，还是从知识的积累来看，技术外部性在智能经济时代都会进一步凸显，并且会成为关键性的集聚力量。

知识和技术的溢出效应作为一种集聚力的存在，是因为不可编码知识和技术的最好传播方式是人与人之间面对面的、近距离的、连续的、重复的接触与交流。在智能经济全面展开时代，即强智能化时代，随着机器深度学习

---

[1] Audretsch D B, Feldman M R D. Spillovers and the geography of innovation and production [J]. American economic review, 1996（86）：630–640.

能力的进一步提升，机器可以执行更多非常规的认知任务，因为智能机器并不需要通过与人类近距离的密切接触、交流来获得知识、技术和认知技能，所以人类通过在城市和产业集群中获得的学习优势可能会受到一定程度的侵蚀。因此，技术外部性在智能经济时代存在的程度和形式还需要进一步的研究。

3. 金钱外部性

金钱外部性是指通过市场规模效应和价格体系的变化而导致的外部经济，反映的是市场的相互作用。从广义上来说，劳动力池效应也属于金钱外部性。这一部分的金钱外部性主要是指新经济地理学中揭示的前后向关联机制和城市经济学中强调的不可分物品共享机制。借用克鲁格曼的核心边缘模型，前后向关联机制可以表述为：由于某种原因工人的迁移导致迁入地市场规模扩大，市场规模扩大导致生产活动向大市场转移，生产活动的转移反过来又激励工人迁移。这里工人迁移的过程也是企业迁移和向大市场集聚的过程，大市场包括最终消费品的大市场和中间投入品的大市场。这一个过程是不断循环累积、自增强和自组织的过程，其中贯穿着本地市场效应和生产、生活成本效应。其中，由于市场规模变化引发的支出或需求变化导致的循环累积因果关系称为后向关联，由于生活、生产成本变化导致的循环累积因果关系称为前向关联。这两种循环累积因果关系交织在一起，相互增强，共同构成强大的集聚力。在循环累积因果关系中，新经济地理学的一部分模型强调可移动要素的流动和迁移。可移动要素包括劳动力、企业家、资本、高技能劳动力。另有部分模型强调缺乏要素流动的产业内部垂直联系而导致的集聚。事实上，这两种切入方法都可以概括为因市场规模效应和价格体系变化而导致的金钱外部性。在城市经济学中，这种前后向关联被称为中间投入品共享。城市经济学中强调的不可分物品共享是指集聚中心具有公共物品性质的基础设施等方面的共享，这种共享会带来规模报酬递增的收益。

在智能经济时代，虽然自动化、智能化可能导致大量工作岗位消失，但是企业的集聚依然存在。集聚更多地表现为企业集聚在某一地区，而不仅仅是工人的大量集聚。因此，企业生产中投入产出的性质特征决定了企业经济活动前后向关联带来的规模收益和不可分物品共享带来的收益依然存在。而且，由于产业形态和产业链的进一步裂变，产业价值链的进一步复杂化，价值链的微笑曲线正向 W 形或者蛇形转变，未来的研究需要考虑产业内和产业间更加复杂的相互作用。

卡利诺等指出，在 21 世纪，未来企业的集聚可能会受到功能专业化和创新活动集聚的趋势影响[1]。功能专业化和创新活动集聚是指部分地区将专业化于商品生产功能，部分地区将专注于创新功能。其实，这一趋势在当下经济地理中已经初步显现。世界经济论坛的调查指出，企业按功能专业化分类是当代价值链发展的一个特点和趋势[2]。孙志燕的研究也指出，在新技术革命背景下，基于供应链的功能分工成为区域经济格局重构的核心动力，地区间的传统产业分工将逐渐被功能分工所替代，并形成更多类型的功能区域。而且，随着智能技术的进步，地区间的功能分工会进一步深化、细化[3]。这种集聚中心的功能分工得益于智能技术革命导致的进一步时空压缩效应，这也是新经济地理学理论中强调的贸易成本的不断降低——空间成本的大幅度降低或者时空距离的进一步压缩。

二、集聚经济形态和形式

1. 集聚形态

集聚形态主要是指经济活动集聚或分散在空间中分布的形态。前面的论述更多集中在智能化技术变革对集聚力来源的可能影响和冲击，而经济景观的形成过程除了存在集聚力，还存在分散力。分散力的来源有很多，包括农产品贸易成本、城市成本、迁移成本等。在现实中，经济活动的集聚通常是

---

[1] Carlino G, Kerr W. Agglomeration and innovation[J]. Handbook of regional and urban economics, 2015（5）：349-404.

[2] World Economic Forum. The future of jobs：Employment, skills and workforce strategy for the fourth industrial revolution[EB/OL]. http://www3.weforum.org/docs/WEF_Future_of_Jobs.pdf. 2016.

[3] 孙志燕，新技术革命对中国区域经济的影响及政策建议 [J]. 中国经济报告，2019（1）：38-42.

以城市的形式存在的。随着城市规模的扩大，城市中拥挤成本开始显现，拥挤成本的上升来自通勤成本、包括住房成本在内的各种非贸易品成本。正是因为这些分散力的存在，随着新技术革命导致的时空距离的大幅度压缩，也就是贸易成本进一步降低，新经济地理模型中的钟状曲线可能会出现[1][2]。钟状曲线是指随着区际贸易成本的下降，生产活动呈现为先集聚后分散，也就是在区域发展早期阶段区际发展差异上升，在后期阶段区际差异开始下降。从全球经济地理看，钟状曲线的存在表现为产业活动的全球漂移，也就是在最初的核心—外围版图的外围区出现新的经济活动集聚区；从一国经济地理看，表现为经济活动的集聚—扩散—再集聚的过程。田渊隆俊等从技术进步的角度指出，在某种区位机会窗口来临之际，一旦边缘区出现某种强劲的创新活动，那么该边缘区会很快摆脱历史阴影，成为新一轮的经济活动集聚区[3]。

因此，在智能技术革命时代，随着新技术革命步伐的加快，经济活动集聚—扩散—再集聚的过程还会进一步展开，在经济活动空间布局上由原来简单的核心边缘格局向多层次、多中心的集聚格局转变。艾伦·J.斯科特在《浮现的世界》中指出，随着新技术革命的进一步推动，全球经济地理形态将超越传统的核心 – 边缘模式，向一种新的全球马赛克形态新模式发展（图4.1）[4]。其实，这种空间马赛克形态，正是通过集聚—扩散—再集聚的演进带来的经济活动在空间上重新布局的结果。

---

① Helpman E. 'The size of regions' in topics in public economics：The oretical and applied analysis[M]. Cambridge：Cam-bridge University Press，1998.

② Tabuchi T，Thisse J F. Taste heterogeneity，labor mobility and economic geography[J]. Journal of development economics，2002（69）：155–177.

③ Tabuchi T，Jacques-François T，Zhu Xiwei. Technological progress and economic geography[J]. CEPR discussion papers，2014.

④ 艾伦·J 斯科特 . 浮现的世界：21 世纪的城市与区域［M］. 王周杨，译 . 南京：江苏凤凰教育出版社，2017.

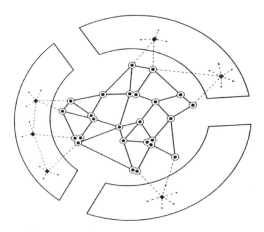

⊙ 城市 – 区域：核心都市区及其腹地　　—— 城市 – 区域之间的高流量联系
♣ 相对繁荣的岛屿　　　　　　　　　- - - 城市 – 区域与相对繁荣岛屿之间的主要联系
☐ 资本主义体系的边缘区　　　　　　·–·▸ 发展动力

图 4.1　浮现中的全球城市 – 区域马赛克示意图

2. 集聚形式

到目前为止，本书讨论的空间都是指欧式几何学意义上的形式空间，经济活动的空间集聚形式也是指经济活动在地理空间中的集聚。但是，随着信息化、网络化、智能化社会的到来，网络空间或者赛博空间的概念被提出和研究。赛博空间中的空间是指在网络电磁场覆盖范围内由于各种信息的交织和流动而构成的莱布尼兹式的关系空间（relational space），这种空间具有虚拟特征，因此也被称为虚拟空间。随着信息化、网络化、智能化经济的推进，云平台、工业互联网等新一代信息技术进一步发展，市场主体之间的很多经济活动会在虚拟空间中进行，因此很多学者提出了"虚拟集聚"的概念。不同学者从不同的角度定义虚拟集聚。帕西安特等指出虚拟集聚的本质是一种共同体，在该共同体内，供应商、经销商、服务提供者和客户可以基于商业网络寻求技术合作与竞争[1]。从关系经济地理学角度看，虚拟集聚是基于关系网络的集聚。王如玉等指出，企业与企业之间可能会从原先地理空间

---

① Passiante G，Secundo G. From geographical innovation clusters towards virtual innovation clusters：The innovation virtual system[C]//ERSA conference papers. European regional science association，2002.

集聚模式，转变成以数据和信息实时交换为核心的网络虚拟集聚模式①。我们认为，在智能技术革命时代，经济集聚形式将表现为地理集聚和虚拟集聚的协同演化。

第五节　结论和启示

在智能技术革命时代，集聚经济的三大来源都会受到一定程度的冲击，但是经济活动集聚依然存在，经济地理的异质性依然存在，只是集聚经济的来源、集聚形态、集聚形式等方面会呈现新特征。由这些新特征，可以得到以下几个层面的启示。

一、理论层面

在智能经济时代，创新成为经济增长的主要驱动力，适应智能化生产的非常规、高技能劳动力将会有极大的需求。但是，也将有大量常规的、程式化的就业岗位消失，大量低技能的劳动力将被智能机器所替代，集聚经济的三大来源都会受到冲击。现有的经济地理学理论是对以往的技术背景和生产模式下经济活动空间分布特征的解释，而对智能经济时代经济活动空间分布的特征、趋势、测度和机理的解释，则需要突破原有的空间经济学理论，在理论上探求与智能经济时代相适应的新的空间经济学理论。杨开忠指出，新经济地理学侧重于经济活动空间集聚的有形因素，并不适用于创新驱动的知识经济、信息经济、数字经济和智能经济②。我们亟须发展与之相适应的新空间经济学。

①　王如玉，梁琦，李广乾．虚拟集聚：新一代信息技术与实体经济深度融合的空间组织形态 [J]．管理世界，2018（2）：13–21.
②　杨开忠．以空间经济学支撑中国特色主流经济学．2020 年中国空间经济学年会发言，（2020–12–12）.

二、实践层面

1. 劳动力层面

在智能经济时代，新技术对就业的替代效应会在一段时间内非常突出，常规的、程式化的就业岗位将会被大量替代，而非程式化的、创造性和适应性强的劳动者具有更大的比较优势。从劳动者角度来看，劳动者要想在智能化社会中不被淘汰，必须要不断提升和更新自己的人力资本，增强创造性、适应性；从政府角度来看，政府需要加大满足智能技术革命需要的高等教育体制的改革，提升适应智能技术革命的新职业技能培训力度。这样才能加厚可能被削弱的劳动力池效应，筑起智能经济时代所需的具有更高、更新技能的劳动力池。

2. 区域层面

在智能经济时代，空间分异和集聚经济依然存在，但是集聚经济中的技术外部性将会更加突出，并成为关键性的集聚力量。从区域发展的角度看，促进经济活动在本地的集聚依然是促进本地经济社会快速发展的重要手段。如前所述，在智能技术革命时代，新知识、技术的创新和应用更加频繁，智能化产业中知识、技术的投入更加密集，对非程式化的、更具有灵活性的、适应性更强的劳动力需求会进一步普遍化。这样的创新能力和劳动力的获得离不开特定创新环境的"孕育和养成"。而且，在智能经济时代，集聚理论中异质性主体的空间类分和选择效应也会更加突出。人力资本禀赋高的、创新能力强的高技能劳动力在选择就业和生活区域时，会更多地考虑该地区的创新环境、创新氛围，甚至整个区域的非经济环境。杨开忠认为，空间经济的繁荣、竞争力、创新力、人才内生于不可贸易品的数量、种类、质量和可及性，也就是"地方品质"[①]。所以，各地方政府需要不断改善当地的创新环境，完善创新体系，提升地方品质，以不断强化技术外部性，吸引更多的高技能人才，力争成为新的区位机会窗口区。同时，在智能经济时代，区域之

① 杨开忠. 以空间经济学支撑中国特色主流经济学. 2020 年中国空间经济学年会发言，（2020-12~12）.

间基于供应链的功能分工将成为区域分工的凸出特征。因此，各地方需要综合考虑，精准评估本地区在未来的区际分工中可能的功能定位。

3. 国家层面

在智能经济时代，由于智能机器对程式化劳动力的大量替代，经济活动集聚区的基于优胜劣汰机制的空间类分效应会进一步凸显。因此，国家层面需要进一步评估和研究智能经济时代新技术对就业的替代效应和创造效应，并制定相应的对策。同时，在战略层面，国家也要从智能化时代经济地理演进特征出发，更好地谋划和确定各地区的战略定位，并不断培育和强化竞争优势和比较优势。

第六节　人工智能相关产业布局实证研究——基于机器人产业

一、概念界定与文献综述

1. 概念界定

机器人是智能制造中的一大重点领域，它不仅是先进制造业关键支撑设备，还是智能社会中能够改变人们生活方式的重要切入点。机器人产业是指由利益相互联系的、具有不同分工的、各个机器人相关行业组成的业态集合。打造机器人产业，对于加快建设制造强国、推动工业转型升级、改善人民生活水平，具有十分重要的意义。从1954年世界上第一台机器人诞生以来，世界上的工业发达国家大多已基本建立起完善的机器人产业体系，并形成了少数几个在全球范围占主导地位的机器人龙头企业。特别是在2008年全球金融危机以后，很多国家将机器人产业的发展列为国家发展战略的重要方面。

2. 相关研究综述

（1）关于中国机器人产业发展背景的研究

作为传统制造业走向智能化和信息化的载体，机器人产业正在飞速发展，逐渐成为国家技术化和智能化水平的重要标志，因此被誉为"制造业皇冠顶端的明珠"，并且受到越来越多的关注。机器人产业通常与制造业，特别是与汽车产业有密切的联系，现在，技术发展和专利活动增加逐渐使它扩散发展到更广泛的领域。由于机器人技术是现代科学与技术交叉和综合的体现，机器人（特别是工业机器人）产业发展水平体现了一个国家的制造业和科学技术发展水平，因此被许多发达国家列入国家战略[1]。

中国工业机器人产业起步于20世纪70年代初，但由于技术落后等原因发展速度较为缓慢。20世纪80年代中期，中国开始发展机器人产业，"七五"计划中机器人被列为国家重点科研规划，"863"计划启动时设立了智能机器人主题[2]。随着我国人口结构的不断变化，人口红利逐渐消失。2000年，我国65岁及以上人口数量达8821万，占比接近7%，这标志着我国正式进入老龄化社会。2016年，我国65岁及以上人口占比已经达到10.81%，人口老龄化程度进一步加重。人口老龄化程度的加快使得中国人工成本急剧上升，导致大部分企业的利润被压缩，过去以劳动力价格为优势的部分企业正在全球化竞争的格局中逐渐丧失竞争力，而智能机器人将逐渐成为人类生产及生活过程中的重要助手，在解决人类面临的可持续发展、人口老龄化、医疗和健康服务、极端环境服役等众多挑战中发挥着至关重要的作用[3]。因此，企业"机器换人"的意愿逐渐变得强烈，从而推动整个市场对机器人的需求不断增加。同时，"机器换人"在劳动力与机器人竞争越来越激烈的情况下，会对劳动力就业及报酬产生影响[4]。

（2）关于中国机器人产业发展情况的研究

21世纪以来，随着制造业的转型升级、劳动力成本持续增长及智能化需求日益增长，中国的机器人产业得到迅速发展，市场逐步扩大，并于2013

① 陈军，张韵君. 基于创新2.0的中国机器人产业发展政策分析[J]. 产经评论，2017（3）：109-119.

② 高峰，郭为忠. 中国机器人的发展战略思考[J]. 机械工程学报，2016（7）：1-5.

③ 高峰，郭为忠. 中国机器人的发展战略思考[J]. 机械工程学报，2016（7）：1-5.

④ Acemoglu D，Restrepo P. Robots and jobs：Evidence from US labor markets[J]. Journal of political economy，2020，128（6）：2188-2244.

年超越日本成为世界上最大的工业机器人市场[①]。为了加快落实《中国制造2025》，2016 年 4 月，国家工信部、发展改革委、财政部联合印发了《机器人产业发展规划（2016—2020）》（以下简称《规划》）。《规划》紧密围绕我国经济转型和社会发展重大需求，提出要增强机器人产业技术创新能力，实现关键零部件和高端产品的重大突破，构建具有中国特色的机器人产业体系，为建设制造强国奠定基础。经过 5 年努力，中国要形成较为完善的机器人产业体系，实现机器人质量可靠性、市场占有率和龙头企业竞争力的大幅提升；以企业为主体，进行协同创新，打造机器人全产业链竞争能力，形成具有中国特色的机器人产业体系，为建设制造强国打下坚实基础；实现机器人在重点行业的规模化应用，机器人使用密度达到 150 以上。但是，目前中国机器人使用密度与发达国家相比仍有较大差距，因而未来还有较大增长空间[②]。

众多学者对机器人产业的发展背景及发展情况进行了分析，并且大多从专利角度分析机器人产业的发展水平。近年来，越来越多的学者开始研究机器人产业的特征及其成长环境，希望能够找出培养和支持机器人产业成长发展所需要的要素及作用方式。但是，尽管分析了产业主要发展的领域，现有的研究成果大多是从企业角度进行定性描述的，从空间布局的角度展开研究还比较少。基于此，本节以 31 个省级行政区数据为研究对象，采用空间地理探测器方法对中国机器人产业空间分布情况进行探究，并且从区域层面选择影响机器人企业选址的因素，构建指标体系，运用地理探测器模型，对中国机器人产业的集群发展和空间分布规律的影响因素进行分析，以期对现有的研究成果进行检验和探讨。

---

① 陈军，张韵君．基于创新 2.0 的中国机器人产业发展政策分析 [J]．产经评论，2017（3）：109-119.

② 罗连发，储梦洁，刘俊俊．机器人的发展：中国与国际的比较 [J]．宏观质量研究，2019（3）：38-50.

二、中国机器人产业发展现状

在世界范围内，中国、美国、德国、日本是主要的机器人市场，占全球机器人销量的 70%，而亚太地区的机器人市场规模的增长主要来自中国市场的驱动。机器人通常分为工业机器人、服务机器人和特种机器人。其中，工业智能机器人的制造为我国制造业智能化发展提供了动力，其在我国机器人市场上一直占主导地位。我国的工业机器人市场约占全球份额的三分之一，而且我国的机器人企业也以工业机器人研发制造为主。目前来说，中国工业机器人市场需求仍然旺盛，机器人使用密度在逐渐增大。根据《中国机器人产业发展报告（2019 年）》统计显示，全球机器人的整体市场规模仍在持续增长，2010—2017 年，全球的机器人市场增速一直维持在 15% 以上，中国机器人市场更是保持着 35% 以上的增速。《2018—2023 年中国产业园区规划布局与运营管理分析报告》统计显示，截至 2018 年 2 月，全国共有 65 个机器人产业园在建或已建成。整体来看，我国机器人产业园的建设呈现"全面开花，区域集中"的特点，国内主要省市大部分建有机器人产业园，珠三角、长三角、京津冀等地区则成为机器人产业园的集聚之地。在需求快速扩张和国家创新政策的引导下，大批国内企业与科研院所合作，逐渐进入机器人的生产领域，全国范围掀起了建设机器人产业园区的热潮，这在一定程度上促进了地方机器人产业的发展。随着我国机器人企业研发技术的提高，各地区的骨干企业已经在部分零部件领域实现了技术突破，并逐步向着本体开发或一体化纵向发展。

三、中国机器人产业空间布局实证分析

1. 研究方法与数据来源

（1）描述性分析及其数据来源

首先通过资料收集的方法，从网络、文献、产业报告等渠道全面搜集信息，了解全球、中国机器人产业的发展状况和趋势等。资料收集法具有应用

范围广、收效大、节省人力和时间的优点，但缺点是获得的大部分数据来源于二手资料，往往不够全面详细，无法完全符合要求。因此，本节结合多个角度对机器人产业的空间分布状况进行具体分析，数据来源于2019年3月中国电子学会整理发布的《中国机器人产业发展报告（2019年）》，国家工信部、发展改革委、财政部联合发布的《机器人产业发展规划（2016—2020）》，以及相关政策、相关产业新闻等。

（2）空间集聚度分析及其数据来源

本节以2018年的中国机器人产业园和企业统计数据为基础，对各省市的机器人产业园和企业个数及企业密度进行排名，反映中国机器人产业的集群特点和空间分布特征。使用2019年3月中国电子学会整理发布的《中国机器人产业发展报告（2019年）》、2018年前瞻产业研究院发布的《2018—2023年中国产业园区规划布局与运营管理分析报告》、新战略机器人网的相关报告及网络工商登记企业可查信数据，采用地理信息系统工具对数据进行处理，进而识别我国机器人产业的空间分布状态，探讨该产业集群在空间上的布局规律和影响因素。空间集聚度分析法有助于掌握我国机器人产业的集聚特点及重点发展区域，有利于促进机器人产业集群空间布局的优化，引导和促进企业发挥集群优势。

2. 中国机器人产业集群发展现状与空间分布特点描述性分析

（1）以产业园区为载体看产业空间布局

中国机器人产业以机器人产业园为发展载体，逐渐形成产业发展集群。本节对截至2019年中国现有的机器人产业园区（包括已建和在建）及其重点发展方向进行整理汇总。从机器人产业园个数来看，广东机器人产业园区个数最多，为9个，并且其产业园区企业数目总和也最多，是机器人产业规模最大的省份；其次为江苏、河北，皆为6个；再次为浙江，为5个。从各产业园区发展的重点方向来看，大部分以工业机器人的设计生产为主，部分涉及服务机器人、特种机器人等，较少部分涉及关键零部件的研发生产（表4.1）。

表 4.1 2018 年中国机器人产业发展主要区块统计表

省区市	重点机器人产业区块	重点发展方向
广东	广州机器人产业园	工业机器人及智能装备
	坪山新区机器人产业园	工业机器人、服务机器人及关键零部件研发生产
	深圳南山机器人产业园	机器人、数控装备、智能制造、智能传感等
	深圳市智能机器人产业园	智能机器人及智能装备
	深圳宝安机器人智造产业园	工业机器人、服务机器人及智能制造
	顺德机器人产业聚集区	工业机器人及智能装备
	松山湖国际机器人产业基地	机器人及智能装备
	中山机器人产业聚集区	机器人、智能装备及智能制造
	佛山库卡机器人小镇	机器人小镇、智能化无人工厂
江苏	昆山高新区机器人产业园	工业机器人、教育机器人、医疗机器人
	徐州经济技术开发区机器人产业园	工业机器人、医疗系统机器人
	常州机器人产业园	工业机器人、精密部件
	南京麒麟机器人产业园	工业机器人及智能装备
	张家港机器人产业园	工业机器人
	海安机器人小镇	工业机器人、精密部件
河北	唐山机器人产业园	工业机器人、特种机器人
	河北廊坊香河机器人产业园	工业机器人、医疗机器人
	河北廊坊固安机器人产业园	服务机器人、农业机器人
	石家庄机器人产业园	工业机器人
	沧州机器人产业园	机器人及智能装备
	衡水泰华机器人产业园	智能机器人
浙江	丽水机器人产业基地	机器人及机器人关键部件
	嘉兴机器人智能制造产业园	智能机器人
	余姚机器人小镇	机器人小镇及机器人关键部件
	杭州萧山机器人小镇	工业机器人、服务机器人及机器人关键部件

（续表）

省区市	重点机器人产业区块	重点发展方向
浙江	嘉兴干窑机器人小镇	人工智能及机器人研发
安徽	安徽芜湖国家级机器人产业聚集区	机器人系统集成应用、工业机器人及核心零部件
	合肥机器人产业园	智能机器人
	马鞍山机器人产业聚集区	特色机器人、智能装备及关键零部件
	肥东机器人小镇	机器人小镇
	南艳湖机器人小镇	机器人小镇及机器人研发
辽宁	沈抚新城机器人产业基地	机器人
	沈阳新松智慧产业园	机器人及智能装备
	大墨智能机器人产业园	机器人研发、生产、体验、展示
	大连金州新区国家智能装备产业示范基地	智能装备
河南	洛阳机器人智能装备产业园	机器人及智能装备
	新乡机器人产业园	机器人
	郑州工业机器人制造基地	工业机器人
	许昌智能机器人制造基地	服务机器人及智能装备
湖北	武汉新松机器人小镇	工业机器人
	武汉东湖高新区机器人产业园	机器人及机器人关键部件
	武汉蔡甸机器人产业园	工业机器人
	荆门机器人产业园	工业机器人
山东	山东西部智能机器人产业园	智能服务机器人
	青岛国际机器人产业园	工业机器人
	潍坊机器人产业园	智能机器人
湖南	湖南工业机器人产业园	工业机器人
	湘潭机器人产业园	工业机器人
	长沙机器人产业园	工业机器人
天津	天津机器人产业园	机器人研发、生产
	滨海机器人产业园	机器人、智能装备及基础关键部件

（续表）

省区市	重点机器人产业区块	重点发展方向
上海	上海机器人产业园	工业机器人、服务机器人及智能装备
	浦东机器人产业园	工业机器人及智能装备
江西	九江星子机器人产业园	智能机器人
	南昌高新区机器人及智能制造装备产业基地	智能机器人及智能装备
陕西	宝鸡机器人智能制造产业园	工业机器人
	西安人工智能与机器人产业基地	工业机器人及人工智能
北京	亦创智能机器人创新园	智能机器人
黑龙江	哈尔滨哈南机器人产业园	机器人、智能装备及基础关键部件
福建	晋江智能装备（机器人）产业园	机器人及智能装备
广西	柳州机器人产业园	工业机器人及智能装备
重庆	重庆两江机器人产业园	工业机器人、服务机器人及特种机器人
四川	成都机器人产业园	工业机器人及完整产业链
贵州	贵州经开区智能机器人生产基地	智能机器人
新疆	甘泉堡特种机器人产业基地	工业机器人

资料来源：前瞻产业研究院《2018—2023年中国产业园区规划布局与运营管理分析报告》。

从表4.1中可以明显看出，东部地区机器人产业园分布较为密集，其中广东省产业园分布最集中，其次为长三角地区、京津冀地区；中部地区机器人产业分布较为分散，东北地区除辽宁省产业园分布较为聚集外，其余地区的产业园分布稀疏；西部地区的产业园发展建设比较落后。

（2）从机器人企业空间集聚看产业空间布局

在整体上，截至2018年2月底，中国机器人企业（企业名称中明确标出）的总数超过6000家。这只是可以查到的数据，还有更多企业以智能、自动化、科技类为主题，另外还有部分智慧物流的企业在从事机器人业务，因此国内机器人相关企业的数量截至2018年已超过万家。由于现有的统计资料中并无机器人类别的专门统计资料，难以搜集全面，本节仅就明确标出的机器人企业数量进行分析。从企业数量来看，我国机器人产业集群主要以广东、江苏、上海为重点发展区域。在样本企业中，广东的企业最多，共 1381 家，其次是江苏的 1023 家和上海的 654 家，这三个地区聚集了全国 50% 以上的机器人企业。从企业密度来看，上海企业密度最高，为 1031.55 家 / 万平方千米；第二是北京，为 162.71 家 / 万平方千米；第三是天津，为 121.17 家 / 万平方千米；由于区域面积较大，拥有较多企业的广东和江苏的企业密度为 76.81 家 / 万平方千米和 95.43 家 / 万平方千米，分别位列第五和第四（表4.2）。

表 4.2　2018 年中国机器人企业数量及企业密度排名表

省区市	企业数量（家）	企业数量占比（%）	企业数量排名	地区面积（万平方千米）	企业密度（家 / 万平方千米）	企业密度排名
广东	1381	20.22	1	17.98	76.81	5
江苏	1023	14.98	2	10.72	95.43	4
上海	654	9.57	3	0.63	1031.55	1
浙江	540	7.91	4	10.55	51.18	6
山东	514	7.52	5	15.81	32.51	7
北京	267	3.91	6	1.64	162.71	2
安徽	254	3.72	7	14.01	18.13	9
辽宁	192	2.81	8	14.87	12.91	10
湖南	191	2.80	9	21.18	9.02	13
河南	179	2.62	10	16.70	10.72	11
河北	169	2.47	11	18.88	8.95	14
湖北	166	2.43	12	18.59	8.93	15
四川	155	2.27	13	48.60	3.19	20
重庆	155	2.27	13	8.24	18.81	8
陕西	151	2.21	15	20.56	7.34	16
黑龙江	146	2.14	16	47.30	3.09	22

（续表）

省区市	企业数量（家）	企业数量占比（%）	企业数量排名	地区面积（万平方千米）	企业密度（家 / 万平方千米）	企业密度排名
天津	145	2.12	17	1.20	121.17	3
福建	117	1.71	18	12.40	9.44	12
吉林	85	1.24	19	18.74	4.54	17
内蒙古	74	1.08	20	118.30	0.63	25
山西	70	1.02	21	15.67	4.47	18
广西	64	0.94	22	23.76	2.69	23
江西	56	0.82	23	16.69	3.36	19
云南	20	0.29	24	39.41	0.51	26
宁夏	17	0.25	25	6.64	2.56	24
甘肃	15	0.22	26	42.59	0.35	28
海南	11	0.16	27	3.54	3.11	21
贵州	9	0.13	28	17.62	0.51	27
新疆	8	0.12	29	166.49	0.05	29
青海	2	0.03	30	72.23	0.03	30
西藏	1	0.01	31	120.28	0.01	31

数据来源：新战略机器人网 http://www.xzlrobot.com，统计截止于 2018 年 2 月底，未收录港澳台数据。

根据 2018 年国内人工智能机器人企业排行榜 TOP25 和 2018 年国内工业机器人企业排行榜 TOP25（表 4.3）来看，在 2018 年国内人工智能机器人企业前 25 家中，北京有 8 家，广东有 6 家，上海和江苏各有 4 家，浙江、安徽、山东各 1 家。而在 2018 年国内工业机器人企业前 25 家中，广东有 11 家，上海有 3 家，辽宁和湖北各有 2 家，北京、江苏、浙江、安徽、黑龙江、台湾各有 1 家。总体而言，根据进入排行榜内的 50 家企业分析，广东产业基础相当雄厚，有着大量的优质龙头机器人企业，共有 17 家；其次是北京，有 9 家；紧接着是上海，有 7 家；江苏有 5 家。大部分优质龙头企业聚集在东部地区。目前，国内机器人行业具有代表性的企业有新松、埃斯顿、新时达、华昌达、埃夫特等，这些企业正在通过自主研发、收购等方式逐渐掌握零部件与本体研发技术，在产业链中上游进行拓展。结合本土服务优势，这些企业已经具备一定竞争力，有望在未来逐步替代外国进口产品。

表 4.3　2018 年国内人工智能机器人和工业机器人企业排行榜 TOP25

2018 年国内人工智能机器人企业 TOP25		2018 年国内工业机器人企业 TOP25	
排名	名称	排名	名称
1	百度	1	新松机器人自动化股份有限公司
2	阿里巴巴	2	富士康科技集团
3	京东	3	珠海格力智能装备有限公司
4	依图科技	4	南京埃斯顿自动化股份有限公司
5	科大讯飞	5	深圳市汇川技术股份有限公司
6	思必驰	6	安川首钢机器人有限公司
7	地平线	7	广东拓斯达科技股份有限公司
8	优必选	8	上海图灵智造机器人有限公司
9	极智嘉	9	湖北华昌达智能装备股份有限公司
10	大疆创新	10	宁波均胜电子股份有限公司
11	北京智能管家	11	上海新时达机器人有限公司
12	科沃斯机器人	12	哈尔滨博实自动化股份有限公司
13	达闼科技	13	安徽埃夫特智能装备有限公司
14	祁飞科技	14	湖北三丰智能输送设备股份有限公司
15	能力风暴	15	蓝英自动化装备股份有限公司
16	深兰科技	16	机科发展科技股份有限公司
17	猎豹	17	日东电子发展（深圳）有限公司
18	擎朗智能	18	固高科技有限公司
19	北京紫平方	19	深圳华数机器人有限公司
20	云问科技	20	广东嘉腾机器人自动化有限公司
21	臻迪智能	21	广州市远能物流自动化设备科技有限公司

（续表）

2018 年国内人工智能机器人企业 TOP25		2018 年国内工业机器人企业 TOP25	
排名	名称	排名	名称
22	云迹科技	22	广东伯朗特智能装备股份有限公司
23	克路德	23	上海沃迪智能装备股份有限公司
24	逸途科技	24	广州市井源机电设备有限公司
25	深圳金轮通信	25	唐山开元机器人系统有限公司

资料来源：2019《互联网周刊》&eNet 研究院。

四、我国机器人产业空间分布影响因素分析

对产业布局及其影响因素的研究是经济地理学的一项重要内容，尤其是对战略性新兴产业的空间分布研究逐渐成为学者研究的热点。机器人产业虽然是新兴产业，与创新联系紧密，但是与其他新兴产业不同的地方在于，机器人产业的类型是多样的，既有制造业也有服务业，既有生产性服务业也有消费性服务业。为了准确把握中国机器人产业空间分布格局的成因，本节以中国机器人企业整体空间分布情况作为因变量，探讨其主要影响因子，为中国机器人产业的发展避免陷入强者愈强、弱者愈弱的"马太效应"提供一定的参考依据，同时验证智能制造企业的空间分布特征和影响因素，为智能制造企业的空间分布优化提供参考。

1. 指标的选取与解释

从承载力视角看，城市是机器人产业发展的最基本空间载体单元，各城市的自然基础、经济发展情况直接决定了机器人企业建设的数量和规模。同时，机器人产业作为智能制造中的重点发展产业，其空间布局必然受到科技因素和政策因素的影响。从区域层面来看，机器人产业的空间布局会受到降水、地理区位等客观因素的制约，同时还会受到城市经济实力基础、市场规模潜力、产业规模基础、人力资本基础、经济效益水平、交通便利程度、对外开放程度及科技因素、政策因素等方面的影响。本节结合相关已有研究的

指标选择与机器人产业的特殊定位，借鉴胡森林等选取的中国开发区区位影响因素指标的方法^①，综合考虑指标的针对性和数据可得性，基于遴选出的14个指标，对31个省级行政区的6831家机器人企业的空间分布影响因素展开定量分析。具体指标选择及其含义见表4.4，并采用国家统计局数据库中2018年的数据。

表 4.4　机器人产业空间分布影响因素指标体系表

自然因素	降水	X1	地方平均降水量
	沿海情况	X2	地方是否沿海
经济因素	经济实力基础	X3	地方 GDP 总量
	市场规模潜力	X4	地方年末常住人口
	产业规模基础	X5	地方规模以上工业企业资产总额
	人力资本基础	X6	地方普通高等学校在校学生数
	经济效益水平	X7	地方规模以上工业新产业销售总额
	交通便利程度	X8	地方客运总量
	对外开放程度	X9	地方进出口总额
科技因素	研发资金投入	X10	地方规模以上工业 R&D 经费
	研发人员投入	X11	地方规模以上工业 R&D 人员全时当量
	专利申请数量	X12	地方机器人专利申请数
政策因素	政府支持程度	X13	地方财政科学技术支出
	地方政府竞争	X14	地方实际使用外资金额

2. 机器人企业空间分布的影响因素探测识别

根据地理探测器模型的运算结果（表4.5）可知，中国机器人企业空间集聚格局的形成主要受地方降水、是否地处沿海、经济实力基础、市场规模潜力、产业规模基础、人力资本基础、经济效益水平、交通便利程度、对外开放

---
① 胡森林，周亮，滕堂伟，庄良 . 中国省级以上开发区空间分布特征及影响因素 [J]. 经济地理，2019（1）：21–28.

程度、研发资金投入、研发人员投入、专利申请数量、政府支持程度、地方政府竞争等因素的综合影响。其中,主要因子类型涵盖了经济因素、科技因素及政策因素,对机器人企业空间分布格局形成的解释力均超过 0.3,而自然因素影响相对较小。

表 4.5　中国机器人企业空间分布影响因子探测结果

探测 因子	X1	X2	X3	X4	X5	X6	X7	X8	X9	X10	X11	X12	X13	X14
q statistic	0.158	0.275	0.608	0.426	0.596	0.443	0.668	0.316	0.684	0.642	0.607	0.692	0.686	0.649
p value	0.573	0.021	0.003	0.056	0.004	0.045	0.000	0.176	0.000	0.000	0.003	0.000	0.000	0.000

首先,经济效益水平、对外开放程度、专利申请数量和政府支持程度因子的解释力超过 0.65,是最为核心的因子。专利申请数量对机器人企业空间分布格局的解释力达到 0.692,机器人专利申请数在很大程度上表现出该产业的创新能力;政府支持程度对机器人企业空间分布格局的解释力达到 0.686;对外开放程度对机器人企业空间分布的解释力达到 0.684,对外开放程度是指一个国家或地区经济对外开放的程度,具体表现为市场的开放程度,对于机器人这类新兴产业来说,市场开放程度越高,意味着产业发展潜能越大,企业发展的机会越大;经济效益水平对机器人企业空间分布格局的解释力为 0.668,经济效益水平能够反映出地方的产业发展能力和潜力。

其次,经济实力基础、研发资金投入、研发人员投入和地方政府竞争的因子解释力超过了 0.6,是次级核心因子。一方面,机器人产业的投入与发展离不开地区的经济条件支撑,城市拥有经济实力基础才能支撑机器人产业的持续发展,解释力为 0.608;另一方面,科技创新能力是机器人产业发展的重要引擎,而地区研发资金和研发人员的投入能够有效反映当地的科技创新能力,因此采用规模以上工业 R&D 经费、人员全时当量指标能够较好地衡量机器人企业空间集聚格局中的科学创新因素影响,其解释力达到 0.642、0.607;地方政府竞争因子的解释力为 0.649,政府因素在区域产业发展方面起着重要作用。

　　最后，市场规模潜力、产业规模基础、人力资本基础和交通便利程度的因子解释力均超过0.3。人口规模反映了未来的市场潜力，人口规模越大则市场潜力越大，而地区产业的集聚往往会看重当地的市场规模潜力。机器人产业作为涉及制造业、服务业等多个领域的产业，对于市场规模较为看重，故一般机器人企业所集聚的地区均具有较强的市场规模潜力；机器人产业大多数以制造业为主，因此机器人企业分布较为聚集的省份具有较强的产业规模基础；与物质资本相比，人力资本是"软生产要素"，普通高等教育学校在校学生数反映了该城市的高等教育规模，即人力资本规模，而这些在校学生也是未来该地区的科技创新能力的重要力量；机器人企业的发展不可避免地需要接受企业管理和市场资源的投入，因此城市交通便利程度对机器人企业发展及空间布局的重要性不言而喻。

　　此外，本书还对机器人产业空间分布的14个影响因子进行了两两交互探测（表4.6）。因子交互探测的结果表明，不同影响因子两两之间交互作用都呈现了增强关系，主要表现为非线性增强和双因子增强，没有出现减弱和独立的关系。由表4.6可知，经济效益水平和其他因子的交互作用对于机器人产业集聚影响的强化作用较为显著，其中，经济效益水平和人力资本基础、交通便利程度的交互影响分别高达0.976，和市场规模潜力的交互影响达到0.962，和研发资金的交互达到0.878。此外，交通便利程度、对外开放程度和研发资金投入的交互影响也达到了0.973和0.965，这两组因子的交互作用强化了对机器人产业集聚的影响。

表 4.6　机器人产业集聚影响因子交互探测结果

影响因子	X1	X2	X3	X4	X5	X6	X7	X8	X9	X10	X11	X12	X13	X14
X1	0.158													
X2	0.538	0.275												
X3	0.824	0.799	0.608											
X4	0.837	0.898	0.707	0.426										
X5	0.853	0.799	0.647	0.708	0.596									
X6	0.801	0.853	0.704	0.515	0.679	0.443								
X7	0.818	0.793	0.875	0.962	0.874	0.976	0.668							

（续表）

影响 因子	X1	X2	X3	X4	X5	X6	X7	X8	X9	X10	X11	X12	X13	X14
X8	0.856	0.839	0.739	0.532	0.737	0.595	0.976	0.316						
X9	0.875	0.816	0.876	0.953	0.853	0.926	0.823	0.973	0.684					
X10	0.842	0.861	0.766	0.861	0.775	0.861	0.878	0.965	0.750	0.642				
X11	0.813	0.797	0.628	0.708	0.644	0.709	0.851	0.741	0.877	0.764	0.607			
X12	0.873	0.820	0.875	0.955	0.851	0.929	0.850	0.962	0.708	0.747	0.876	0.692		
X13	0.855	0.810	0.855	0.942	0.832	0.920	0.849	0.961	0.713	0.746	0.853	0.716	0.686	
X14	0.872	0.802	0.710	0.739	0.708	0.736	0.849	0.702	0.844	0.826	0.714	0.837	0.834	0.649

五、结论与建议

1. 结论

本节运用空间集聚分析法、地理探测器等现代地理学分析方法，对 31 个省级行政区机器人产业总体空间分布特征规律及其影响因素展开细致的定量分析，在研究过程中注重空间分布规律和影响因素的对比。主要结论如下：

一是中国机器人产业总体呈现出"东密西疏"的空间分布特征。从机器人产业园和企业数量视角的分析表明，中国机器人产业的宏观分布格局与社会经济整体水平分布格局具有较高的一致性。

二是中国机器人产业在空间上形成了以"城市群—中心城市"为依托的集聚格局。一方面，机器人产业园和企业空间分布与中国城市群分布具有高度一致性，尤其是东部地区已经形成以珠三角、长三角、京津冀地区城市群为依托的集聚带；另一方面，中心城市尤其是省会城市大部分是产业园集聚的核心区，并且这一特征在中西部地区表现得尤为明显

三是中国机器人产业空间分布格局是自然基础、经济因素、科技因素和政策因素交互耦合作用的结果。经济效益水平、对外开放程度、专利申请数量和政府支持程度是影响机器人产业总体分布最为重要的因子，经济实力基础、研发资金投入、研发人员投入和地方政府竞争是次级核心因子，另外市场规模潜力、产业规模基础、人力资本基础和交通便利程度起到了一定的解

释作用，且自然因子所起到的作用相对来说是最小的。

2. 建议

一方面，各地方应当注重培育龙头企业，引导产业集聚。重点培育若干家拥有整机量产能力和技术研发能力的国内企业成为行业龙头，并以此带动重点领域布局，提升国内产业链的完整度和成熟度，逐步引导相关配套企业摆脱对跨国企业核心技术和营销渠道的依赖，形成独立完善的机器人产业体系和上下游企业良性互动的协同发展格局。同时，应注重地区的基础建设、高校建设，注重交通设施及人才培养等，鼓励产业基础较好、科技和人才资源相对丰富的地区打造机器人产业集群，通过资金引进、技术协作、建设生产基地等方式加速实现资金、技术和关联企业的集聚，形成产业发展的合力，加强区域间产业的协调性及不同地区间产业交流，逐步增强机器人产业集群的整体竞争力和辐射带动能力。

另一方面，地方政府应当注重加大对发展机器人产业的政策引导，加快出台具体的研发政策，如制定实施机器人研发计划，成立机器人研发中心，开展机器人研制赶超工程，强化企业研发主体的地位等[①]，给予机器人企业一定的优惠政策和奖励政策，促进机器人产业的研发创新，带动整个地区产业的发展提升，从而助力提升我国机器人产业的整体竞争力。

第七节　人工智能相关产业空间布局优势度评价

一、国内外研究述评

1. 国外相关研究

庞塞特研究了不同改革开放规模下的工业地理格局及其变化，发现中国

---

① 胡峰，张巍巍，曹鹏飞，陆丽娜. 基于政策工具视角的长三角地区机器人产业政策研究 [J]. 科技管理研究，2019（4）：174–183.

存在着大量的工业地理集中现象，而且随着市场化进程，工业地理集中度呈上升趋势，但行业之间存在巨大差异[1]。范芝芬等指出改革开放以来，中国的工业区位已逐渐符合比较优势的地理格局，规模经济较大的行业相对集中，开放政策和市场化改革也是影响中国工业区位的因素[2]。巴蒂斯等认为伴随着逐步改革的产业政策，区域政策和地方保护主义对制造业的地理布局产生了重大影响，不利于产业集中[3]。

2. 国内相关研究

邵坤通过因子分析方法选取了三级评价指标 15 个，建立起智能制造能力评价指标体系，并根据这些指标，将其应用于成熟度等级模型，综合评价研究山东智能制造能力[4]。徐新新将模糊层次分析法用于智能制造能力评估系统的研究，侧重于从智能制造技术标准的角度构建评价指标[5]。吴妍妍等通过收集 9 省市的制造业数据和智能关键指标，运用主成分分析法对 9 省市的智能制造业综合能力得分进行实证计算，并进行分层集群，同时，根据测量结果综合评价 9 省市的智能制造业发展水平，分析安徽智能制造业发展面临的问题，并根据具体情况提出促进智能制造业发展的对策[6]。

从现有研究文献可以看出，国内外学者运用了多种多样的计算方法分析评价智能制造产业空间布局优势度，并且提出优化的建议。但是，目前没有对江苏省制造业智能布局优势度进行评估的研究。本节以江苏省的发展为落脚点，对智能技术制造产业的特点进行研究分析，对智能制造产业发展布局影响社会因素方面进行筛选，构建关于人工智能制造产业结构布局优势度的指标体系。并以江苏省 13 市相关数据为研究样本，利用综合评价法和空间

① Poncet S. A fragmented China：Measure and determinants of Chinese domestic market disintegration [J]. Review of international economics，2005（13）：409–430.
② Fan C，Scott A J. Industrial agglomeration and development：A survey of spatial economic issues in East Asia and a statistical analysis of Chinese regions[J]. Economic geography，2003（79）：295–319.
③ Batisse C，Poncet S. Protectionism and industry location in Chinese provinces[J]. Journal of Chinese economics and business studies，2004（2）：133–154.
④ 邵坤. 山东省智能制造综合能力评估研究 [D]. 山东：青岛大学，2018.
⑤ 徐新新，孝成美. 智能制造能力评价体系研究 [J]. 智慧工厂，2018（6）：59–62.
⑥ 吴妍妍，钱文、王华美. 安徽智能制造发展对策研究 [J]. 理论建设，2018（2）：100–107.

自相关法，对江苏省智能制造业优势度指数的布局优势度进行评估，在此基础上，提出优化智能制造行业的布局方案。

二、智能制造产业布局影响因素分析

1. 影响因素的选取

经济地理环境因素。东部沿海地区的地理位置具有自身的优越性，历史文化条件和政策倾向都具备促进产业发展的因素。

本节将智能制造产业布局优势度的影响因素划分为技术创新、技术人才、市场规模、交通条件、开放程度、产业基础、制度环境 7 个方面；确定代表性指标体系为专利申请授权量（件）、大专院校数量（个）、社会消费品零售额增长率（％）、地区生产总值（元）、城乡居民储蓄存款余额（元）、距临近机场距离（千米）、距临近高铁站距离（千米）、公路里程（千米）、使用外资金额（美元）、规模以上工业企业工业总产值（万元）、智能制造试点示范项目（个）。

2. 指标体系的构建与数据的来源

根据智能制造业影响因素的布局，按照全面性、系统性、可用性的原则，对每个因素的代表性指标进行筛选，选取江苏 13 个城市作为研究样本，建立指标体系，测算出江苏智能制造产业布局优势度，包括 7 个影响因素和 11 个代表性指标 [①]（表 4.7）。

---

① 资料来源：《江苏统计年鉴 2017》《江苏省城镇化发展报告 2017》《2016 年江苏省国民经济和社会发展统计公报》《江苏专利实力指数报告 2018》《2017 年教育部全国高校名单》《2017 年江苏省首批智能制造试点示范项目清单》。

表 4.7 2017 年江苏省各市代表性指标的具体数值统计表

影响因素	代表性指标	序号	权重	苏州市	南京市	无锡市	常州市	南通市	镇江市
技术创新	专利申请授权量（件）	X1	0.17	53200	32073	28927	16423	19057	14825
技术人才	大专院校数量（个）	X2	0.13	15	17	10	7	6	4
	社会消费品零售额增长率（%）	X3	0.02	10%	10%	11%	11%	9%	1%
市场规模	地区生产总值（元）	X4	0.04	1,731,951,000,000	1,171,510,000,000	1,051,180,000,000	662,230,000,000	773,460,000,000	410,536,000,000
	城乡居民诸蓄存款余额（元）	X5	0.03	415,059,810,000	601,970,120,000	290,248,000,000	303,355,220,000	206,448,870,000	77,187,990,000
	距临近机场距离（千米）	X6	0.04	20	35.8	16	18	18	45.84
交通条件	距临近高铁站距离（千米）	X7	0.04	8	10	4	4.8	8.7	7.6
	公路里程（千米）	X8	0.09	12700	9072	7748.63	9010	17995.447	7015
开放程度	使用外资金额（美元）	X9	0.15	4,504,000,000	3,673,000,000	2,720,000,000	2,611,000,000	2,547,000,000	1,353,000,000
产业基础	规模以上工业企业工业总产值（万元）	X10	0.18	319,560,000	138,070,000	158,610,000	130,850,000	105,230,000	73,930,000
制度环境	智能制造试点示范项目（个）	X11	0.11	3	1	0	0	2	1

影响因素	代表性指标	序号	权重	扬州市	泰州市	徐州市	盐城市	淮安市	连云港市	宿迁市
技术创新	专利申请授权量（件）	X1	0.17	14214	9849	10500	1390	6663	4599	1185
技术人才	大专院校数量（个）	X2	0.13	6	2	6	4	4	2	2
	社会消费品零售额增长率（%）	X3	0.02	10%	13%	8%	-42%	10%	11%	10%
市场规模	地区生产总值（元）	X4	0.04	506,492,000,000	474,453,000,000	660,595,000,000	508,270,000,000	338,743,000,000	264,031,000,000	260,000,000,000
	城乡居民储蓄存款余额（元）	X5	0.03	168,241,400,000	112,314,890,000	178,410,840,000	112,710,730,000	83,680,360,000	75,614,910,000	41,680,400,000
交通条件	距临近机场距离（千米）	X6	0.04	30	20	45	8.3	22	25	60
交通条件	距临近高铁站距离（千米）	X7	0.04	9	11.56	9.5	10.8	25.5	9.18	10
	公路里程（千米）	X8	0.09	8589	9000	16000	20000	13200	12007	10977
开放程度	使用外资金额（美元）	X9	0.15	1,087,000,000	1,618,000,000	1,660,000,000	789,000,000	1,160,000,000	678,000,000	364,000,000
产业基础	规模以上工业企业工业总产值（万元）	X10	0.18	93,710,000	125,930,000	145,500,000	85,180,000	63,375,000	61,500,000	27,589,500
制度环境	智能制造试点示范项目（个）	X11	0.11	0	0	1	0	0	0	0

三、研究方法

1. 综合评价法

综合评价法是指使用多个指标，对众多参与单位进行综合评估的方法。基本思路是对指标体系进行综合评价，以评估整体情况。

主要的构成要素有：

待求值对象。待求值对象与综合分析评价信息技术管理理论的发展和实践教学活动进行相互关联，评价研究领域也从开始的综合能力评价扩大到经济数据统计中各行业的后续技术服务水平。其中，小康水平、社会主义发展、生活教育质量、环境工程质量、竞争力、综合国力、绩效评估等，都可以作为待求值对象。

评价指标。评价指标是构建评价体系的基础，需要从多个角度出发，多层次地反映评价对象的特征和程度。它是"具体—抽象—具体"辩证发展逻辑设计思维的过程，在这个过程中，人们逐渐加深、提炼、完善和系统地理解社会现象的整体定量分析特征。

权重因子。权重因子是说明不同评价指标的相对重要性，评价指标选取的可信度与权重系数合理与否有重要联系。

综合评价模型。需要一个数学模型来形成一个整体的综合评估值，是多指标综合评估。

本节从区域一体化的角度出发，采用加权法和模型计算各城市智能制造业的分布优势指数（Z_i）。

$$Z_i = \sum_{d=1}^{8} [W_d \sum_{j=1}^{m} (W_{dj} X_{idj})] \tag{1}$$

式（1）中：W_d 为第 d 个因子，权重是相对于总体目标的；W_{dj} 为第 d 个因子、第 j 个指标的权重；X_{idj}，在无量纲化后的第 j 项的指标值，为第 i 个样本、第 d 个因子，其中 $i \in \{1,2\cdots n\}$，$d \in \{1,2,3,4,5,6,7\}$，$j \in \{1,2\cdots m\}$。

智能制造产业布局优势度指标的 Z_i 值代表各影响因素对智能制造产业发展的综合影响。Z_i 的值越大，表明智能制造业的布局优势在这个区域内越显著。

2. 空间自相关

空间自相关意味着在同一分布区域中某些变量的观测数据之间存在潜在的相互依存关系。空间自相关系数用来度量经济变量在空间上的分布特征和其对领域的影响程度。如果某一变量的值随着测定距离的缩小而变得更相似，则这一变量呈空间正相关；若所测值随距离的缩小而更为不同，则称之为空间负相关；若所测值不表现出任何空间依赖关系，那么这一变量表现出空间不相关性或空间随机性。具体又有全局型和局部型两种方法。

全局型方法的功能在于描述某经济现象的整体分布状况，判断此现象是否有集聚特性存在，但其并不能确切地指出集聚在哪些地区。若将全局型不同的空间间隔的空间自相关统计量依序排列，可以进一步形成空间自相关系数图，分析该现象在空间上是否有阶梯性分布。局部型或局域型方法能够推算出聚集地的范围，具体有两种途径：一是藉由统计显著性检定的方法，检定聚集空间单元对于整体研究范围而言，其空间自相关是否够显著，显著性大，即是该经济现象空间集聚的地区；二是度量空间单元对整个研究范围空间自相关的影响程度，影响程度大的往往是区域内特例，这些特例点就是空间集聚点。

（1）全局空间自相关

本节运用全局 Moran's I 指数分析江苏智能制造布局的整体空间相关性和程度。指标值在 [-1, 1]，"大于 0"指示具有正相关性，即智能制造行业存在空间相关性分布，高值接近高值现象明晰，低值接近低值现象显著；"小于 0"存在智能制造业布局的负相关性，即具有显著的高值接近低值、低值接近高值的现象；"等于 0"表示智能制造业的布局是随机分布的。

$$I = n \sum_{i=1}^{n} \sum_{k=1}^{n} A_{ik} (Z_i - \overline{Z})(Z_i - \overline{Z}) / (\sum_{i=1}^{n} \sum_{k=1}^{n} A_{ik}) \sum_{i=1}^{n} (Z_i - \overline{Z})^2 \qquad （2）$$

式（2）中：I 为 Moran 指数；研究样本的总数，记作 n；样本 i 的智能制造业优势指数，记作 Z_i；所有样本优势度指标的平均值为 Z；空间权值矩阵记为 A_{ik}，表示了衔接关系在样本 i 与样本 k 的中间存在，记为"0"时则 A_{ik} 不相邻，当记为"1"时 A_{ik} 相邻。

（2）局部空间自相关

采用热点问题分析的局部自相关研究方法进一步探测具有相似属性的行政区域空间分布特征。通过计算 Get-is-Ord Gi* 指数，得出 Z、p 值，检查局部是否存在热点区域。如果该区域为高值空间聚类，则 Z 值较高、p 值较小，即为热点区域；如果该区域为低值空间聚类，Z 值较低且为负值，p 值较小，也就是冷点区域[①]。

$$G_i = \sum_{k=1}^{n} A_{ik} Z_k / \sum_{i=1}^{n} Z_i \qquad （3）$$

公式（3）中：智能制造产业布局优势指数中的样本 i 和样本 k，分别是 Z_i 和 Z_k；空间权重矩阵为 A_{ik}。

3. 结果分析

（1）综合评价结果

计算智能制造产业在 13 个城市中的布局优势。每个样本的评估得分在 –0.117 与 0.282 之间，最高分与最低分之间相差 0.4（表 4.8）。评估结果表明，江苏智能制造布局优势度具有南部高、北部低、中部凹的特征，差异很大。根据分数的水平高低，采用自然断裂法将每个样本划分为三种类型的区域：最优区域 0.282、次优区域（–0.007~0.119）和一般区域（–0.117~–0.05）。

表 4.8　江苏省智能制造产业布局优势度指数表

城市	布局优势度指数
苏州市	0.2819
南京市	0.1194
南通市	0.0453
无锡市	0.0396
徐州市	0.0222
常州市	–0.0068

① 杨志恒，刘美凤. 智能制造产业布局优势度评价与引导策略——以山东为例 [J]. 科技与经济，2019（2）：56–60.

（续表）

城市	布局优势度指数
泰州市	−0.0526
扬州市	−0.0535
镇江市	−0.0547
淮安市	−0.0554
盐城市	−0.0675
连云港市	−0.1014
宿迁市	−0.1166

最优区域集中在苏州，涌现出大批智能制造企业。苏州较早启动智能制造相关产业，2014 年提出构建智能产品设计、智能生产、智能设备、生产性电子商务、企业文化资源战略规划建设管理、供应链风险管理等模式，这六个关键环节是智能产业系统相关概念的重中之重。苏州市政府推出了试点企业集成的两个行业深度申报途径，对智能制造创新的战略定位非常重视。智能制造已经渗透到苏州所有企业。大多数中小企业已经布局了智能制造，引入国内相关的智能信息技术或购买智能设备，初步形成了智能制造工业体系。

次优区域主要分布在南京、南通、无锡、徐州和常州。这些地区在技术创新和人才培养方面具有优势，市场规模大，交通条件便利，还有强大的工业基础和良好的制度环境。

一般区域主要分布在泰州、扬州、镇江、淮安、连云港、宿迁。相对而言，这类区域的智能技术制造产业结构布局优势不明显，发展经济基础设施薄弱，在科技创新实力、市场规模和开放程度方面处于相对不利的地位。而且各地区之间的交通便利程度相对欠缺，政策倾斜和扶持措施相对不足，智能制造产业的成长与发展较为缓慢。

（2）空间自相关分析结果

全局 Moran's I 指数结果如图 4.2 所示。Moran's I=0.1407，在 p 值 =0.001

的情况下，表明江苏智能制造产业布局优势度存在空间显著正相关，在99.9% 的置信水平上。而且大多数城市都于第一、第三象限，属于高－高集聚和低－低集聚的类型，呈现出明显的空间集聚的趋向。

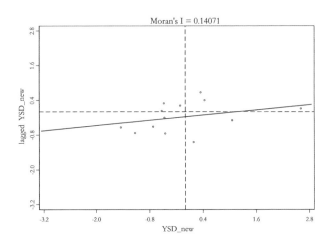

图 4.2　江苏智能制造产业布局优势度 Moran's I 指数散点图

　　研究结果显示，江苏智能制造产业布局的热点区域主要分布在苏州、南京、南通、无锡和常州，这些地区是重要的产业集聚区和经济发展繁荣区，具有集聚度高和相似性空间分布特征，是江苏智能制造产业重要的培育区和先行区，已形成统计意义上的显著性热点。其他城市虽然也具有一定优势，但与这些地区相比，未完全形成连片集聚发展模式。镇江为次热点区。次热点区在统计上也非常重要，与热点区相比具有高度相似性和空间分布相临近的特征，尽管不像其他热点地区那么突出，但是自身也具有一定的优势。冷点区和次冷点区主要集中在盐城、连云港、扬州、泰州、宿迁、淮安、徐州，位于苏中和苏北地区，是经济社会发展相对落后的地域，在智能制造产业布局方面处于相对弱势。从江苏整体考虑，这些地区可以作为未来智能制造产业进一步发展壮大的区域。

　　总之，智能制造产业布局优势度评价结果与当前江苏智能制造业的发展阶段及空间布局比较吻合。江苏智能制造业布局空间范围呈现为梯度形式，已经开始显示出集聚发展的特征。但是，这种集聚还没有完全突破行政区域边界所划定的产业集聚发展模式，也没有形成紧密联系、协同发展的智能制造集聚区，表明江苏智能制造还处于开拓发展期。

四、结论与优化建议

江苏智能制造产业空间布局优势度存在较大的地区差异，智能制造产业布局优势度呈较强的空间正相关分布，并显现出初步的集聚经济发展变化趋势，未来可通过合理利用、规划集聚区产业布局，加大土地集约利用力度；加强引导、组织、管理和环境工程建设；以"智"促"制"，培育新产业集群；加大对教育和人力资本的投入力度；促进区域布局的协同发展设计。基于江苏智能制造产业布局优势度的空间差异与分布特征，结合江苏区域发展相关规划，我们提出，江苏智能制造产业布局可以在行政板块界限引领的空间格局基础上，逐渐演进到以产业聚集区和发展轴带为牵引，形成"苏南产业集聚区＋省会产业聚集区带动苏中、苏北发展块＋沿海发展带"发展的空间格局。

1. 强化苏南智能制造产业集聚区

从智能制造产业空间布局优势度看，苏南产业聚集优势度明显优于其他地区。苏南本就是江苏经济最发达区域，在经济、科技、创新能力、交通等方面优势突出，智能制造产业在这些地区已经具备较好的发展基础。为进一步放大这些地区智能制造产业的集聚效应与溢出效应，应注重打破因行政区划界限造成的人为阻隔和管理、制度等壁垒，加强江苏城市群合作，加速技术、人才、资金、信息等产业发展关键资源在城市之间的流动，实现资源的优化配置。并且，利用地域优势，放眼全国和全球，加强与国内外智能制造优势地区的交流合作，建立智造联盟，汇聚全球技术创新资源，推进产业链、人才链、创新链、资金链等创新要素协同联动，共同推进智能制造产业领先发展。

2. 打造省会产业聚集区

南京作为省会城市，在发展智能制造产业方面拥有政治、经济等方面的优势。江苏围绕智能制造产业引领地区制造业向价值链高端发展的目标，促进核心区与外围区联动发展，全面发挥南京智能制造企业研发总部集聚优势，并结合周边苏南、苏中和苏北产业结构特点，从智能制造生产制造环节、技术研发环节和市场营销环节出发，培育龙头企业，促进相互关联的企业与机构集中分布，强化智能制造产业集聚发展、联动发展。加强产业集群内部上下游企业在产业链、价值链上的合作，共同推进龙头企业、灯塔企业智能化发展，着力提升南京作为省会城市的辐射带动作用，打造全省制造业智能化发展的引领区。

3. 推进苏北、苏中地区加快发展

苏北、苏中在发展智能制产业上弱势相对突出，这两大片区是江苏经济发展的外围地带，经济社会发展相对落后。应加强核心区与这两大片区的对接，充分利用南京和苏南智能制造产业的集聚扩散效应，辐射带动苏中和苏北共同发展，引导技术、人才、资金等要素合理流动，强化地区间合作，发挥江苏智能制造产业发展核心区的整体带动作用。

4. 加快沿海发展带联动发展

沿海发展带包括南通、盐城和连云港 3 市。南通本身属于智能制造热点区，又紧邻上海。但是，就目前总体发展状况来看，3 市作为一个整体，经济体量偏小，以传统产业为主的产业结构特征明显，科技创新人才聚集力偏弱，经济外向程度并未达到同类沿海城市的高度。内部经济联系有待加强，智能制造产业布局优势不突出。为破除地区发展路径锁定，应积极发挥南通及其他热点区智能制造的辐射带动作用，引领沿海发展带制造业转型升级。推进沿海发展带产学研协同创新示范区建设，淘汰落后产能，加速智能制造技术赋能和相关产业布局，实现沿海发展带整体跃升，进而促进江苏智能制造产业整体提升、协同发展。

第五章　我国推进智能制造面临的困境和对策

第一节　我国智能制造发展现状和困境

丛杨等深入研究智能制造中基于自遮挡的三维纹理无对象识别，提出了一种在线三维物体检测和姿态估计方法，以克服无纹理物体的自遮挡，最大程度提升 GPU 并行处理能力，提高了机器人等智能制造应用中的操作效率[1]。陈炜通过分析工业物联网无线传感器网络和射频识别技术，提出其在制造车间中的应用可以为智能工厂提供建筑和施工路径，帮助离散制造企业车间进行实时采集、存储技术和产品跟踪监控，并确保数据的有效性[2]。这一研究说明，在智能制造中高端的技术不可或缺，影响着智能制造的发展。吕铁、韩娜注重分析德国智能制造的生产原理，认为德国"工业 4.0"计划将建造新型的智能工厂，构建智能化生产系统，从而将智能工厂、产品和数据

---

① Cong Yang，Tian Dongying，Feng Yun，et al. Speedup 3-D texture-less object recognition against self-occlusion for intelligent manufacturing[J]. IEEE transactions on cybernetics，2019，49（11）：3887–3897.

② Wei Chen. Intelligent manufacturing production line data monitoring system for industrial internet of things[J]. Computer communications，2020（151）：31–41.

联系起来，共同作用[①]。闫伟通过分析美国政府在智能制造方面的一系列政策，认为美国投入了大量精力用于智能制造领域的研究，包括智能分析、智能决策、智能设计等，并发布了智能制造实施方案等一系列调整政策如《实现 21 世纪智能制造报告》《先进制造业国家战略计划》，这些政策的实施体现了美国政府对技术密集型先进制造业的发展非常重视[②]。

　　国内学者主要从以下几个角度研究智能制造：①我国智能制造的战略目标。陈丽娟认为，《中国制造 2025》旨在整合新一代技术，开展制造装备的集成创新和工程应用、智能产品和智能装置开发等方面的研究，目标是把我国建设成为制造强国[③]。②我国智能制造的前景。周济提出，未来我国将大力开发智能制造设备，数量达 60 多种，其中关键技术设备在未来几年有所提升，达到全球先进水平[④]。③我国智能制造的困境。杜人淮提出，我国发展智能制造存在三大困境，分别是信息和制造技术处于较低水平、制造业的发展在一些方面失衡、配套制度建设不系统不完备[⑤]。王媛媛、宗伟提出，我国在智能制造相关理论的研究和技术体系的建设上还存在不足。一方面，缺乏相应的理论支撑体系，如缺乏理论经济学、产业经济学、管理学等理论研究；另一方面，我国智能制造标准体系的建成还需要时间来完善[⑥]。从区位分布的角度，刘金山等人指出，我国智能制造在区际空间层面分布存在不均衡的现象，由于东部沿海地区相对发达，所以智能制造试点示范项目较多，而中部地区相对落后，多数省份的示范项目数量极少[⑦]。

[①] 吕铁，韩娜. 智能制造：全球趋势与中国战略 [J]. 人民论坛·学术前沿，2015（11）：4-17.

[②] 闫伟. 浅谈国内外智能制造的现状和发展趋势 [C]// 全国地方机械工程学会. 2017 年第七届全国地方机械工程学会学术年会暨海峡两岸机械科技学术论坛论文集. 2017：507-509。

[③] 陈丽娟. 我国智能制造产业发展模式探究——基于工业 4.0 时代 [J]. 技术经济与管理研究，2018（3）：109-113.

[④] 周济. 关于"新一代智能制造——新一轮工业革命的核心驱动力"的主题报告 [J]. 起重运输机械，2018（1）：44.

[⑤] 杜人淮. 从"制造"到"智造"：变革、困境和举措 [J]. 现代经济探讨，2015（11）：5-9.

[⑥] 王媛媛，宗伟. 第三次工业革命背景下推进我国智能制造业发展问题研究 [J]. 亚太经济，2016（5）：120-126.

[⑦] 刘金山，曾晓文，李雨培. 中国智造业竞争力调研分析 [J]. 新疆师范大学学报（哲学社会科学版），2018（1）：1234-132.

国内外学者对智能制造的研究都有各自不同的研究方向和分析侧重，不管是智能制造的应用还是不同国家智能制造的特点，都对研究我国智能制造的发展有很大启示。对于我国来说，智能制造前进发展的道路上还存在许多困难，还需向发达国家学习和借鉴。许多学者也从不同角度提出了我国智能制造的困境，各自有不同的侧重点，但总体上还不是特别全面。基于此，我们必须全面而具体地分析我国智能制造所面临的困境，从整个行业着手，具体到多个主体如政府、企业、个人，对所存在的问题具体分析，做到宏微观结合，由大到小，粗中有细。

一、我国智能制造发展现状

1. 空间分布

（1）产业园地区分布

根据前瞻产业研究院发布的《世界智能制造中心发展趋势报告（2019）》，2019 年中国拥有 537 个智能制造产业园区，分布在 27 个省区市。从地区分布来看，我国经济最发达的三大区域——长三角地区、珠三角地区、环渤海地区，加上中部部分地区和西南地区，这五大地区是我国智能制造产业园分布的主要集中地。而一些经济发展较落后的地区，如中西部地区，由于没有资源、技术、人才和地理优势，因此并不是建造智能制造产业园区的首选，这些地区智能制造产业园区的数量较少，部分省份只有一两个甚至没有。我国的智能制造产业园区分布情况如表 5.1 所示。

表 5.1　2019 年中国国家级智能制造类试点项目分布表（单位：个）

省区市	产业园区数量	省区市	产业园区数量
江苏	79	贵州	15
广东	59	上海	13
山东	43	天津	13

（续表）

省区市	产业园区数量	省区市	产业园区数量
浙江	39	辽宁	12
河南	38	内蒙古	10
重庆	23	黑龙江	8
湖北	22	广西	8
四川	22	云南	6
安徽	21	江西	6
北京	18	山西	5
河北	18	新疆	4
陕西	17	吉林	3
湖南	17	甘肃	1
福建	17	合计	537

资料来源：前瞻产业研究院《世界智能制造中心发展趋势报告（2019）》。

（2）智能制造产业园区类型划分

智能制造分为多种产业类别（图5.1），其中发展最快的是大数据、人工智能技术等。大数据产业园在所有智能制造产业园中所占比例最大，为20%，数量也是最多，有111个；占比第二多的是综合型园区，为18%；近几年，新材料广泛应用于新能源汽车等热门领域，极大地促进了新材料园区的发展，新材料园区占比也达到了17%；机器人产业也是发展智能制造的重要部分，全国机器人产业园总数在所有智能制造产业园中所占的比例是13%，有68家[1]。

① 资料来源：前瞻产业研究院《世界智能制造中心发展趋势报告（2019）》。

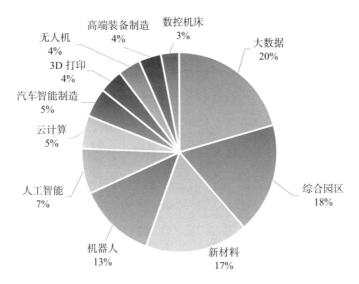

图 5.1　中国智能制造产业园类型分布情况统计图

2. 发展阶段

党的十九大报告明确指出，要"加快建设制造强国，加快发展先进制造业，推动互联网、大数据、人工智能和实体经济深度融合"。人工智能与制造业融合已经成为我国的战略重点，我国在积极抢占人工智能这一新赛道的制高点。全球人工智能技术已从技术研发向产业化过渡，应用领域也从服务业向制造业延伸，显示出人工智能技术的通用性。长时间以来，我国在技术层面都属于追赶者，但在人工智能领域我们有独特的优势，部分领域已经全球领先。从技术研发角度看，在深度学习方面，我国研究者在全球知名期刊上发表的论文数量已经超过美国，专利申请数排名第 2，仅次于美国。从投资角度看，我国在人工智能方向的投资额呈爆发式增长。当下，虽然我国在人工智能的核心技术方面仍然与发达国家有很大差距，但是作为全球人口数量众多、制造业规模最大的国家，我国拥有广阔的人工智能应用场景、市场和丰富的数据资源。人工智技术将通过深度融合赋能制造业，推进我国实体经济转型升级。我国在人工智能领域的超前布局及广阔的应用场景和市场，为推进"智实"融合打下了坚实的基础。

当下，我国智能＋制造发展已经取得显著成效，以高档数控机床、工业机器人、智能仪器仪表等为代表的关键技术装备取得了较大进展；智能制造装备和先进工艺在重点行业不断渗透和普及；智能＋制造在典型行业不断前行，逐步形成了一些可复制推广的智能制造新模式。这一切为我国深入推进智能制造奠定了基础。我国制造业规模虽然处于世界第一位，并建立起了门类齐全、独立完整的制造业体系，但与发达国家相比，大而不强的问题依然突出，还处于机械化、电气化、自动化、数字化并存，不同地区、不同行业、不同企业发展不平衡的阶段；还存在关键共性技术和核心装备受制于人，智能制造标准、软件、网络和信息安全基础薄弱，智能制造新模式成熟度不高，系统整体解决方案供给能力欠缺，没有国际性的行业龙头企业和跨界融合的智能制造高端人才等突出问题[1]。根据《数据化转型发展报告（2022—2023）》的数据，截至 2022 年，我国两化融合水平达到 59.6%，这说明我国制造业离全面实现数字化、网络化、智能化还有较远的距离。

2015 年，我国发布《中国制造 2025》战略规划，当下，规划实施时间已经接近尾声，我国智能制造已进入高速成长期，取得了显著成效，具体表现在以下几方面：一是我国工业企业数字化能力大幅提升，为未来制造系统进一步向智能化发展奠定了基础。二是中国已成为工业机器人第一消费大国，需求增长强劲。2017 年，我国智能制造产业产值规模接近 15000 亿元，2020 年产值规模超 27000 亿元。多年来，我国通过试点示范应用、系统解决方案供应商培育、标准体系建设等多措并举，制造业数字化网络化智能化水平显著提升，供给能力也不断增强，智能制造装备在国内市场满足率超过 50%，主营业务收入超 10 亿元的系统解决方案供应商达 40 多家。支撑体系逐步完善，构建了国际先进的标准体系，发布国家标准 285 项，主导制定国际标准 28 项，培育具有一定影响力的工业互联网平台 70 多个。从各个方面的统计数据看，中国智能制造业稳步发展。[2]

我国智能制造已经取得了重大发展，但是其进一步发展依然面临很多困境。我国的工业化和经济现代化起步相对较晚，制造业总体水平大而不强，

---

① 中国高科技产业化研究会. 中国智能制造产业发展报告（2023—2024 年度）[R]. 2024.
② 中国高科技产业化研究会. 中国智能制造产业发展报告（2023—2024 年度）[R]. 2024.

创新研发能力相对薄弱，智能制造发展面临诸多挑战。

二、我国智能制造发展面临的困境

1. 产业发展缺乏体系，发展不成熟

（1）产业界定模糊，缺乏产业标准

与其他发达国家相比，我国智能制造产业的发展还达不到他们的水平，不是很成熟。由于缺乏相关的理论体系，我国的相关产业部门及专家对智能制造的研究还不深入，对智能制造内涵的理解及重点领域的界定还处于模糊状态。各类产业标准也未完全制定，以热门的重点领域工业机器人为例，并没有权威的可参照标准，而只有建立相关标准和质量，才能在国际上有立足之地，从而提高国际地位。

（2）部分领域存在产能过剩隐患

我们都熟悉这样一个现象：当某一产业成为发展大势，未来发展前景不可估量时，人们就会趋之若鹜，如果仅仅着眼于眼前利益，会造成不良的后果。就发展强劲的工业机器人来看，目前广东、江苏、浙江等省份都在重点发展，并投入大量的人力、物力、财力，或许未来这会大大促进工业机器人产业发展，但也要避免造成恶性竞争的不良后果。如果企业家只看中眼前的红利却不加强创新，不从产业融合角度极力促进产业转型升级，也不遵守行业规范，就很有可能存在产能严重过剩的隐患。

2. 智能制造技术发展滞后，缺乏创新

我国工业基础设施和核心技术创新能力不强，对外依存度较高。与欧美发达国家相比，我国在传感器、高端芯片、基础软硬件等方面的制约瓶颈问题较突出。关键核心技术受制于人，基础技术水平低，严重制约了我国智能制造的发展。以传感器为例，作为实体工厂智能化转型的基础条件，传感器在汽车、电子等离散行业的数据采集上拥有大规模应用场景。但是，全球电子传感器市场被博世、精量、罗克韦尔等国外企业垄断，国内传感器大多依赖进口，自产传感器大多是低端产品，很难参与高端市场竞争。

（1）核心技术

技术尤其是核心技术在产业发展的过程中非常重要，但目前来看，我国制造业核心和共性技术欠缺，这是发展智能制造所面临的主要困境之一。而且在智能制造应用方面难以自主研发相关技术，芯片、工业软件等核心技术主要依赖国外。以工业机器人为例，国产工业机器人水平不高，不仅在技术上依赖进口，成本较高，而且产品和发达国家相比依然缺乏竞争力。

（2）基础技术

《中国制造 2025》战略中提到要加强工业基础能力。现阶段，我国智能制造在先进技术方面仍是以引进为主，基础研究能力不足，缺乏创新[①]。我国人工智能基础技术还处在一个较低的水平，难以单独成体系。以算法为例，目前我国大部分算法开发都以谷歌的基础算法框架为依据，没有建立自主、独立的生态体系[②]。

（3）关键技术

我国智能制造的关键技术很多，包括识别技术、实时定位系统、协同技术等，但在关键技术的重视和监管程度上还远远不够，对于隐私管理、网络攻击等方面还缺乏监管。

3. 智能制造相关人才供给结构不平衡，专业技术人才缺失严重

随着智能制造的快速发展，智能化生产逐渐用机器代替人力，从而降低人力成本及企业对传统岗位人力的需求，低技术型人员过剩，而 3D 打印等一些高技术岗位出现人才缺位现象，人才结构不匹配。其原因之一在于教育，我国的教育体制过于专业化，综合型、复合型人才培养不足，人才缺乏和结构失衡成为智能制造发展的绊脚石。促进智能制造发展的一个关键是专业技术人员的研发，但我国智能制造相关人才还比较缺乏，人员配置和结构不完善。2017 年，全球共有 190 万人工智能人才，其中美国拥有 85 万，我国仅有 5 万[③]。我国在智能制造的核心技术研发方面与其他国家相比还有很大

① 左世全. 我国智能制造发展战略与对策研究 [J]. 世界制造技术与装备市场，2014（3）：36-41.
② 赵云峰. 当前经济形势下我国智能制造发展路径分析 [J]. 现代营销，2018（12）：89-90.
③ 赵云峰. 当前经济形势下我国智能制造发展路径分析 [J]. 现代营销，2018（12）：89-90.

差距。

4. 传统制造行业难以承受智能制造改造成本

我国传统制造业地区分布集中，产品附加值较低，具有低成本竞争优势。但智能制造从根本上改变了生产方式，网络式、智能化是其生产制造新模式的核心特点。传统制造业改革的成本相当高：一方面，企业前期在机器设备和人力培训上成本花费相对较高，智能化基础设施高成本的压力会使企业丧失投资的信心和积极性。以工业机器人为例，由于其高端核心零部件和技术掌握在国外一些发达国家手中，外企在我国占据着主要市场，因此我国的工业机器人产业严重依赖进口，特别是三大零部件具有较高的技术壁垒，且成本占工业机器人总成本的比重也最大，控制器占 12%、伺服电机占 22%、精密减速器占 32%[①]。另一方面，企业在进行升级的过程中会花费很多人、财、物等方面的成本，一些中小企业在融资方面容易出现资金不到位问题[②]。

5. 政策落实过程中对智能制造工作的粗放管理

从宏观上看，我国高度重视智能制造，但目前关于智能制造还存在政策导向失真的问题。例如，在一些地区，当相关部门要求企业进行智能制造改造时，企业由于对自动化程度更高的生产线使用不够熟练，或对新的管理方式不熟悉，会浪费很多资源。究其根本，还是企业对智能制造的本质缺乏足够的了解，从而对智能制造工作是粗放式的管理状态。

6. 严峻的国际环境对制造业造成冲击

近年来，中国快速发展。但美国不断对中国发动贸易战，对中国部分商品加征关税，以抑制中国经济的增长，这阻碍了我国制造业的发展。对于我国的经济发展来说，贸易战会直接导致中国经济下行压力增大、全球经济环境持续恶化，从而使全球经济发展速度的放缓；我国出口也面临一定压力，从投资、内需、生产三个角度来看，对产业的固定投资逐渐减少，内需不足

---

① 资料来源：中国产业信息网。
② 林汉川，汤临佳 . 新一轮产业革命的全局战略分析——各国智能制造发展动向概览 [J]. 人民论坛·学术前沿，2015（11）：62–75.

使依靠内需拉动生产的企业订单减少，特别是对中小企业影响较大。通过中美贸易战的影响可以看出，中国和经济发达国家之间确实存在很大差距，发动机和芯片制造严重受限，智能芯片依赖进口影响了产品研发，很多设备技术等还处在不太成熟的阶段。具体到产业，美国主要在高科技产业方面对我国加征关税，从而对我国部分产业尤其是制造业造成冲击，不仅影响了我国智能制造的发展，也影响了全球贸易的进程。以工业机器人为例，全球工业机器人市场在中美贸易战的影响下发展缓慢，国际机器人联合会的预计，2019 年中国对机器人的需求虽然会增加，但增长率只有 15%—20%，远远不及 2018 年的 59%[1]，造成这种情况的原因之一是设备支出在中美贸易战的影响下增多。总之，中美贸易战背景下严峻的国际环境给我国的制造业及智能制造带来了不小的挑战。

第二节　主要发达国家发展智能制造的经验借鉴

从制造业智能化发展阶段这一角度出发，李廉水等认为世界智能制造发展历程可以概括为三个阶段：第一阶段为数字化制造阶段，第二阶段为网络化制造阶段，第三阶段为智能制造阶段[2]。在第三阶段，各个国家纷纷推出了促进智能制造发展的新方案，如德国的"工业 4.0"计划，日本的"机器人新战略"计划。从产业政策方面看，美国的政策致力于提高技术水平及促进机器人的应用推广；日本则注重社会需要，根据社会需求再决定机器人的发展规划；德国注重配套设备的研发及对企业的培养，出台了很多政策激励企业从事研究活动[3]。从智能制造的关键领域来看，张慧颖、段韶波指出，智

---

① 资料来源：《全球机器人 2019——工业机器人》报告。

② 李廉水，石喜爱，刘军. 中国制造业 40 年：智能化进程与展望 [J]. 中国软科学，2019（1）：1-9.

③ 任宇. 中国与主要发达国家智能制造的比较研究 [J]. 工业经济论坛，2015（2）：68-76.

能制造的核心领域为智能传感与控制、智能监测与测量及工业大数据①。

　　智能化生产给人们生活带来了极大的便利，可以提高生产效率，从而使生产所需时间大大减少，也可以使成本降低、利润提高，更好地为人类服务，让用户得到更好的服务和体验。

一、欧美主要发达国家智能制造发展现状

1.欧美发达国家智能制造的发展历程

　　在信息技术飞速发展的大环境下，智能制造应运而生。智能制造这一概念在 1988 年被首次提出，20 世纪 90 年代，智能制造技术引起了发达国家的重视和研究②。欧美发达国家十分支持智能制造的发展，并且投入大量的资金用于技术创新和研发，为智能制造的发展营造了一个良好的氛围，铺平了道路。2008 年的金融危机大部分国家都牵涉其中，金融市场崩溃。于是，各个国家都意识到了制造业的发展对一个国家的重要性。制造业的发展有利于社会经济的稳定，去工业化有可能阻碍整个社会经济发展，因此各国纷纷采取措施以重振制造业。近些年，大数据、云计算等技术的飞速发展，进一步促使制造业从信息化加速向智能化的转型。在各国的大力支持下，智能制造行业在全球范围内快速发展起来，2016 年全球智能制造产值规模在 8687 亿美元左右，2023 年达到 18247 亿美元。根据近几年发展的大趋势，我们可以估算出未来几年全球智能制造的发展将继续保持高利率增长，每年大概保持 10% 的增长速度（图 5.2）。

① 张慧颖，段韶波. 宏微观视域下智能制造关键领域及技术热点研究 [J]. 天津大学学报（社会科学版），2017（4）：295–300.
② Wright P K，Bourne D A. Manufacturing intelligence[M]. New York：Addison-Wesley，1988.

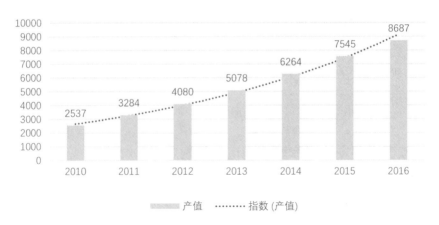

图 5.2　2010—2016 年全球智能制造产值规模测算趋势图（单位：亿美元）

资料来源: https://www.sohu.com/a/204687600_499409

　　智能制造涉及很多装备，工业机器人是其中一个比较重要的设备。根据国际机器人联合会（IFR）发布的报告，2016 年全球工业机器人销量继续保持高速增长，约 29.0 万台，同比增长 14%（图 5.3）。2023 年，全球工业机器人销量达到 54.9 万台。

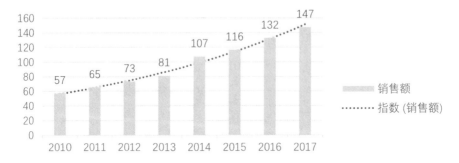

图 5.3　2010—2017 年全球工业机器人销售额趋势图（单位：亿美元）

2. 主要领域

　　智能制造是当今世界的一大潮流，给人们的生产生活带来了许多好处，智能制造与人力共同组成的智能制造系统更具优势。下面主要介绍智能制造的几个重要领域。

（1）工业机器人

工业机器人是面向工业领域的多关节机械手或多自由度的机器装置，是靠自身动力和控制能力来实现各种功能的一种机器[①]。它的运行主要依赖于两种途径：一种是按照人类设定好的程序，另外一种是根据人类发出的指令。如今，工业机器人技术正逐步向生存性、多感知性和工作环境强适应性的技术方向推进和发展。当前，美国和日本在工业机器人领域的技术发展最先进、最具有国际竞争力。对机器人各方面研究比较全面、综合实力较强的国家是美国，然而日本的机器人种类较多，所以在机器人的数量方面，日本超越美国。

（2）智能数控机床

智能机床分析器是一种能够对生产和制造的过程结果进行分析和决策的设备和工具。智能机床在生产制造中对整个过程都十分清楚熟练，并且可以及时发现错误和偏差，诊断是否真实，予以纠正，还可以为客户提供一个最有效的优化设计和生产解决方案。数控机床技术进步和发展的最终目标是实现数控机床设计和生产的完全智能自动化，进一步提高生产的精确度和生产效率，使得生产成本降低，更快更好地促进人类经济社会的繁荣。

（3）3D打印

3D打印又称增材制造，是一种以数字模型文件为基础，运用粉末状金属或塑料等材料，通过逐层打印的方式来构造物体的技术[②]。3D打印技术在我国用途广泛，各领域都有涉及，如工业、建筑、地理位置信息系统及珠宝设计等。3D打印和普通打印的关键区别在于材料，不同于普通打印需要墨和纸张，3D打印为了让打印效果更立体生动，一般会用到金属、陶瓷、塑料等材料。3D打印机通过计算机将打印材料堆叠勾画出来，然后通过打印机将计算机里的模型化为实物，3D打印最终完成。

（4）智能传感器

智能传感器是指具有处理多种信息功能的一种传感器。这种传感器给人

[①]　牟富君．工业机器人技术及其典型应用分析 [J]．中国油脂，2017（4）：157-160．
[②]　卢秉恒，李涤尘．增材制造（3D打印）技术发展 [J]．机器人技术与应用，2013（4）：1-4．

类的生产生活带来了极大便利，可以方便、精确地采集信息，不需要耗费太多的人力物力。在信息采集好之后，智能传感器可以按照人类对它发出的指令，处理和集成新的数据，并且可以自己进行信息交流，主动舍弃错误的信息，完成分析并且进行统计计算等。智能传感器用途广泛，尤其在机器人领域有着不可替代的作用。通过智能传感器，机器人可以拥有原本所不具备的五官和大脑功能，可以感知周围的环境并且做出正确的动作。

二、欧美主要发达国家发展智能制造战略分析

2008 年金融危机爆发之后，各国政府深刻意识到不能将经济仅仅寄托在金融市场上，实体经济才能够更好地促进社会长期发展，于是将希望重新寄托在制造业上，积极采取措施来振兴制造业。美国、德国、日本等纷纷制定有利于促进智能制造发展的国家战略，为制造业的创新发展奠定基础，将自己国家打造成为一个智造强国，提高国际竞争力。《全球智能制造发展指数报告》评价结果表明，美国、日本和德国名列智能制造第一梯队，是智能制造发展的"引领型"国家；英国、韩国、中国、瑞士、瑞典、法国、芬兰、加拿大和以色列属于第二梯队，是智能制造发展的"先进型"国家。目前，全球智能制造发展梯队基本形成，形成了以智能制造"引领型"和"先进型"国家加快发展、"潜力型"与"基础型"国家努力追赶的状态与格局。欧美主要发达国家发展智能制造的经验可以为我国推进智能制造提供借鉴。[①]

1. 美国智能制造战略规划

20 世纪 90 年代，美国为了改造传统产业，优化产业结构，促进新的产业的诞生，实施了新的经济政策。2009 年初，美国为了促进智能制造的更好发展，进一步实施了有利于制造业和社会经济发展的政策，并且于 2009 年末公布了重振制造业的框架。随后相继出台了一系列文件来引导、鼓励企业家注重制造业的发展，如《先进制造业伙伴计划》和《先进制造业国家战略计

---

① 中国高科技产业化研究会. 中国智能制造产业发展报告（2023—2024 年度）[R]. 2024.

划》。2011 年，"工业互联网"的概念在美国被首次提出，这与美国政府的战略相呼应，智能化理念成为美国新一轮工业与互联网变革的鲜明主题。为了鼓励制造业创新和研发，美国出台了相关政策以及一系列完善的配套措施，如金融方面改善税收政策，给予一定的优惠；加强市场监管力度，有力保证投资和营商环境；改革投资许可制度，降低投资限制，营造公平竞争的良好氛围；出台相关政策，为美国留住高素质人才。

在智能制造方面，美国制定了很多规划。2005 年，美国国家标准与技术研究所提出"聪明加工系统研究计划"，这一计划其实就是发展智能化；2006 年，美国国家科学基金委员会提出了智能制造概念，提出要打造智能制造共享平台，推动美国先进制造业的发展；2017 年，美国发布《智能制造 2017—2018 路线图》，目标之一就是在制造业中推动智能制造技术的应用；2018 年，美国发布《先进制造业美国领导力战略》，提出三大目标，其中一个目标就是大力发展未来智能制造系统，如智能与数字制造、先进工业机器人、人工智能基础设施、制造业网络安全等；2019 年，美国发布《人工智能战略：2019 年更新版》，为人工智能的发展制定了一系列目标，确定了八大战略重点。[①]

2. 德国智能制造战略规划

德国一直是工业生产的引领者之一，在全球制造业中具有很强的竞争实力。在 20 世纪 90 年代就制定了"生产 2000"计划，著名的"工业 4.0"于 2011 年在工业博览会上被首次提出。为了增强和维持德国制造在全球的竞争力和影响力，推动制造业的智能化进程，德国于 2013 年正式提出了德国工业 4.0 战略。德国工业 4.0 战略的智能化战略主要包括智能工厂、智能物流和智能生产三种类别。德国制造业的智能化过程以工业 4.0 战略为依托，紧抓第四次工业革命的历史机遇，通过标准化规范战略部署，重视创新驱动，推进制造业智能化转型升级，使德国在全球化生产中保持先发优势。德国 2014 年制定《数字议程（2014—2017）》，目的是将德国打造成数字强国；2016 年，

---

① 中国高科技产业化研究会. 中国智能制造产业发展报告（2023—2024 年度）[R]. 2024.

发布《数字化战略2025》，目的是将德国建成现代化的工业化国家；2019年，推出《德国工业战略2030》，主要内容包括改善工业基地的框架条件、加强新技术研发和调动私人资本、在全球范围内维护德国工业技术主权等。德国提出，当前最重要的突破性创新是数字化及人工智能的应用，进一步强化对中小企业数字化进程的支持。[①]

3. 日本智能制造战略规划

日本是一个制造强国，在很多方面处于世界领先地位。日本制造业的发展比较注重细节，精细化程度很高，为了减轻劳动力的压力，企业比较注重自动化和智能化。为了推动制造业的智能化发展，日本提出了创新工业计划，希望通过网络技术的发展带动制造业的发展，在智能制造领域积极部署，并构建智能制造的顶层设计体系，实施机器人新战略、互联工业战略等措施，以不断巩固和提升日本智能制造在全球的竞争地位。日本的智能生产起步很早，早在20世纪七八十年代，日本就提出柔性制造（FMS）。1989年，日本率先提出了智能制造系统（IMS）的概念，主要关注工厂内部系统智能化。2015年起，日本开始推进智能制造。2015年发布"新机器人战略"，核心目标包括成为世界机器人创新基地、世界第一机器人应用国家和迈向世界领先的机器人新时代，同年设立IoT推进组织，以推进物联网、大数据、人工智能等技术开发和商业创新。2016年，日本提出工业价值链参考（Industrial Value Chain Reference，IVR），开始推动信息技术在制造业领域的应用，并提出了相应的体系架构。2017年，日本明确提出"互联工业"的概念，其核心是形成人与设备和系统相互交互的新型数字社会、通过合作与协调解决工业新挑战、积极培养适应数字技术的高级人才。在《制造业白皮书（2018）》中，日本经产省明确了互联工业是日本制造的未来。为推动互联工业，日本提出要支持实时数据的共享与使用政策、加强基础设施建设、提高数据有效利用率、培养人才、加强网络安全、加强国内外各种合作等措施。2019年，日本开放限定地域内的无线通信服务，通过推进地域版5G，鼓励加快智能

---

① 中国高科技产业化研究会. 中国智能制造产业发展报告（2023—2024年度）[R]. 2024.

工厂的打造。[①]

三、欧美发达国家发展智能制造的经验和教训

1. 经验

与国外智能制造发展相比，我国智能制造发展水平相对落后。为了更好地推进中国制造业的变革和现代化，智能制造企业应该抓住机会，利用国外的先进经验，推动智能制造的研发与创新，推进国内产业技术的进步，使我国的竞争优势由传统的劳动力密集型制造业向技术先进型制造业转变，顺应社会发展趋势，增强我国的国际竞争力。

（1）重视打造智能制造生态体系

首先，构建政府、行业组织、企业联盟三位一体的组织架构，部署和推进智能制造。政府层面对关键共性技术创新提供政策支持。行业组织层面搭建智能制造开放平台。2011年，由美国高校、研发机构和企业共同发起成立的智能制造领导联盟共同发布《实施21世纪智能制造》。2015年在美国自然科学基金和能源部支持下，该联盟开始搭建面向中小企业的智能制造开放平台。企业联盟层面不断探索智能制造的商业模式。2014年美国电话电报公司、通用电气公司、国际商业机器公司（IBM）、思科和英特尔共同发起成立了工业互联网联盟，致力于打破技术孤立壁垒。

（2）依据本国产业特点及目标定位，因地制宜发展智能制造

美国推进智能制造战略的重点是建设和完善工业互联网，通过工业信息标准和互联网，把各地的制造资源和创新资源连接起来，推进物理系统和虚拟系统融合，实现机制互联、人机互联且无缝对接的智能制造产业体系。德国的战略重点在于推进工业4.0，通过工业软件、智能器件等实现制造过程的智能化、虚拟化，在制造业传统优势领域保持领先地位。韩国则依据国内中小企业生产效率相对较低、技术研发实力不足等情况，采取了由大企业带

---

① 中国高科技产业化研究会. 中国智能制造产业发展报告（2023—2024年度）[R]. 2024.

动中小企业、由试点地区逐渐向全国扩散的分步推进、阶梯式发展路径。韩国强调大多数中小企业发展重点是推进关键环节的生产自动化，部分优秀中小企业的重点是强化生产管理的信息化，大型企业着重推进制造业数字化和智能化。

（3）注重智能制造技术的开发与应用

技术创新能力对一个国家的发展起着至关重要的作用：一方面，技术创新能力强的国家可以在国际竞争中占有优势，使得该国居于价值链的顶端，掌握一定的主动权；另一方面，创新能力强有利于本国制造业的发展，从而提升国际竞争力。20 世纪 90 年代，美国高度重视新技术革新能力的发展，希望通过智能制造技术来推进制造业的创新发展，同时还将智能制造技术和产业的发展融合在一起，将智能制造技术应用于社会生产中的方方面面。例如，美国 2011 年启动国家机器人技术计划，2013 年便开始着手在国防、医疗、制造中的广泛应用[1]。创新是技术进步的源泉，是制造业智能化转型升级的基础，美国通过构建完善的创新网络体系来促进智能制造业的形成、发展。日本重视信息技术的发展，通过技术革新的长期积累，在世界制造业中获得了竞争优势。

（4）健全发展智能制造相关政策措施

2008 年金融危机爆发，美国意识到"去工业化"的不可取之处，相继出台了《重振美国制造业框架》等政策文件，将发展的重点重新放到制造业上，促进制造业向智能化方向发展，以维护其制造业强国的国际地位[2]。同时，出台了一系列有关智能制造的配套措施，如为了促进新一代机器人、3D打印等智能制造技术的发展，不仅减免税收，还加大资金投入，保证智能制造有充足的研发资金，为智能制造提供了良好的发展环境。德国在 2010 年将工业 4.0 列为未来技术创新研发的重点项目，并与广大生产领域融合起来，

---

① 于明远. 中国制造业技术创新与国际竞争力的实证分析 [J]. 经济与管理研究，2014（12）：13–22.

② 刘星星. 智能制造：内涵、国外做法及启示 [J]. 河南工业大学学报（社会科学版），2016（2）：52–56.

推动智能制造的发展。

（5）重视高素质复合型人才的培养

一个国家劳动者的素质水平很大程度上影响着社会的发展，通过对发达国家智能制造的研究，可以清楚地观察到其对高素质人才的重视。以德国为例，德国非常重视职业教育，"双元制"是德国职业教育中最典型、最成功的人才培养计划，即将学生的学习分为商业学习部分和职业学校学习部分，使学生的综合素质得到显著提升。德国还积极推进学徒制，通过完善相关政策法规、促进专业技术人才与供需市场信息有效共享和对接、加大企业对高技术人才培养的投入和支出等多种方式，培育了大批智能制造产业技术拔尖人才。又如美国，美国在制造业的发展过程中遇到了很多问题，如制造业劳动力的素质低下，这在很大程度上影响了制造业的智能化发展。于是，美国从 20 世纪 90 年代开始关注高等职业教育，1994 年颁布《学生就业基本方案》，十分重视培养学生工作能力，为以后更好更快地为社会传输人才奠定基础；以制造业人才和岗位的需求为出发点，确定目标，设置课程，组织教育内容，既满足了制造业的智能化发展和人才需求，又大大降低了失业率。劳动力素质的提高，既可以提高工作效率，也可以提高创新能力，有力地促进了制造业的智能化进程。日本启动"超级职业高中计划"，将农业、工业等社会生产知识融入日常教育之中，加速了专业人才的培养。

（6）注重企业培育，给予企业金融方面的支持

发达国家比较重视企业的发展，采取了很多措施鼓励引导中小型企业发展，从而带动整个社会的经济发展。英国的"资助能源创新计划"为中小型企业开发使用尖端技术、产品和工艺提供资金支持。法国的"未来工业计划"注重对症下药，为各大中小企业提供适合他们发展的服务。

2. 教训

发达国家在发展智能制造过程中也遇到过各种各样的困难，同时反映了各个国家的不足。我们在学习发达国家智能制造经验的时候，也要注意总结教训，有则改之无则加勉，更好地促进中国智能制造的发展。以日本为例，首先，日本的行政体制有明确分工。在行业的长期发展中，政府与相关企业

和行业建立了稳定的关系，形成了分块的行业格局，这一缺陷严重制约了智能制造的发展。因此，中国在制造业转型升级的过程中，政府要积极鼓励、引导各大中小型企业的竞争合作，加快促进创新能力的提升。其次，受传统文化的影响，日本企业一般有较强的集体观念，他们强调集体行动、团队合作，在一定程度上降低了办事效率，不能及时把握住机会。信息化技术的普及，既缩短了产品全寿命周期，也对企业的反应机制提出了更高的要求①。因此，企业在发展智能制造的过程中要提前做好准备，把握良机，跟上潮流。发展中国家可以从这些国家吸取以下教训：

（1）避免技术依赖和垄断

发展中国家在发展智能制造过程中，需要警惕技术依赖和垄断的风险。过度依赖某些国家或企业的技术，可能导致在关键领域失去自主创新能力。因此，需要加强自主研发和创新能力建设，推动技术多元化发展。

（2）注重数据安全和隐私保护

智能制造涉及大量数据的采集、处理和分析，需要加强数据安全和隐私保护。发展中国家需要建立完善的法律法规体系和技术标准体系，确保数据在传输、存储和使用过程中的安全性和隐私性。

（3）关注中小企业的发展

中小企业在智能制造领域同样具有重要作用，但是往往面临资金、技术、人才等方面的限制。因此，发展中国家需要加强对中小企业的支持和引导，帮助其克服发展瓶颈，实现转型升级。

（4）避免盲目跟风和重复建设

在发展智能制造的过程中，发展中国家要根据自身国情和产业特点，制定符合自身实际的发展路径和重点任务。同时，需要加强规划引导和政策协调，避免资源浪费和恶性竞争。

综上所述，发达国家在发展智能制造方面取得了显著成效，积累了丰富的经验，同时也存在潜在的风险和挑战。发展中国家需要借鉴经验、吸取教

---

① 王德显，王跃生．日本智能制造发展的教训及对中国的启示[J]．税务与经济，2019（1）：20－24．

训、应对挑战，不断完善政策体系和技术标准体系，推动智能制造持续健康发展。

第三节 欧美发达国家智能制造发展经验对我国的启示

相较于工业发达国家，我国推进制造业智能化数字化转型环境复杂，任务艰巨。我国要遵循客观规律，立足本国国情，加强统筹谋划，以更好地应对挑战，抓住机遇，引导企业在智能制造方面走出一条符合中国国情的、具有中国特色的智能制造发展道路。2018 年 4 月，习近平总书记在全国网络安全和信息化工作会议上强调："信息化为中华民族带来了千载难逢的机遇。"政府将智能制造作为制造业高质量发展的主攻方向，围绕智能制造生态体系建设，深入实施智能制造战略，推动制造业智能化转型。我国当下推进智能制造总体是从以下几方面展开：一是坚持示范引领，深化行业应用及推广；二是坚持创新驱动，打造智能制造创新生态体系；三是坚持融合发展，培育带动新兴产业发展；四是坚持开放合作，深度融入全球供给体系[①]。借鉴主要发达国家经验，我们还需要从以下几方面推进。

一、促进产业融合，加强产业优化升级

促进产业融合能在一定程度上促进产业转型升级，比如可以使第三产业和第二产业相结合，改变独立的信息化和工业化进程，融合技术、管理等多个方面。对于产业优化升级，首先要加强企业技术改造，加快改进生产设施、生产条件等，努力提高新产业的发展和品牌建设能力；其次可以有计划地对一些项目进行技术改造，推进重点地区产业链升级，加快形成先进产业，提高大规模生产能力；最后对于中小企业智能制造的发展，需要落实和

---

① 中国高科技产业化研究会. 中国智能制造产业发展报告（2023—2024 年度）[R]. 2024.

完善扶持的相关政策，减轻中小企业的压力和负担。

二、建立核心技术研发标准，建设创新体系

尽管中国现在在从各个方面推动智能制造，但无论是在芯片行业还是在高端技术方面都存在不足，缺乏关键共性技术，需制定长远战略。

首先，基础技术是根基，要做好基础研发工作。除了政府的大力支持之外，要多个方面协同创新。不仅要明确短板在哪，并针对短板对基础技术进行深入研究，而且要高瞻远瞩，有长远规划，在工业方面搭建基础创新平台，解决共性技术缺位[①]。

其次，我国人口众多，具有广阔的消费市场。对外，加强开放和合作，提高向发达国家学习先进技术的效率，促进建立强有力的联盟。对内，加强资源的有效利用，减少人、财、物等资源的浪费，并鼓励相关产业优化产业链，连接上下游和相关产业，做到产业融合。

最后，重点研究核心技术，建立我国国产智能制造品牌。传统的以市场换技术的方式很难满足智能制造产业的发展要求，所以未来要大力研发智能制造产业核心技术并保护知识产权，培养拥有国际影响力和品牌竞争力的智能制造公司。同时，发展智能制造创新型中小企业，统筹规划现有资源，立足实际，构建产业技术研发体系。

三、构建智能制造人才培养长效机制，建设梯度化人才队伍

针对智能制造领域顶尖人才和技术缺乏等问题，引进和培养相关人才是十分必要的，可以说拥有智能制造技术人才是一个国家建成制造强国的重中之重。因此，我国要通过多种渠道和方式不断引进智能制造技术人才，建立健全人才培养机制，建立梯度化的人才队伍[②]。一是以市场为导向进行高校教

---

① 柳百成. 创新·强基·智能——建设制造强国 [J]. 中国机械工程, 2020（1）：13–18.
② 蔡荣江. 我国深入拓展智能制造技术应用路径的对策建议 [J]. 知识经济, 2018（2）：39–40.

育改革，优化教育培训体系，鼓励高校增加有关智能制造方面的课程，增加复合型专业的设置，培养研究型、技能型人才。二是大范围引进智能制造相关人才。我国目前人才不足，需从全球范围内积极引进，可以制定全球人才引进专项计划，完善高层次人才引进政策，也可以联合美国、德国等地的相关知名高校和研究院成立海外人才工作站，举行人才选拔比赛，改善国际创业的环境与氛围，吸引全球人才来中国。三是加大人才政策扶持。研究制定产业人才分类落户政策，对产业工人和科研人员进行分类，制定不同的落户标准和要求，降低产业工人的社保缴费与纳税额，突出其技能重要性、技术紧缺性等因素；在产业聚集区配套建设更多居住区，支持重点园区建设更多公共租赁房，增加生活服务配套，重视园区产业、生活和服务功能的复合发展。[①]

四、政产学研合作，缓解智能制造成本困境

由于发展智能制造成本大、要求高，为了缓解智能制造成本困境，我国要尽量减少人力、资源、资金的消耗。具体从企业角度看，应开展政企合作，以更好地确定目标、建立共识。政府与企业共同加强人才引进，行业协会和龙头企业对现代型、复合型人才制定培训计划，补齐智能制造人才缺口。企业积极对接科研院所、产教融合基地、校企合作基地等，对专业人才进行引进和长时间的培养，使他们能在智能制造关键领域发挥所长。

政府对于转型期的企业可采用税收优惠政策，激励企业大力发展智能制造产业。企业也要积极创新融资模式，利用银行信贷服务，缓解智能制造成本困境。[②]同时，我国要大力推动中小企业开展智能制造探索。一方面，对于基础设施和数字平台，探索建立由地方政府采购、建设并免费或以成本价

---

① 钱智，史晓琛，宋琰，黄佳金. 新形势下上海智能制造发展瓶颈与对策 [J]. 科学发展，2018（10）：5–13.

② 章凡华、金浩. 智能制造背景下温州制造业转型升级路径研究 [J]. 广西质量监督导报，2019（10）：90–92.

租用的方式向中小企业提供的模式；另一方面，通过政府专项补贴、低息贷款、特定的税收减免来支持企业的智能升级，如减免中小企业智能设备更换的税收、提供设备升级的低息贷款和补贴、对中小企业信息化工程师培训提供政府补贴等[①]。

五、政府落实完善智能制造相关配套政策

政府出台的各项政策与智能制造的发展息息相关。一些发达国家大力支持智能制造，投入大量资金来发展智能制造研究和开发创新领域。例如，2006—2010 年，日本政府每年对服务机器人产业投入 1000 万美元，以促进其相关核心技术的研究；2024 年，美国国家标准与技术研究院宣布启动人工智能赋能制造业资助计划，将在未来 5 年为研究人员提供 7000 万美元的资助。为了发展我国的智能制造，政府需要进行宏观调控，完善相关政策并将其付诸实践，比如为研发智能产品的企业设立风险准备金等[②]。此外，法律也是不可忽视的一个方面，我国应建立和完善有利于智能制造的法律制度，用法律保护工业大数据，在制造业领域大量数据采集与处理中加强隐私保护，对制造企业大数据、云计算等方面的滥用、盗用、入侵进行处罚[③]。

六、坚持底线思维，统筹推进各项工作

对于中美贸易战，我们要坚持底线思维，积极应对，加强国家创新能力建设，走出自我创新的道路，加快建立先发优势，加强部署关键性科技研发，加快结构性调整，同时扩大内需。目前，我国经济发展已步入新常态，一方面要继续深化供给侧结构性改革，优化经济资源配置；另一方面，要增

---

① 刘贺贺，张田，董明芳 . 国外智能制造相关政策体系研究及对我国启示 [J]. 现代电信科技，2017（5）：1–8.
② 赵光辉，冯帆 . 中国智能制造发展的国际背景与政策研究 [J]. 中国市场，2017（31）：12–19.
③ 韩江波 . 我国智能制造发展的案例对比与路径创新研究 [J]. 技术经济与管理研究，2019（1）：87–94.

加国内市场的有效需求，如结构性内需和高质量内需，以扩大内需。尽管全面发展智能制造业和建设制造强国的过程漫长而曲折，但我们要牢牢抓住智能制造这个机遇。未来，要以创新提升智能制造技术，以智慧提升效率，使制造业保持中高增长，提升各个产业智能化水平，真正实现全产业共同发展。

我国踏入智能制造行业较晚，和发达国家相比仍然存在很多不足。政府要注意培养高素质人才，出台相关政策鼓励智能制造的发展；制造业企业要注意把握住机遇，提前做好准备，积极响应国家的号召，紧跟时代潮流，积极推动智能制造的发展。

第四节　研究展望——加强全球生成式人工智能包容性治理

一、生成式人工智能的发展现状

1. 发展阶段

（1）初始探索阶段

生成式人工智能的起源可以追溯到 20 世纪 50 年代前期，研究人员开始研究人工智能的核心理念、潜在可能性和应用前景。20 世纪 40 年代面世的计算机为早期人工智能的发展提供了硬件基础。在初始探索阶段，人工智能被定义为一种能够模拟人类各方面智能的计算机系统，科学家尝试将人类的思维过程和运行模式转化为抽象的、计算机可理解和执行的程序。生成式人工智能初始探索阶段是整个人工智能发展历程的基础，该时期许多关键概念被引入，许多重要的理论如知识表示、推理、学习等被提出，这些概念与理论构建了早期生成式人工智能的基础框架，为后续的人工智能发展奠定了理论基础。

（2）技术突破与应用拓展

随着计算机科学领域的不断进步，生成式人工智能技术逐渐迈入初步实现的阶段。神经网络技术的蓬勃发展在 20 世纪 90 年代为生成式人工智能带来了新的发展契机。

神经网络可以通过训练来自动学习文本数据的潜在结构和模式，并且可以用这些模式来生成新的文本。其中一个著名的生成式模型是基于循环神经网络（RNN）的语言模型，它可以预测一个句子中的下一个单词，并将其作为输入方式来预测后面的单词，从而生成连续的文本。在这一阶段，研究者开始用计算机程序模拟人类更加独特的思维——想象力与创造性，基于规则的专家系统、自然语言处理等技术出现，生成式人工智能在特定领域开始展现其应用价值。

在技术初步实现的基础上，生成式人工智能进入模型优化与突破阶段，研究者对生成式人工智能的模型进行深入优化和改进，以提高其生成质量和效率，而深度学习技术的出现更是为生成式人工智能提供了新的发展方向。随着大数据时代的兴起，生成式人工智能开始被广泛关注，利用大数据所提供的训练数据和优化空间，生成式人工智能在此阶段取得了显著进展。通过利用大数据进行训练和学习，生成式人工智能可以不断提高其生成质量和效率。同时，大数据使得生成式人工智能能够处理更加复杂和多样的任务，从而拓宽了其应用领域。

（3）成熟与应用深化

在大数据应用的基础上，生成式人工智能迎来算法创新与突破的阶段。在这一阶段，研究者使用新的算法和技术来提高生成式人工智能的性能和效果，强化学习、生成对抗网络等技术的出现，为生成式人工智能提供了新的发展方向。这些技术的应用，使得生成式人工智能在生成质量、效率、多样性等方面取得了巨大的突破，趋于成熟。随着深度学习技术的进一步发展，生成式人工智能取得了重大进展，出现了不少经典模型，包括生成对抗网络、变分自编码器、扩散模型和转换器模型等。这些模型可以生成高质量的图像、视频、音频和自然语言文本，并在许多应用领域产生了重要作用，如自然语言处理、计算机视觉、音频处理等。人工智能产业在尝试将人类从机械性、规律性的重复劳动中解放出来，而且取得了巨大的进步。

2. 发展背景

（1）技术创新推动人工智能进步

随着互联网的普及和大数据技术的发展，大量的数据被产生和积累，人工智能算法的性能和效率显著提升，生成式人工智能在多个领域展现出巨大的潜力。数据资源是生成式人工智能发展的基础，特别是自然语言处理、图像生成和语音合成等领域的技术突破，为生成式人工智能的发展提供了广阔的应用空间。

（2）经济社会发展的新需求

经济社会发展产生大量新应用需求，这是推动生成式人工智能发展的重要力量，为生成式人工智能的发展提供了广阔的市场空间。在医疗、金融、教育等领域，人们对于更高效、更智能的服务需求日益增长。生成式人工智能能够通过自动化、智能化的方式满足这些需求，提高生产效率和服务质量，从而推动相关产业的发展。

（3）数字化转型发展的新趋势

新冠疫情的暴发对企业工作环境提出新要求，数字化转型成为应对这种挑战的重要手段，而生成式人工智能的发展和应用，为这种转型提供了有力支持。移动网、物联网、大数据、云计算等技术得到了进一步的推广和应用，企业和组织能够更好地实现远程办公、在线协作和数据共享，从而保障了业务的正常运转，也为生成式人工智能的发展提供了更加广阔的应用场景和数据基础。

企业和组织对数字化管理的需求进一步提升。生成式人工智能通过自主学习和生成新知识，能够为企业提供更加精细和高效的管理方式、更加准确的库存管理和物流规划，从而降低成本和提高效率。

综上所述，生成式人工智能是在各种背景交织中向前推进的。人工智能技术的不断突破和应用给社会各个领域都产生了极大影响，但随着人工智能技术愈发成熟与普及，种种潜在风险也不断暴露出来，这意味着生成式人工智能如果缺少有效管控，将对社会稳定造成负面影响。

二、生成式人工智能对国际社会发展的可能影响

随着世界多元化的进一步发展，生成式人工智能对社会、经济、文化都产生极大影响，推动社会跨越式发展，提高经济发展质量。但人工智能可能被不法分子用于网络攻击或其他非法活动，缺少监管将给国际社会带来不同程度的负面作用。因此，需要辩证看待以 ChatGPT 为代表的生成式人工智能带来的种种影响。

1.ChatGPT 对国际社会发展的积极影响

（1）ChatGPT 对国际社会经济发展的积极影响

ChatGPT 的出现转变了人们对人工智能技术的一般认识，打破了固有的思维定式，将会进一步推动经济高质量发展。

一是显著提高生产效率。人工智能技术的进步依靠海量数据来训练规模巨大的神经网络模型，通过不断运算、反馈得到优化结果。ChatGPT 的前身 GPT-3 是一个拥有 1750 亿个参数的大模型，而 GPT-4 的训练参数达到 100 万亿个。强大的运算能力会给各行各业赋予巨大的能量，为人们提供全新的生产工具，大幅提升生产效率。例如，ChatGPT 可以通过学习历史数据和市场趋势，提供准确的预测结果，这对企业和政策制定者来说非常有价值，能够帮助他们更好地把握市场机遇，制定更有效的经济策略。

二是全面推动行业创新。人工智能本身是一门综合性复合型学科，研究范畴广泛且复杂，其发展需要与计算机科学、数学、认知科学、神经科学和社会科学等学科深度融合。ChatGPT 不仅可以促进与其直接相关的大数据、云计算等互联网产业的迭代升级，而且由于通用智能和基础平台的属性，使得它与其他产业的发展产生广泛联系。摩根士丹利、普华永道、波士顿咨询集团等公司都与美国开放人工智能研究中心（OpenAI）建立了合作关系，将 ChatGPT 相关功能嵌入其业务领域。此外，随着 ChatGPT 等人工智能技术的广泛应用，一些传统的客户服务、数据分析等岗位可能会受到影响，同时也会催生一些新的职业，如人工智能训练师、人工智能伦理监管员等。

三是优化经济产业结构。据预测，到 2030 年，人工智能市场规模将会达到

13万亿至15万亿美元，而在2020年，这项数字仅为650亿美元。ChatGPT的通用智能和基础平台属性，使得其易于"嫁接"在其他产业上，在提高生产效率的同时将推动大量第一、第二产业的劳动力向第三产业转移。

（2）ChatGPT对国际社会文化的积极影响

ChatGPT是基于自然语言处理的聊天机器人技术，可以根据用户输入的问题，通过自然语言进行回复，使用深度学习技术模拟人类聊天行为，与用户对话。受ChatGPT巨大市场反响刺激，百度、阿里巴巴、京东等国内互联网企业及部分风险投资人高度关注ChatGPT的技术革新，计划投入大量人力、物力研发类ChatGPT系统。

随着ChatGPT等生成式人工智能技术的发展，信息获取和传播方式也将发生深刻变革。人们可以通过访问ChatGPT快速获取所需要的信息，并且在社交媒体等平台上分享与传播，这样的获取方式将使信息传递更透明与开放。此外，ChatGPT的翻译功能也更加强大，通过高效、自然的语言交互，能够帮助企业和个人更轻松地跨越语言和文化障碍，促进国际贸易和沟通，进一步推动全球化进程。

2.ChatGPT对国际社会发展可能的威胁

（1）ChatGPT在经济方面的可能威胁

随着大数据时代的到来，ChatGPT可以促进产品创新和发展，满足客户需求。但它也导致了某些工种需求的减少，据相关机构预测，2030—2060年，50%的现有职业将会逐步被人工智能所取代，这将对就业市场产生巨大的负面影响。

（2）ChatGPT在文化方面的可能威胁

随着ChatGPT带来的人工智能绘画热，人工智能与文化的结合也渐渐进入大众视野，但其带来的种种问题也需警惕。以作画为例，训练人工智能绘画模型需要数亿张画的投入，而如此规模庞大的学习样本显然不可能是人工智能公司本身就能完成的，因此在人工智能的生成绘画学习中，必定会出现使用未授权画作的问题。此外，以ChatGPT为代表的生成式人工智能其本质是重构现有资料，可能会带来语料重复或导致所搜集的资料成分虚假等问题。因此，人工智能所生成的误导性图片也需警惕，尤其是在科普领域。

（3）ChatGPT 在隐私保护方面的可能威胁

随着 ChatGPT 的普及和应用，隐私保护和安全问题日益突出。ChatGPT 作为一款基于深度学习算法和大数据技术的人工智能产品，在提供强大对话能力和知识库的同时，需要大量的用户数据来进行训练和改进，这就使得用户的隐私信息有可能被泄露或被滥用。尽管 ChatGPT 在回答关于隐私的问题时声称其不会记住用户的任何信息，也不会主动提供用户个人信息，但它与用户对话的数据需要被存储在开发者 OpenAI 或云服务提供商的数据中心内。如果用户无意中透露私人信息，那么这些信息被 ChatGPT 的服务器记录或学习，就可能对用户的隐私构成威胁。

（4）ChatGPT 在社会方面的可能威胁

尽管 ChatGPT 具有高度的智能性，可以模仿人类的语言模式并从聊天记录中学习，但这也意味着它可能会受到训练数据中的偏见和歧视的影响。由于 ChatGPT 技术可以被用于各种场景包括社交媒体、广告、招聘等，如果这些技术被滥用，如用于操纵舆论、传播虚假信息，就会导致 ChatGPT 在与这些人群交流时表现不佳，甚至产生不公正的行为，进一步加剧国际社会的不公平和歧视行为矛盾。此外，随着 ChatGPT 在各个领域的应用越来越广泛，其被用于进行诈骗、虚假宣传、诱骗用户泄露个人信息、制作恶意软件或进行网络攻击等不法行为的概率也在增加，这些行为不仅会大大损害社会公众的利益，还会对国际社会的安全和稳定造成威胁。

因此，ChatGPT 的发展仍面临着诸多不确定性的风险与挑战，而这些风险与挑战需要各国及时地采取行动。

三、欧美主要国家人工智能治理经验借鉴

在生成式人工智能大流行的当下，其发展不仅与各国自身经济与社会的进步紧密相连，更与人类命运共同体的构建息息相关。

1. 对生成式人工智能治理达成全球性共识

在 ChatGPT 推出之后，世界各国科技企业不断研发推出大模型产品，进入竞赛式的激烈竞争状态。这种趋势带来巨大发展潜能的同时，背后的风险危机也不可忽视。2023 年 11 月，首届全球人工智能安全峰会在英国布莱切利庄园开幕，包括中国、美国、英国、德国在内的 28 个国家签署了《布莱奇利宣言》。《布莱切利宣言》是全球第一份针对人工智能这一新兴技术的国际性声明，旨在关注未来强大的人工智能模型对人类生存构成的威胁，以及对人工智能当前增强有害或偏见信息的担忧，并在肯定人工智能会为人类带来福祉的同时，警示人工智能在发展中可能会为人类带来的种种威胁，希望通过全球性的法规等规避相关风险。与会国一致同意并强调，对于将会出现的种种风险，加强合作，通力协作，通过多种渠道发现、识别，采取适合的措施加以防范。

2. 欧美主要国家生成式人工智能治理的经验

（1）欧盟的生成式人工智能治理

在人工智能发展的速度远远超出现有框架的背景下，欧盟一直在加快立法总体进程。欧盟委员会于 2021 年 4 月提出《人工智能法案》提案的谈判授权草案，将严格禁止"对人类安全造成不可接受风险的人工智能系统"，包括有目的地操纵技术、利用人性弱点或根据行为、社会地位、个人特征等进行评价等。草案还要求人工智能公司对其算法保持人为控制，提供技术文件，并为"高风险"应用建立风险管理系统。此外，法案涉及诸多概念的定义和范围、基本权利、人工智能系统风险分级管理、法律执法的例外情况、新的治理架构、处罚、透明度，以及支持创新的措施。2024 年，欧洲议会通过了此法案，欧盟在通过立法监管人工智能方面迈出了重要一步。

（2）美国的生成式人工智能治理

在各国不断制定人工智能法律和政策的背景下，美国积极制定联邦人工智能治理政策。2023 年 10 月，美国总统拜登签署《安全、稳定、可信的人工智能行政令》，要求对现有人工智能产品进行测试，并将测试结果报告给联邦政府，并提出要吸引全球人工智能人才前往美国。美国白宫、国会等政府机构发挥引导作用，提出、制定了一系列与人工智能相关的法律和政策，同时通过市场行业自律等方式实现多方协同共治。现阶段，美国的人工智能监管重点在于使现有法律适用于人工智能技术，而不是通过和实施新的、专门针对人工智能的法律。

3. 欧美主要国家生成式人工智能治理的不足

尽管欧美各国依据自身的文化与法律框架制定了不同的治理方法，但仍存在诸多不足。欧盟方面，虽然《人工智能法案》的颁布为全球提供了全面、横向和具有约束力的人工智能法规，为其他国家在制定人工智能法规方面提供了参考，但欧盟的政策是否可以实现监管和创新的平衡、是否可以赶上技术的发展速度及应对由此不断衍生的新问题，仍存在较大的不确定性。与其他国家人工智能相关法案相比，美国的相关立法进程明显滞后，仍未明确监管的基本取向；美国社会内部政治极化，两党虽然承认人工智能有风险，但治理方式天差地别，难以对人工智能治理达成共识。而且，美国现有的政治制度导致立法分散，也不利于管控此类前沿技术。

四、加强全球性人工智能包容性治理路径

介于生成式人工智能出现的种种可能性风险，世界各国要借鉴欧美主要国家治理中的不足，引入包容性治理理念将为政策制定者、企业、公众更好地提供决策参考，确保生成式人工智能与社会、经济、文化等方面和谐共存。

1. 生成式人工智能的包容性治理理念

随着人工智能技术的广泛应用和对社会的深远影响，包容性治理在人工智能领域中变得愈发重要。包容性治理的概念随着全球化、民主化和社会多样化的发展逐渐受到关注。20 世纪 60 年代，加拿大政府面对不同文化背景的移民激增及少数族裔社群对平等权利和文化认同的诉求，开始思考如何建立一个包容性、多元化的社会，以促进不同文化群体之间的和谐共存。1971年 10 月 8 日，加拿大政府颁布《加拿大多元文化政策》，开始正式实施多元

文化政策，积极为不同文化背景的加拿大人提供平等的权利和保护。

以上所述的包容性治理虽然与生成式人工智能的包容性治理没有直接关系，但包容性治理的基本原则，即平等公平、多方参与、尊重包容、可持续发展和社会公正，仍对人工智能领域有一定的参考指导意义。通过在法律框架中确立包容性原则，可以为生成式人工智能的包容性治理提供法律依据和保障，强调对不同群体权益的尊重和保护。借鉴包容性治理案例中强调的社会和多元利益相关者参与原则，可以推动生成式人工智能技术发展中各方共同参与、交流意见和共同决策，确保各利益相关者权益得到充分保护。同时，生成式人工智能的包容性治理也应考虑文化差异和多样性，尊重不同文化观念和价值观，避免偏见和歧视；应关注教育平等、减少数字鸿沟等，推动技术发展，造福人类。

2. 加强对生成式人工智能全球包容性治理的必要性

为评估全球性的人工智能治理水平，2024 年，中国科学院自动化研究所人工智能伦理与治理中心联合远期人工智能研究中心，发布全球人工智能治理评估指数（AI Governance International Evaluation Index，简称 AGILE 指数）。该指数开创性地从"治理水平同发展水平相匹配"的评估思路出发，系统性解析各国在人工智能发展水平、治理环境、治理工具、治理成效等方面的进展，结果表明，没有任何一个国家能够独善其身，解决人工智能发展与治理问题需要全球协作。该报告指出，在人工智能治理环境上，2023 年记录在案的人工智能风险事件激增 12 倍，凸显了构建稳健治理框架的紧迫性。包容性治理理念所强调的平等公平、多方参与、尊重包容、可持续发展和社会公正也正契合国际社会当下所需，能确保生成式人工智能在全球范围内公平、公正和透明地被使用。

3. 生成式人工智能全球包容性治理路径

（1）技术层面：算法透明与可解释性

在生成式人工智能的包容性治理中，技术层面的考量尤为关键。其中，算法透明与可解释性不仅是实现技术优化和进步的重要方面，也是确保技术应用广泛被接受和信任的基础。

其一，算法透明是生成式人工智能治理中的核心要素。算法透明要求算法的运行逻辑、数据来源、处理过程及最终输出对用户、监管机构和社会公众开放和可见。这种透明度有助于增强公众对技术的信任，也有助于监管机构进行有效的监督和管理。实现算法透明有多种方式，如开发者可以提供算法的白皮书或技术文档，详细描述算法的工作原理、数据来源和处理过程；还可以采用开源的方式，让无论是公众还是开发者都能查看和修改代码，从而增加透明度。

其二，可解释性是指算法能够为用户提供清晰、易于理解的解释，说明为什么做出了某个特定的决策或输出了某个结果。对于生成式人工智能而言，可解释性是至关重要的，它不仅可以增强用户对技术的信任，还有助于发现和解决算法中的偏见和错误。开发者采用简化的模型结构来实现算法的可解释性，同时避免使用过于复杂的算法和技术，还可以开发专门的工具和方法，帮助用户理解算法的输出和决策。

在包容性治理的框架下，实现算法透明与可解释性对于生成式人工智能的发展和应用具有深远的影响。既有助于确保技术应用的公正性和公平性，减少偏见和歧视的风险；也有助于增强公众对技术的信任度和接受度，促进技术的广泛应用和社会融合。

（2）法律层面：监管框架与政策指引

在生成式人工智能的包容性治理中，法律层面的考量也是至关重要的。监管框架与政策指引是确保生成式人工智能在合法、合规的基础上促进创新和社会利益最大化的关键。

其一，生成式人工智能在处理大量数据时，监管框架需要确保用户、监管机构、社会公众等个人数据的隐私保护和数据安全，这涉及数据收集、存储、处理和传输的各个环节，要防止数据被泄露、滥用和非法访问。同时，监管框架需要预防生成式人工智能技术的滥用，如防止生成虚假信息、操纵舆论、侵犯知识产权等行为，这就需要制定相应的法律规范，明确禁止这些行为，并设立相应的处罚机制。此外，监管框架还需要确保生成式人工智能市场的公平竞争，防止垄断和不正当竞争行为，这就需要制定反垄断、保护中小企业利益、鼓励技术创新等方面的法规和政策。

其二，政策指引可以明确生成式人工智能技术的发展方向，鼓励技术创新和应用，避免技术发展的盲目性和无序性，有助于确保生成式人工智能技术与社会发展相协调，满足公共利益的需求。政策指引还可以促进不同部门和机构之间的协作，共同推进生成式人工智能的治理。政府、企业、学术界、公众等各方需通力合作，共同制定和执行相关政策规范。此外，政策指引可以为生成式人工智能的发展提供法律支持，明确各方的权利和义务，保护各方的合法权益，这有助于增强市场信心，促进生成式人工智能技术的广泛应用。

在生成式人工智能的包容性治理中，监管框架与政策指引需要相互结合，形成一个完整的治理体系。监管框架提供基本的法律规范和处罚机制，而政策指引则提供具体的操作指南和发展方向。两者共同作用，可以确保生成式人工智能在合法、合规的基础上，实现技术创新和社会利益的最大化。

（3）社会层面：公众参与与多元共治

生成式人工智能的包容性治理不仅需要技术和法律层面的支持，社会层面的参与同样关键。公众参与和多元共治作为社会层面的两个核心要素，对于保证生成式人工智能的广泛应用和可持续发展具有重要意义。

其一，公众参与可以促使生成式人工智能技术的开发、部署和应用过程更加透明。当公众能够了解并参与决策过程时，他们会对技术产生更多的信任，从而更愿意接受和使用生成式人工智能。同时，公众参与可以确保生成式人工智能技术的发展能够反映广大公众的需求和利益，这有助于实现技术的民主化，使技术为所有人所用。此外，公众参与可以及时发现生成式人工智能在应用过程中出现的问题和隐患，这有助于在早期阶段就解决这些问题，防止它们对社会造成更大的负面影响。多元共治意味着不同的利益相关者（政府、企业、学术界、公众等）共同参与生成式人工智能的治理过程，这种治理模式可以汇聚多元视角，确保决策过程更加全面和客观。

其二，多元共治可以促进各方之间的沟通和协作，从而提升生成式人工智能治理的效果。当各方能够共同制定和执行规范时，可以更快地应对挑战和问题，确保技术的健康发展。通过多元共治，可以确保生成式人工智能的应用和发展符合社会的整体利益，减少因技术发展而引发的社会矛盾和冲突，有助于增强社会的稳定性，为生成式人工智能的广泛应用创造有利条件。

公众参与和多元共治在生成式人工智能的包容性治理中相互促进。公众参与可以为多元共治提供必要的社会基础和民意支持，而多元共治则可以为公众参与提供有效的渠道和平台。两者相结合，形成一个更加开放、民主和高效的治理体系，确保生成式人工智能的广泛应用和可持续发展。

参考文献

图书

［1］安虎森 . 新经济地理学原理 [M]. 北京：经济科学出版社，2009.

［2］贺灿飞 . 演化经济地理研究 [M]. 北京：经济科学出版社，2018.

［3］胡虎，赵敏，宁振波 . 三体智能革命 [M]. 北京：机械工业出版社，2016.

［4］凯文·凯利 . 失控：机器、社会系统与经济世界的新生物学 [M]. 东西文库，译 . 北京：新星出版社，2010.

［5］梁琦 . 产业集聚论 [M]. 北京：商务印书馆，2006.

［6］王缉慈 . 创新的空间：企业集群与区域发展 [M]. 北京：科学出版社，2010.

［7］乌尔里希·森德勒 . 工业 4.0：即将来袭的第四次工业革命 [M]. 邓敏，译 . 北京：机械工业出版社，2016.

［8］约翰·马尔科夫 . 人工智能简史 [M]. 郭雪，译 . 杭州：浙江人民出版社，2017.

［9］朱铎先，赵敏 . 机·智：从数字化车间走向智能制造 [M]. 北京：机械工业出版社，2018.

［10］艾伦·J 斯科特 . 浮现的世界：21 世纪的城市与区域 [M]. 王周扬，译 . 南京：江苏凤凰教育出版社，2017.

［11］Baldwin R，Forslid R，Martin P，et al. Economic geography and public policy [M]. Princeton：Princeton University Press，2003.

［12］Brynjolfsson E，McAfee A. The second machine age：Work，progress and， prosperity in a time of brilliant technologies [M]. New York：W. W. Norton & Company，2014.

［13］Price D. Little science，big science and beyond [M]. New York：Columbia University Press，1986.

［14］Grossman G M，Helpman E. Innovation and growth in the global economy [M]. Cambridge：MIT Press，1991.

［15］Helpman E. 'The size of regions' in topics in public economics：The oretical and applied analysis [M]. Cambridge：Cambridge University Press，1998.

［16］Wright P K，Bourne D A. Manufacturing intelligence [M]. New York：Addison-Wesley，1988.

论文

［1］曹雅茹，刘军，邵军. 替代还是创造：智能化如何影响中国制造业就业？[J]. 管理评论，2023（9）：37-49.

［2］邓智平. 技术话语与工人的自主性：人机对抗的合法性消解——基于珠三角地区 "机器换人" 的实证研究 [J]. 学术论坛，2019（5）：1-8.

［3］樊润华. 浅析人工智能的发展对社会就业形势的影响 [J]. 当代经济，2018（7）：18-19.

［4］高峰，郭为忠. 中国机器人的发展战略思考 [J]. 机械工程学报，2016（7）：1-5.

［5］高文. 人工智能前沿技术和高质量发展解析 [J]. 时事报告（党委中心组学习），2023（6）：96-113.

［6］高新民，胡嵩. 工程学本体论：本体论的形而下走向及其意义 [J]. 科学技术哲学研究，2020（3）：75-81.

［7］贾龙. 论智能化时代的伦理重塑 [J]. 自然辩证法研究，2020（6）：57-61.

［8］林汉川，汤临佳. 新一轮产业革命的全局战略分析——各国智能制造发展动向概览 [J]. 人民论坛·学术前沿，2015（11）：62-75.

［9］林剑. 论人工智能的发展对人的劳动解放与社会解放的意义 [J]. 人文杂志，2019（11）：19-24.

［10］刘军，常慧红，张三峰. 智能化对中国制造业结构优化的影响 [J]. 河海大学学报，2019（4）：35-41.

［11］刘强. 智能制造理论体系架构研究 [J]. 中国机械工程，2020（1）：24-36.

［12］吕荣杰，郝力晓．人工智能等技术对劳动力市场的影响效应研究 [J]. 工业技术经济，2018（12）：131–137.

［13］孟凡生，赵刚，徐野．基于数字化的高端装备制造业企业智能化转型升级演化博弈研究 [J]. 科学管理研究，2019（5）：89–97.

［14］闫伟．浅谈国内外智能制造的现状和发展趋势 [C]// 全国地方机械工程学会．2017 年第七届全国地方机械工程学会学术年会暨海峡两岸机械科技学术论坛论文集．2017：507–509。

［15］姚锡凡，刘敏，张剑铭，等．人工智能视角下的智能制造前世今生与未来 [J]. 计算机集成制造系统，2019（1）：19–34.

［16］Acemoglu D，Restrepo P. Robots and jobs：Evidence from US labor markets [J]. Journal of political economy，2020（2816）：2188–2244.

［17］Cong Yang，Tian Dongying，Feng Yun，et al. Speed up 3–D texture–less object recognition against self–occlusion for intelligent manufacturing [J]. IEEE transactions on cybernetics，2019，49（11）：3887–3897.

［18］Lee J，Jin C，Behrad B. Cyber physical systems for predictive production systems [J]. Production engineering，2017，11（2）：155–165.

［19］Wei Chen. Intelligent manufacturing production line data monitoring system for industrial internet of things [J]. Computer communications，2020（151）：31–41.